Kern/Diewald/Sumbalsky
●
Regulierung in Österreich

Regulierung in Österreich

Regulierung von Infrastrukturbranchen im Spannungsfeld von Regulierungstheorie und Wirtschaftspolitik

von

Helmut Kern
Beate Diewald
Stefan Sumbalsky

Bibliografische Information Der Deutschen Bibliothek

Die Deutsche Bibliothek verzeichnet diese Publikation in der Deutschen Nationalbibliografie; detaillierte bibliografische Daten sind im Internet über http://dnb.ddb.de abrufbar.

Das Werk ist urheberrechtlich geschützt. Alle Rechte, insbesondere die Rechte der Verbreitung, der Vervielfältigung, der Übersetzung, des Nachdrucks und der Wiedergabe auf fotomechanischem oder ähnlichem Wege, durch Fotokopie, Mikrofilm oder andere elektronische Verfahren sowie der Speicherung in Datenverarbeitungsanlagen, bleiben, auch bei nur auszugsweiser Verwertung, dem Verlag vorbehalten.

ISBN 978-3-7073-1675-9

Es wird darauf verwiesen, dass alle Angaben in diesem Fachbuch trotz sorgfältiger Bearbeitung ohne Gewähr erfolgen und eine Haftung der Autoren oder des Verlages ausgeschlossen ist.

© LINDE VERLAG WIEN Ges.m.b.H., Wien 2010
1210 Wien, Scheydgasse 24, Tel.: 01/24 630
www.lindeverlag.at

Druck: Hans Jentzsch u Co. Ges.m.b.H.
1210 Wien, Scheydgasse 31

Vorwort und Danksagung

Regulierung ist eines der Leitmotive der Europäischen Union. Die Union will Märkte öffnen, liberalisieren und von Zwangsregeln befreien und tut dies durch die Einführung von strengen Regelwerken. Der Glaube an die Selbstregulierung der Märkte ist in der marktwirtschaftlich ausgerichteten Staatengemeinschaft gering. Statt der „invisible hand" des Marktes wird die sichtbare Hand des Regulators bevorzugt. Volkswirtschaftlich begründet und theoretisch fundiert wird dort eingegriffen, wo Monopolsituationen Wettbewerb behindern. Dieser enge und klar abgrenzbare Bereich bietet aber das wirtschaftspolitische Sprungbrett zu weit umfassenderen Eingriffen. Das hat uns motiviert, die wirtschaftlichen und theoretischen Grundlagen der Regulierung näher zu beleuchten.

Die Tätigkeit für Unternehmen in den großen regulierten Netzindustrien Telekommunikation, Energie, Post und Bahn, national und international, marktbeherrschend oder auch neu im Markt, die Tätigkeit für Staaten bei der Öffnung von Infrastrukturmärkten und die Tätigkeit für nicht regulierte Netzindustrien wiederum hat uns motiviert, die letzten 15 Jahre Regulierung in Österreich Revue passieren zu lassen und im Hinblick auf die Grundlagen der Regulierung zu betrachten. Dabei haben wir uns zum Ziel gesetzt, Distanz zu gewinnen und zu analysieren, wie Infrastrukturbranchen in Österreich in den vergangenen Jahren reguliert wurden und ob dies aus regulierungstheoretischer Sicht im richtigen Ausmaß erfolgt ist. Wir haben auch untersucht, wie weit in der Praxis die Regulierung strapaziert wird, um wirtschaftspolitische Zielsetzungen zu adressieren.

Wir hoffen, dass die Zusammenfassung dieser Analyse im vorliegenden Buch für fachkundige Leser und in den betroffenen Branchen Tätige, für Wirtschaftsstudenten, aber auch für interessierte Laien einen guten Überblick über die Regulierung von Infrastrukturbranchen in Österreich bringt.

Unsere Arbeit basiert auf dem Stand November 2009. Doch πάντα ρεῖ (panta rhei) sagt Heraklit, und auch die Regulierung ist ständig im Fluss. Umso wertvoller waren die Interviews und Hinweise, die uns der Geschäftsführer der E-Control GmbH, DI Walter Boltz, der Geschäftsführer der Schienen-Control GmbH, Georg Fürnkranz, und der Leiter Betriebswirtschaft der Telekom-Regulierungsbehörde RTR-GmbH, Dr. Martin Lukanowicz, gegeben haben. Ministerialrat Dr. Alfred Stratil hat uns an seinem tiefen Erfahrungsschatz sowohl aus der Privatisierung und Regulierung des Telekommunikationssektors als auch als Leiter der Obersten Postbehörde und Mitglied des Postsenats der TKK teilhaben lassen.

O. Univ.-Prof. DDr. Walter Barfuß stand uns ebenso als Interviewpartner zur Verfügung und hat uns wertvolle Anregungen aus seiner langjährigen Tätigkeit als Leiter der Bundeswettbewerbsbehörde gegeben.

Dr. Christoph Scharff, Vorstandssprecher der ARA AG, war uns ein wertvoller Diskussionspartner und kritischer Geist hinsichtlich aller Belange des Verpackungsentsorgungsmarktes.

Dr. Hanno Wollmann hat wertvolle Beiträge zu wettbewerbsrechtlichen Aspekten geleistet, die wir im vorliegenden Buch verwenden durften. Mag. Alexander Sablatnig trug wesentlich zum Zustandekommen des Telekommunikationsteils bei.

Unermüdliches Korrigieren, Verifizieren und Diskutieren, um zu einem leserfreundlichen Manuskript, das auch noch möglichst fehlerfrei ist, zu kommen, war der wichtige Beitrag von Mag. Michaela Kern, Dr. Christian Fölzer, Martin Kaufmann und Mag. Florian Pauli.

Ihnen allen danken wir für ihre unentbehrlichen Beiträge für das Entstehen dieses Buches.

Sollten sich trotz aller Mühen und Kontrollen noch Fehler im Buch befinden, so ist dies allein unsere Verantwortung. Wir freuen uns über Hinweise zur Verbesserung des Buches in der nächsten Auflage.

Dem Linde Verlag, im Besonderen Frau Dr. Eleonore Breitegger, danken wir für die unkomplizierte und effiziente Betreuung und die Veröffentlichung unseres Buches.

Wien, November 2009

Die Autoren
Helmut Kern   Beate Diewald   Stefan Sumbalsky

Inhaltsverzeichnis

Vorwort und Danksagung 5
Abkürzungsverzeichnis 9
Abbildungsverzeichnis 11
Tabellenverzeichnis 11
1 Die Öffnung des Telekommunikationsmarktes in Österreich: eine Erfolgsgeschichte 13
2 Aufbau der Analyse 17
3 Regulierungstheorie 19
   3.1 Regulierungswürdigkeit aufgrund des Drei-Kriterien-Tests 21
   3.2 Regulierungswürdigkeit aufgrund der Theorie der angreifbaren Märkte (Contestable Markets Theory) 22
4 Die Liberalisierung in Europa 25
5 Branchenvergleich 31
   5.1 Telekommunikation 31
      5.1.1 Marktdefinition 31
      5.1.2 Regulierung der Branche 36
      5.1.3 Regulierungswürdigkeit aufgrund des Drei-Kriterien-Tests 38
      5.1.4 Regulierungswürdigkeit aufgrund anderer Indikatoren: Theorie der angreifbaren Märkte 42
      5.1.5 Identifizierung des monopolistischen Bottlenecks 45
      5.1.6 Regulierungsschwerpunkte 46
      5.1.7 Regulierungsbehörde 51
      5.1.8 Zusammenfassung 54
   5.2 Post 55
      5.2.1 Marktdefinition 55
      5.2.2 Regulierung der Branche 59
      5.2.3 Regulierungswürdigkeit aufgrund des Drei-Kriterien-Tests 62
      5.2.4 Regulierungswürdigkeit aufgrund anderer Indikatoren: Theorie der angreifbaren Märkte 66
      5.2.5 Identifizierung des monopolistischen Bottlenecks 68
      5.2.6 Regulierungsschwerpunkte 70
      5.2.7 Regulierungsbehörde 77
      5.2.8 Zusammenfassung 81
   5.3 Strom 83
      5.3.1 Marktdefinition 83
      5.3.2 Regulierung der Branche 85
      5.3.3 Anwendung des Drei-Kriterien-Tests 88
      5.3.4 Regulierungswürdigkeit aufgrund anderer Indikatoren: Theorie der angreifbaren Märkte 90

      5.3.5 Identifizierung des monopolistischen Bottlenecks 92
      5.3.6 Regulierungsschwerpunkte 93
      5.3.7 Regulierungsbehörde 98
      5.3.8 Zusammenfassung 101
  5.4 Eisenbahn 103
      5.4.1 Marktdefinition 103
      5.4.2 Regulierung der Branche 105
      5.4.3 Regulierungswürdigkeit aufgrund des Drei-Kriterien-Tests 109
      5.4.4 Regulierungswürdigkeit aufgrund anderer Indikatoren:
           Theorie der angreifbaren Märkte 113
      5.4.5 Identifizierung des monopolistischen Bottlenecks 114
      5.4.6 Regulierungsschwerpunkte 115
      5.4.7 Regulierungsbehörde 120
      5.4.8 Zusammenfassung 124
  5.5 Verpackungsentsorgung 124
      5.5.1 Marktdefinition 125
      5.5.2 Regulierungswürdigkeit aufgrund des Drei-Kriterien-Tests 129
      5.5.3 Regulierungswürdigkeit aufgrund anderer Indikatoren:
           Theorie der angreifbaren Märkte 135
      5.5.4 Vorhandensein des monopolistischen Bottlenecks 137
      5.5.5 Zusammenfassung 137
  5.6 Vergleichbarkeit der Branchen 138
      5.6.1 Regulierungswürdigkeit (Drei-Kriterien-Test, Contestable
           Markets Theory, monopolistisches Bottleneck) 146
      5.6.2 Vergleichende Betrachtung der Regulierungsschwerpunkte
           und Parallelen zum Verpackungsentsorgungsmarkt 148
      5.6.3 Abschließende Bemerkungen 152

6 Regulierungsnotwendigkeit als Vorwand für Wirtschaftspolitik 155

Anhang: Regulierungsbegriffe 159

Literaturverzeichnis 161

Stichwortverzeichnis 169

Abkürzungsverzeichnis

AGB	Allgemeine Geschäftsbedingungen
ARA	Altstoff Recycling Austria AG
ARGEV	Arbeitsgemeinschaft Verpackung GmbH
AVG	Allgemeines Verwaltungsverfahrensgesetz
AWG	Abfallwirtschaftsgesetz
BVergG 2006	Bundesvergabegesetz 2006
BMVIT	Bundesministerium für Verkehr, Innovation und Technologie
CERP	Comité Européen de Réglementation Postale
EBRL	Elektrizitätsbinnenmarktrichtlinie
ECG	Energie-Control GmbH
ECK	Energie-Control Kommission
EisbG	Eisenbahngesetz
ElWOG	Elektrizitätswirtschafts- und -organisationsgesetz
E-RGB	Energie-Regulierungsbehördengesetz
EU	Europäische Union
EuG	Europäisches Gericht erster Instanz
EuGH	Europäischer Gerichtshof
GSM	Global System for Mobile Communications
GWG	Gaswirtschaftsgesetz
HBFA	Hausbrieffachanlagen
IBE	Infrastrukturbenützungsentgelt
IHS	Institut für Höhere Studien
KOG	KommAustria-Gesetz
KommAustria	Kommunikationsbehörde Austria
KMU	Klein- und Mittelunternehmen
LI	Lizenzierung
ÖA	Öffentlichkeitsarbeit
ÖBB	Österreichische Bundesbahnen
ONP	Open Network Provision
ÖIAG	Österreichischen Industrieholding AG
ÖPAG	Österreichische Post AG
PMG	Postmarktgesetz
PostG	Postgesetz
PTBG	Post und Telekombeteiligungsverwaltungsgesellschaft
PTV	Post- und Telegraphenverwaltung
PTA	Post und Telekom Austria AG
RTR-GmbH	Rundfunk und Telekom Regulierungs-GmbH
SA	Sammlung
SCG	Schienen-Control GmbH
SCHIG	Schieneninfrastruktur-Dienstleistungsgesellschaft mbH

SCK	Schienen-Control Kommission
SO	Sortierung
SVS	Sammel- und Verwertungssystem
SY	Systembetrieb
TKG	Telekommunikationsgesetz
TKK	Telekom-Control-Kommission
TKKP	Senat für Post-Regulierung in der Telekom-Control-Kommission
TKMV 2008	Telekommunikationsmärkteverordnung 2008
TKMVO 2003	Telekommunikationsmärkteverordnung 2003
UGB	Unternehmensgesetzbuch
UMTS	Universal Mobile Telecommunications System
UPC	UPC Telekabel Wien GmbH
UPU	Universal Postal Union
VerpackVO	Verpackungsverordnung
VerpZielVO	Verpackungszielverordnung
VE	Verwertung

Abbildungsverzeichnis

Abbildung 1: Regulierungsumfeld 20
Abbildung 2: Wertschöpfungsebenen in der Telekommunikation 32
Abbildung 3: Flächendeckendes Festnetz 39
Abbildung 4: Angreifbarkeit von Märkten 42
Abbildung 5: Unterteilung der Postdienste in drei Bereiche 57
Abbildung 6: Wertschöpfungsstufen des Postmarktes 58
Abbildung 7: Wertschöpfungskette des Strommarktes 84
Abbildung 8: Schienenverkehr in Netzebenen 104
Abbildung 9: Wertschöpfungskette des Verpackungsentsorgungsmarktes 127

Tabellenverzeichnis

Tabelle 1: Erlöse aus der Privatisierung des Telekommunikationsmonopols 14
Tabelle 2: Relevante Märkte seit 12/2007 34
Tabelle 3: Märkte der Ex-ante-Regulierung 35
Tabelle 4: Lokalisierung des monopolistischen Bottlenecks im Postsektor 69
Tabelle 5: Lokalisierung des monopolistischen Bottlenecks im Schienenverkehr 115
Tabelle 6: Branchenvergleich 144

1. Die Öffnung des Telekommunikationsmarktes in Österreich: eine Erfolgsgeschichte

Ehe in Kapitel 5.1 „Telekommunikation" die „technische" Liberalisierung des Telekommunikationsmarktes in Österreich erläutert wird, lohnt es sich, einen kurzen historischen und wirtschaftlichen Blick auf diese Marktöffnung zu werfen. Die Liberalisierung des Telekommunikationsmarktes begann 1995, basierend im Wesentlichen auf den Erfahrungen aus Großbritannien und den Vereinigten Staaten von Amerika.

Im Jahr 1994 hat die Post und Telegraphenverwaltung (PTV), die Vorläuferin der Telekom Austria[1], rund 4 Mio. Festnetzkunden. Das Festnetz wird gerade digitalisiert. Die Penetrationsrate im Mobilfunk beträgt unter 5 %. Prognosen aus 1992 sagen für das Jahr 2000 eine Penetrationsrate von 10 % und eine Marktsättigung bei 14 % voraus.

Im Jänner 1996 erhält Ö-Call (heute T-Mobile Österreich) die erste private Mobilfunklizenz. Ö-Call ist aus einem Ausschreibungsverfahren nach dem Bestbieter-Prinzip als Sieger hervorgegangen. Die Republik Österreich erhält rund € 290 Mio. Lizenzentgelt. Das Netz wird rasch aufgebaut, 1996 nimmt das Unternehmen den kommerziellen Betrieb auf. Das erste Zusammenschaltungsentgelt („Interconnection Fee") für Gespräche zwischen Mobilfunk und Festnetz (Gesprächsterminierung im Festnetz) beträgt ATS 1,05/min (umgerechnet c 7,6). Die Zusammenschaltungsentgelte stellen sich in der Zukunft als eines der Hauptregulierungsthemen dar.

Bis zum Jahr 1998 werden zwei weitere private Lizenzen vergeben, im Jahr 2001 erreicht der Beschäftigungsstand im Mobilfunksektor mit rund 7.000 Mitarbeitern den historischen Höchststand. Österreich ist einer der kompetitivsten Telekommunikationsmärkte weltweit.

Im Jahr 2002 gibt es bereits über 50 lizenzierte Festnetzanbieter in Österreich, Tendenz allerdings bereits rückläufig. Der Mobilfunkumsatz übersteigt erstmals den Festnetzumsatz.

In den Folgejahren geht die technologische Entwicklung weiter: Breitbandtechnologien werden sowohl im Fest- wie auch im Mobilnetz eingeführt, die Netze werden effizienter, daher werden kontinuierlich Mitarbeiter abgebaut. Die international zu beobachtende Marktbereinigung macht auch vor Österreich nicht halt, eine Konso-

---

[1] Der Begriff „Telekom Austria" wird in der Folge synonym für die Telekom-Austria-Gruppe oder auch einzelne Gesellschaften der Telekom-Austria-Gruppe verwendet, insbesondere die Telekom Austria TA AG, die für das Festnetz in Österreich verantwortlich ist.

lidierung der Anbieter von Telekommunikationsdienstleistungen findet auch hierzulande statt.

Die Liberalisierung sollte ja, den Vorstellungen der EU entsprechend, vor allem den Konsumenten Vorteile bringen. Aber hat auch die österreichische Volkswirtschaft profitiert?

Acht Milliarden Euro an Staatsschulden wurden im Zuge der Privatisierung der Telekom Austria getilgt bzw. privatisiert. € 1,4 Mrd. betragen die Einnahmen aus den Mobilfunklizenzen.

Ausgliederung PTV in PTA 1996		
Schuldenaufteilung	Mrd. ATS	Mrd. Euro
PTBG	45,0	3,3
PTA	65,0	4,7
Total	*110,0*	*8,0*
Erlöse aus Verkäufen, die mehr oder weniger direkt an die PTBG/ÖIAG geflossen sind:		
Verkauf 25 % Mobilkom 1997	8,5	0,6
Verkauf 25 % Telekom 1998	27,2	2,0
Börsegang Telekom 2000	13,8	1,0
Wandelanleihe Telekom 2003	4,1	0,3
Verkauf 17 % Telekom 2004	15,1	1,1
Summe Erlöse	*68,7*	*5,0*

Tabelle 1: Erlöse aus der Privatisierung des Telekommunikationsmonopols

Dazu kommen rund € 5 Mrd. an Erlösen aus Privatisierungen. In Summe sind dies über € 14 Mrd. an Einnahmen für das Budget.

Noch nicht eingerechnet sind Einnahmen aus laufenden Frequenzgebühren, Steuern, Dividenden etc., nicht abgezogen allerdings auch Kosten von Arbeitslosenentgelten, Kosten der Regulierung, Kosten von Steuerausfällen durch Insolvenzen usw.

Aber nicht nur der Staat hat profitiert.

Die Werbebranche, Personalberater, Anwälte und Unternehmensberater ebenso wie finanzierende Banken und eine große Anzahl an Zulieferbetrieben haben an diesem rasanten Marktwachstum, das ohne Marktöffnung nicht denkbar gewesen wäre, mitverdient. Dem stehen als echte Verlierer vor allem einige Infrastrukturlieferanten sowie ehemalige Mitarbeiter der verstaatlichten Betriebe gegenüber.

In Summe ist der Telekommunikationsmarkt gewachsen. Wenn auch die Tarife gesunken sind, so sind doch die Gesamtausgaben der Konsumenten für Telekommunikation verglichen mit 1994 gestiegen.

Diese enorme Entwicklung des Marktes ist ohne den technologischen Fortschritt nicht denkbar. Dies ist auch der Grund, warum sich der Erfolg der Liberalisierung der Telekommunikationsmärkte massiv von jenem anderer Märkte wie z.B. Strom und Eisenbahn unterscheidet.

Heute wird die Weiterentwicklung des Telekommunikationsmarktes durch die Wirtschaftspolitik eher behindert. Wo Marktwirtschaft noch vor wenigen Jahren das Credo war, wird jetzt nach staatlichen Investitionen in Breitbandnetze gerufen. Dass Märkte auch einmal ein Stadium des langsameren Wachstums, der Sättigung oder sogar des Rückgangs durchlaufen, wird nicht zur Kenntnis genommen. Regulatoren werden dort, wo Märkte nach Wettbewerbsprinzipien bereits funktionieren, zu staatlichen Marktlenkungseinrichtungen umfunktioniert.

Wie schmal der Grat zwischen sinnvoller Regulierung und wirtschaftspolitisch motivierten Eingriffen ist, wird die Analyse in den folgenden Kapiteln dieses Buches zeigen.

2. Aufbau der Analyse

Vorab werden im Kapitel „Regulierungstheorie" die Methoden der Analyse dargelegt. Hierzu werden der Drei-Kriterien-Test sowie die Theorie der angreifbaren Märkte erläutert.

Es folgt eine generelle Einführung in die europäische Regulierungsgeschichte. Diese wird am Beispiel der vier großen Infrastrukturbranchen Telekommunikation, Post, Strom und Eisenbahn kurz illustriert.

Danach werden in einem Branchenvergleich die Regulierungswürdigkeit sowie die Regulierungspraxis der vier ausgewählten Infrastrukturbranchen (Telekommunikation, Post, Strom, Eisenbahn), die zum aktuellen Zeitpunkt bereits Regulierungsmaßnahmen unterliegen, untersucht.

Zum Vergleich wird der derzeit nicht regulierte Verpackungsentsorgungsmarkt anhand derselben Kriterien auf Regulierungswürdigkeit untersucht. Abschließend werden die Ergebnisse der Branchenanalysen verglichen.

Die Branchen werden nach einer einheitlichen Methode analysiert:

Im einleitenden Abschnitt wird die jeweilige Branche mithilfe einer Marktdefinition (Spezifika des Marktes, Wertschöpfungsebenen/-stufen) beschrieben. Im folgenden Unterkapitel werden die Entstehung der Regulierung und ihre Grundlagen näher beleuchtet. Anschließend wird die untersuchte Branche einer detaillierten Ex-post-Untersuchung hinsichtlich ihrer Regulierungswürdigkeit unterzogen. In einem nächsten Schritt werden die einzelnen Teilbereiche innerhalb der Wertschöpfungsebenen/-stufen der Branche auf ihre Eigenschaften als monopolistisches Bottleneck überprüft. Nach der Identifizierung der regulierten (Teil-)Bereiche innerhalb der vier Märkte werden sodann die wesentlichen Schwerpunkte bzw. Ziele der Regulierungstätigkeit in Österreich, nämlich

- Gewährleistung der Rahmenbedingungen für das Entstehen von Wettbewerb und
- Sicherstellung eines Universaldienstes,

eingehend beleuchtet.

Im Regulierungsschwerpunkt „Wettbewerb" werden die Maßnahmen „Offener Netzzugang", „Verhinderung von Quersubventionierung" sowie „Access Pricing" branchenübergreifend analysiert. Der Regulierungsschwerpunkt „Universaldienst" wird hinsichtlich Qualitäts- und Preisregulierung eingehend beleuchtet.

Abschließend erfolgt – für die vier regulierten Netzinfrastrukturbranchen Telekommunikation, Post, Strom sowie Eisenbahn – eine umfassende Darstellung der Regulierungsbehörden.

Ein Anhang mit einem Verzeichnis der wichtigsten im Bericht verwendeten Regulierungsbegriffe ergänzt die Ausführungen.

3. Regulierungstheorie

Die Deregulierung der monopolistischen und verstaatlichten oder staatsnahen Infrastrukturbranchen begann in Europa in den 1980er Jahren. Die Motive dafür waren vielfältig: Litten die Volkswirtschaften unter der Ineffizienz und Bürokratie der Monopole, so waren diese doch auch Einnahmequellen für die Staatshaushalte. Dennoch wurden aufgrund verschiedener wirtschaftspolitischer Überlegungen und einer generell stärker marktwirtschaftlich orientierten Politik in Europa Deregulierungsmaßnahmen eingeleitet.[2] Um diese Liberalisierung strukturiert und kontrolliert umzusetzen, wurden Regulierungsbehörden geschaffen, deren Hauptaufgabe in der Überwachung eines möglichst reibungslosen Übergangs von Monopol- zu Wettbewerbsmärkten lag.

Aus Gründen der Vergleichbarkeit der betrachteten Branchen wird der Fokus auf die zwei Schwerpunkte der Regulierung, Wettbewerb und Universaldienst, gelegt. Dies stellt keinerlei Anspruch auf Vollständigkeit. So sieht etwa im Bereich der Telekommunikation die Rahmenrichtlinie einen dreiteiligen Aufbau der europäischen Regulierungsschwerpunkte vor. Als Ziele der nationalen Regulierungsbehörde gemäß der Rahmenrichtlinie (2002), Artikel 8 werden hier die „Förderung des Wettbewerbs", die „Entwicklung des Binnenmarktes" sowie die „Förderung der Interessen der Bürger der EU" hervorgehoben.[3]

Regulierungswürdigkeit von Märkten und die Regulierungsschwerpunkte lassen sich dabei wie in Abbildung 1 dargestellt gliedern. Regulierungstätigkeiten können einerseits im monopolistischen Bottleneck (siehe Kapitel „Regulierungswürdigkeit aufgrund der Theorie der angreifbaren Märkte – Contestable Markets Theory") oder aber auch entlang der gesamten Wertschöpfungskette[4] erfolgen.

---

[2] Vgl. dazu auch z.B. Global Business Regulation (Braithwaite/Drahos 2000), S. 323 f., S. 464.
[3] Diese Zielsetzungen stellen wirtschaftspolitische Absichtserklärung dar und sind daher mangels Konkretisierung in Bezug auf die Regulierungstheorie nicht näher überprüfbar.
[4] So wird beispielsweise im Postsektor die gesamte Wertschöpfungskette im Bereich reservierte Postdienste reguliert.

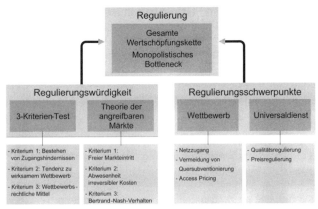

Abbildung 1: Regulierungsumfeld

Während beispielsweise in der Telekommunikation der Drei-Kriterien-Test angewendet wird, um Märkte für eine Vorabregulierung zu klassifizieren, kann die Notwendigkeit für Regulierung auch durch das Ziel, der Bevölkerung Zugang zum Universaldienst zu geben, entstehen.

In der Telekommunikationsbranche werden Regulierungsmaßnahmen einerseits entlang der Wertschöpfungskette im Teilbereich Infrastruktur getroffen und andererseits ganze Märkte einer Regulierung unterzogen. Im Vordergrund stehen der Netzzugang (Open Network Provision, „ONP") und Access Pricing. Anders als etwa im Bereich der Bahn, wo Entwicklungen nur langsam erfolgen, wird angesichts des dynamischen Charakters und der Funktionsweise der Telekommunikationsmärkte hervorgehoben, dass Hindernisse möglicherweise auch wieder abgebaut werden. Hier ist derzeit ein Trend erkennbar, dass die Anzahl dieser regulierten Märkte drastisch reduziert werden soll.

Hauptziele der Gemeinschaftspolitik im Postsektor bestehen gemäß Richtlinie 2008/6/EG in der stufenweisen und kontrollierten Öffnung des Postmarktes für den Wettbewerb und einer dauerhaften Garantie der Bereitstellung des Universaldienstes.[5] Bereits 1991 wurde die Wichtigkeit des Universaldienstes hervorgestrichen. Als wichtigstes Ziel der europäischen Postpolitik wird im Grünbuch[6] angesehen, dass der Fortbestand des Universaldienstes zu gewährleisten ist und damit für den öffentlichen Dienstleistungsauftrag der Postverwaltungen gute wirtschaftliche und finanzielle Voraussetzungen zu

---

[5] Vgl. Richtlinie 2008/6/EG, Darstellung der Gründe (1).
[6] Vgl. Grünbuch (1992), S. 5.

schaffen sind. Im Wesentlichen steht dahinter die Forderung, dass ein Postdienst flächendeckend in der ganzen Gemeinschaft (sowohl Inlandsdienst in den Mitgliedsstaaten als auch Auslandsdienst zwischen den Mitgliedsstaaten) angeboten werden sollte. Leistbare Preise, gute Qualität sowie die flächendeckende Versorgung stehen hier im Vordergrund. Diese Forderung wird auch nach vollständiger Öffnung des Briefmarktes von bedeutender Relevanz sein.

Ebenso ist die Situation im Stromsektor ausgestaltet – die Regulierung erfolgt im monopolistischen Bottleneck „Transport", das in die Teilbereiche Übertragung und Verteilung unterteilt ist. Der Fokus liegt hier auf einem diskriminierungsfreien Netzzugang für Marktteilnehmer des Wettbewerbsbereiches sowie den Regelungen hinsichtlich der Systemnutzungsgebühren.

Im Schienenverkehrsmarkt wird ebenso das monopolistische Bottleneck (Schieneninfrastruktur) der Regulierung unterzogen. Wie im Bereich Telekommunikation und Strom steht die Ermöglichung des Wettbewerbes in Verbindung mit Access Pricing im Fokus der Regulierungstätigkeit. Grundsätzlich bestehen umfassende rechtliche Regelungen in diesem Bereich, bezüglich der Arbeit der Regulierungsbehörde wird in der Folge jedoch klar werden, dass die Schienenverkehrsmarktregulierung einen differenzierten Weg eingeschlagen hat.

3.1. Regulierungswürdigkeit aufgrund des Drei-Kriterien-Tests

Die Europäische Kommission hat in einer Empfehlung[7] den Kommunikationsmarkt betreffend drei Kriterien vorgeschlagen, die in einem Arbeitspapier der Kommission[8] näher erläutert werden. Anhand dieser drei Kriterien sollen Märkte dahingehend beurteilt werden, ob sie für eine Vorabregulierung grundsätzlich in Betracht kommen oder nicht. Die Kriterien sind kumulativ anzuwenden.

---

[7] Empfehlung der Kommission vom 11. Februar 2003 über relevante Produkt- und Dienstmärkte des elektronischen Kommunikationssektors, die aufgrund der Richtlinie 2002/21/EG des Europäischen Parlaments und des Rates über einen gemeinsamen Rechtsrahmen für elektronische Kommunikationsnetze und -dienste für eine Vorabregulierung in Betracht kommen (2003/311/EG).

[8] Arbeitspapier der Kommission zum Entwurf einer Empfehlung der Kommission: Verordnung des Rates über relevante Produkt- und Dienstmärkte des elektronischen Kommunikationssektors, die aufgrund der Richtlinie 2002/21/EG des Europäischen Parlaments und des Rates über einen gemeinsamen Rahmen für elektronische Kommunikationsnetze und -dienste für eine Vorabregulierung in Betracht kommen (18.06.2002).

Die Prüfung von Märkten anhand der von der Europäischen Kommission vorgeschlagenen Kriterien ist als „Drei-Kriterien-Test" in die Fachsprache eingegangen.

Diese drei Kriterien sind:

1. Bestehen von beträchtlichen und anhaltenden strukturellen, rechtlichen oder regulatorischen Marktzugangshindernissen;[9]
2. keine Tendenz zu wirksamem Wettbewerb;
3. Marktversagen kann nicht mit wettbewerbsrechtlichen Mitteln allein angemessen entgegengewirkt werden.[10]

Erst bei Erfüllung aller Kriterien wird davon ausgegangen, dass mit Vorabregulierung einzugreifen ist. Aufgrund der allgemein für Märkte gültigen Kriterien ist der Drei-Kriterien-Test auch geeignet, andere als Produkt- und Dienstmärkte des elektronischen Kommunikationssektors zu beurteilen.

3.2. Regulierungswürdigkeit aufgrund der Theorie der angreifbaren Märkte (Contestable Markets Theory)

In der Regulierungstheorie gibt es – neben dem Drei-Kriterien-Test – einen weiteren Zugang zur Regulierungsnotwendigkeit von Märkten, der davon ausgeht, dass Märkte, die offen für den Wettbewerb sind („angreifbare Märkte"; „contestable markets"), grundsätzlich

---

[9] Strukturelle Zugangshindernisse liegen vor, wenn erhebliche mengen- und größenbedingte Vorteile und hohe Ist-Kosten der Vergangenheit für den Markt charakteristisch sind. Diese Hindernisse treten für neue Wettbewerber meist auf, wenn das marktbeherrschende Unternehmen vertikal integriert ist, d.h. sowohl über den monopolistischen Engpass verfügt als auch Dienstleistungen, die auf diesem Engpass aufbauen, anbietet (vgl. Knieps/Brunekreeft [2003], S. 97).
Rechtlich bedingte Hindernisse basieren auf gesetzlichen, administrativen oder sonstigen staatlichen Maßnahmen, die sich auf die Zugangsbedingungen zum Markt auswirken.

[10] Die Frage, ob ex post wirkende wettbewerbsrechtliche Maßnahmen ausreichen oder Ex-ante-Regulierung notwendig ist, unterliegt einer intensiven Fachdiskussion, die über den Rahmen der vorliegenden Analyse hinausgeht. Die Entscheidung für oder gegen eine Vorabregulierung hängt eng mit der Komplexität der behandelten Thematik sowie dem Markt zusammen. So wurde Vorabregulierung im Wesentlichen im Zuge der Liberalisierung (ehemals) verstaatlichter Infrastrukturbranchen angewendet, um frühere gesetzliche Monopole aufzubrechen und strukturelle Veränderungen hin zu Wettbewerbsmärkten herbeizuführen. Außerhalb von liberalisierten Sektoren ist Regulierung (anstelle einer bloßen Anwendung der Gesetze gegen Wettbewerbsbeschränkungen) dort notwendig, wo es um die Sicherstellung eines hinreichenden Waren- oder Dienstleistungsangebotes (eines Universaldienstes) geht. Das klassische Wettbewerbsrecht kann Unternehmen nur die Chance eröffnen, Tätigkeiten am Markt zu entfalten, es kann sie dazu aber (etwa bei fehlender Wirtschaftlichkeit) weder zwingen noch dafür spezielle Anreize (z.B. in Form begrenzter Monopole oder öffentlicher Zuschüsse) schaffen.

nur in jenen Bereichen reguliert werden müssen, in denen der Wettbewerb eingeschränkt ist. Diese Bereiche sind in den Netzindustrien die sogenannten monopolistischen Bottleneck-Einrichtungen. Das sind wesentliche Einrichtungen („essential facilities"),

- die unabdingbar sind, um Kunden zu erreichen und/oder Wettbewerbern die Durchführung ihrer Geschäftstätigkeit zu ermöglichen,
- und die mit angemessenen Mitteln nicht neu geschaffen werden können.[11]

Das sind z.B. Schienennetze bei Eisenbahnen, Ortsnetze in der Telekommunikation oder Hochspannungsleitungen in der Energiewirtschaft.

In diesen Bereichen kann Diskriminierung von Wettbewerbern durch marktbeherrschende Unternehmen stattfinden. Die Diskriminierung findet in der Regel durch Behinderung des Netzzugangs und durch Preis- und Qualitätsdiskriminierung statt.

Sektorspezifische (Vorab-)Regulierung zielt primär darauf ab, im Falle von Zugangsbehinderung schnell eingreifen zu können und Zugangspreise zur Netzinfrastruktur so festzusetzen, dass einerseits Kosteneffizienz geschaffen wird und andererseits eine Quersubventionierung der Nicht-Monopolbereiche verhindert wird.

Die Theorie der angreifbaren Märkte geht davon aus, dass das Vorliegen von Netzstrukturen keinen hinreichenden Grund für das Vorliegen von Marktmacht (und damit Regulierungsbedarf) darstellt. Selbst das Vorhandensein eines natürlichen Monopols generiert nicht automatisch ein Problem der Marktmachtregulierung.

Die Theorie der angreifbaren Märkte liefert die Grundlagen für eine disaggregierte Lokalisierung von Marktmacht in Netze. Bei Vorliegen gewisser Kriterien liegt keine spezifische Marktmacht vor:[12]

1. Freier Markteintritt: Es besteht eine große Anzahl potenzieller Wettbewerber, die ohne Zeitverlust Zugang zu der gleichen kostengünstigsten Technologie haben.
2. Abwesenheit von irreversiblen Kosten: Die für einen Markteintritt notwendigen Investitionen lassen sich beim Marktaustritt wiederverwenden. Marktaustritt ist ohne (signifikante) Kosten und Zeitverlust möglich.
3. Bertrand-Nash-Verhalten: Die potenziellen Wettbewerber berechnen ihre Marktchancen, indem sie den aktuellen Preis des eingesessenen Unternehmens als gegeben annehmen und diesen unter-

---
[11] Vgl. Knieps/Brunekreeft (2003), S. 19 f.
[12] Vgl. Knieps/Brunekreeft (2003), S. 11.

bieten. Dabei wird unterstellt, dass schon kleine Änderungen der Preise eine Wanderung der Nachfrage zur Folge haben.

Kriterium 2 kommt im Zuge der Beurteilung der Angreifbarkeit eines Marktes eine sehr hohe Bedeutung zu. *Weitzman* geht beispielsweise so weit, dass das einzige wirkliche Kriterium für die Angreifbarkeit eines Marktes das Nicht-Vorhandensein irreversibler Kosten darstellt.[13] Aus diesem Grund seien hier die irreversiblen Kosten noch näher beschrieben.

Irreversible Kosten („sunk costs") sind dadurch charakterisiert, dass sie selbst im Fall einer Beendigung der wirtschaftlichen Aktivitäten nicht mehr rückgängig gemacht werden können (und daher auch langfristig nicht variabel sind). Beispiele hierfür sind die Kosten des Verlegens einer Telefonleitung oder die Kosten der Schieneninfrastruktur. Diese Kosten ergeben sich als Differenz zwischen dem Anschaffungswert und dem Wiederverkaufswert.

Abwesenheit dieser Kosten bedeutet also auch, dass die für einen Markteintritt notwendigen Investitionen beim Marktaustritt in hohem Ausmaß rückgewinnbar sind. Marktaustritt ist ohne Kosten und Zeitverlust möglich. Der aktive Anbieter und die potenziellen Wettbewerber besitzen die gleiche entscheidungsrelevante Kostenfunktion.[14]

Es handelt sich hierbei um ein Referenzmodell. Ein „idealer", d.h. alle Kriterien vollständig erfüllender Markt ist in der Praxis kaum denkbar. Dennoch ist eine Beurteilung von Bedeutung, wie sehr sich ein zu analysierender Markt an diesen idealen Markt annähert.

Für angreifbare Märkte ist nicht notwendig, dass tatsächlicher Wettbewerb besteht. Besteht nur ein aktiver Anbieter auf dem Markt, wird dieser bereits über den potenziellen Wettbewerb diszipliniert.[15]

---

[13] Vgl. Knieps (2005), S. 33.
[14] Vgl. Knieps (2005), S. 30.
[15] Vgl. Borrmann/Finsinger (1999), S. 274.

4. Die Liberalisierung in Europa

In den letzten zwei Jahrzehnten war eine Hauptaufgabe der Europäischen Union die Liberalisierung und Deregulierung von Infrastrukturbranchen im Sinne eines gemeinsamen europäischen Binnenmarktes. Ein gemeinsamer grenzenloser Binnenmarkt sollte den Wettbewerb fördern. Im „Cecchini-Bericht" von 1986 wurde eine Nichtumsetzung des Binnenmarktes mit Kosten von rund € 200 Mrd. beziffert. Ein 5%iger Einkommenszuwachs sowie zwischen 1,8 und 5 Mio. zusätzliche Arbeitsplätze innerhalb weniger Jahre wurden hingegen bei erfolgreicher Umsetzung eines europäischen Binnenmarktes erwartet. Diese Zusammenführung der nationalen Märkte sollte durch Spezialisierung, Größenvorteile und bessere Faktorallokation für ein Wirtschaftswachstum im gesamten EU-Raum sorgen. Dadurch sollte Europa, von einem wirtschaftlichen Betrachtungswinkel aus, klar in Konkurrenz zu den Vereinigten Staaten und Asien treten.[16]

Bis zur Liberalisierung wurden die Sektoren der „Daseinsversorgung" durch Monopolunternehmen bewirtschaftet, welche sich zumeist in Staatsbesitz befanden. Hier waren vor allem die Branchen Telekommunikation, Post, Eisenbahn und Strom für den einzelnen Staat von besonderer militärischer, machtpolitischer und fiskalischer Bedeutung. Zusätzlich war auch der Aspekt der staatlichen Versorgungsaufgabe eine Erklärung für die monopolistische Struktur in diesen Branchen.[17] Litten die Volkswirtschaften unter der Ineffizienz und Bürokratie der Monopole, so waren diese doch auch Einnahmequellen für die Staatshaushalte. Dennoch wurden aufgrund verschiedener wirtschaftspolitischer Überlegungen und einer generell stärker marktwirtschaftlich orientierten Politik in Europa Deregulierungsmaßnahmen eingeleitet.[18]

Das Tempo der Marktöffnung entwickelte sich sowohl hinsichtlich der Branchen als auch bei einem Ländervergleich unterschiedlich. Vor allem die britische Regierung unter Margret Thatcher sorgte in den 80er Jahren des vorigen Jahrhunderts in den unterschiedlichen Sektoren im Vergleich zu den Staaten im kontinentaleuropäischen Raum für eine frühe Marktöffnung, u.a. im Gassektor (1986) oder im Stromsektor (1989/90).[19] Erste Tendenzen und Entwicklungen für eine Marktöffnung in Europa fanden jedoch in der Telekommunika-

---

[16] Vgl. Ahlfeldt (2006), S. 41.
[17] Vgl. Fremuth/Parak (2002), S. 10 ff.
[18] Vgl. dazu auch z.B. Global Business Regulation (Braithwaite/Drahos 2000), S. 323 f., S. 464.
[19] Vgl. Fremuth/Parak (2002), S. 11 f.

tionsbranche statt. In diesem Zusammenhang kann wiederum Großbritannien durch Inkrafttreten des „Telecommunication Act" im Jahr 1981 als Vorreiter der Liberalisierungsbewegung bezeichnet werden. Aufgrund des technologischen Fortschrittes sowie der wirtschaftspolitischen Veränderungen kam es zu einem Umdenken hinsichtlich der Rolle des Staates in der Telekommunikationsbranche und einem Vorantreiben der Marktöffnungsaktivitäten.[20]

Die Globalisierung und das starke Wachstum der internationalen Aktivitäten in der Wirtschaft erforderten eine hohe Qualität von Telekommunikationsdienstleistungen. In Europa konnte die Liberalisierung der Telekommunikation innerhalb von rund zehn Jahren, nach Veröffentlichung des Grünbuches von 1987 zur Entwicklung eines gemeinsamen Marktes für Telekommunikationsdienstleistungen, umgesetzt werden.[21] Die Beschlussfassung zur Auflösung des Telefondienstmonopols erfolgte relativ rasch. Hingegen stellte sich der Entscheidungsprozess hinsichtlich der Auflösung des Netzmonopols wesentlich schwieriger dar. Vor allem die Mittelmeerländer waren für eine Bewahrung der Netzmonopole. Nachdem die Mitgliedstaaten Großbritannien, die Niederlande und Deutschland den politischen Druck erhöht hatten, kam es im Herbst 1994 (erster Teil) und Januar 1995 (zweiter Teil) zur Veröffentlichung des Grünbuches über die Liberalisierung der Telekommunikationsinfrastruktur. Dieses bildet die Basis für einen verbindlichen Rechtsrahmen bezüglich der Entstehung von Wettbewerb auf allen Wertschöpfungsstufen.[22] In diesem Zusammenhang geht die Vollliberalisierung des Telekommunikationssektors in Europa mit 1. Jänner 1998 in die Geschichtsbücher ein.[23]

Nachdem Anfang der 90er Jahre des letzten Jahrhunderts die ersten Schritte für eine Marktöffnung in den Branchen Eisenbahn, Strom und Post mittels Veröffentlichung von Grünbüchern erfolgt waren, kam es im Laufe dieses Jahrzehntes auch zur Verabschiedung der ersten EU-Richtlinien. Damit wurde der rechtliche Rahmen zur Entwicklung eines europäischen Binnenmarktes in diesen Branchen geschaffen.

Den nächsten Schritt zur Liberalisierung setzte nach der Telekommunikation der Schienenverkehr mit dem Ersten Eisenbahnpaket, bestehend aus den Richtlinien 2001/12/EG, 2001/13/EG und 2001/14/EG. Der Eisenbahnsektor sah sich seit den 70er Jahren des

---

[20] Vgl. Kaspar/Rübig (1997), S. 20.
[21] Vgl. Vaterlaus/Worm/Wild/Telser (2003). S. 33 f.
[22] Vgl. Voeth (1996), S. 168 f.
[23] Vgl. Fremuth/Parak (2002), S. 25.

vorigen Jahrhunderts mit einem kontinuierlichen Verlust von Marktanteilen gegenüber der Straße konfrontiert, hauptsächlich aufgrund geringer Investitionen in das Schienennetz und Interoperabilitätsproblemen. Dieser Problematik konnte nur mit beträchtlichen Zuschüssen und Strategien zur Attraktivitätssteigerung entgegengewirkt werden. Aufgrund von umwelt- sowie verkehrspolitischen Aspekten sollte durch die Schaffung von Wettbewerb in diesem Netzsektor die Entwicklung der vohergehenden Jahre gestoppt werden. Außerdem wurde in Europa das ambitionierte Ziel der Senkung der Staatsverschuldung verfolgt, weshalb es notwendig war, privates Kapital zur Finanzierung der Investitionen in das Netz heranzuziehen. Mit dem Liberalisierungspaket 1 wurde ein wesentlicher Schritt zur Wiederbelebung der Branche gesetzt sowie der freie Marktzugang im grenzüberschreitenden Schienenverkehr ermöglicht. Mit den folgenden Richtlinienpaketen 2 und 3 wurden bei der Harmonisierung der europäischen Eisenbahnen weitere Hürden beseitigt – sowohl im Bereich der Eisenbahnsicherheit und Interoperabilität als auch etwa bei der Öffnung des grenzüberschreitenden Schienenverkehrs.

Anstoß für die Energiemarktliberalisierung war die Verabschiedung der „energiepolitischen Ziele zur Entwicklung von marktwirtschaftlichen Verhältnissen in Europa" durch den Rat der Energieminister im Jahr 1986. Aufgrund der technischen und ökonomischen Gegebenheiten im Energiesektor wurde die Marktöffnung des Stromsektors nicht von der gleichen Liberalisierungsdynamik getragen wie vergleichsweise in der Telekommunikationsbranche. Es herrschte ein eng gekoppeltes System von Energieversorgungsunternehmen vor, welches eine Liberalisierung von einzelnen Bereichen kaum ermöglichte. Außerdem sah sich der Strommarkt mit einer Stagnation konfrontiert, welche den Anreiz zur Partizipation am Wachstum ausländischer Märkte nicht wirklich förderte. Vielmehr unterstützte diese Tatsache die Argumentation der Energieversorgungsunternehmen in ihren Lobbying-Tätigkeiten, dass eine Marktöffnung eine substanzbedrohende Wirkung für die Unternehmen habe.[24]

So kam es zur Entwicklung von unterschiedlichen nationalen Konzepten hinsichtlich der möglichen Ausgestaltung des Energiesektors in Europa. Im Jahr 1992 veröffentlichte die EU-Kommission einen Vorschlag „für eine Richtlinie des Rates betreffend die gemeinsamen Vorschriften für den Elektrizitätsbinnenmarkt". Dieser Vorschlag war in seinem Inhalt ein Vorgriff auf die Elektrizitätsbinnenmarktrichtlinie 2003/54/EG und rief weitere Kritiker mit Stellungnahmen, Änderungs- und Gegenvorschlägen auf den Plan. In diesem

---

[24] Vgl. Ahlfeldt (2006), S. 56 f.

Zusammenhang waren vor allem die deutschen und französischen Lobbyisten sehr aktiv. Es kam zu kaum überbrückbaren Gegensätzlichkeiten, welche zu einem zwischenzeitlichen Scheitern der Verhandlungen führten. Bei einem deutsch-französischen Gipfeltreffen wurde im Juni 1996 eine Kompromisslösung vereinbart. Dieses Übereinkommen mündete in der Elektrizitätsbinnenmarktrichtlinie 96/92/EG und bildet damit die Basis für die Liberalisierung auf nationaler Ebene innerhalb des Stromsektors.[25] Eine entscheidende Weiterentwicklung im Liberalisierungsprozess stellt die Elektrizitätsbinnenmarktrichtlinie von 2003 dar. Dadurch wurden eine vollständige Marktöffnung für alle Verbrauchergruppen ermöglicht und die Installierung einer Regulierungsbehörde zur Kontrolle des freien Netzzuganges bestimmt.[26] Die Richtlinie bildet die Basis für die heutigen Regulierungsbemühungen in diesem Sektor.

Vor Liberalisierung der Postdienstleistungen waren die Bereiche Telekommunikation und Post in einem Sektor bzw. in einem Unternehmen gemeinsam organisiert. Das Postwesen zählt zu den traditionellen staatlichen Monopolbereichen. Aufgrund der Entwicklung von alternativen Kommunikations- und Transportmitteln kam es zu einer relativen Bedeutungsabnahme postalischer Dienste zum Ende des vergangenen Jahrhunderts. Mit der Liberalisierung im Telekommunikationsbereich erfolgte auch die klare Trennung zwischen diesen zwei Bereichen. Die Marktöffnung für den Postsektor gestaltet sich jedoch ungleich schwieriger als im Telekommunikationssektor. Die Besonderheit des Postsektors begründet sich durch die Tatsache, dass es keinen monopolistischen Engpass im Sinne eines physischen Netzes gibt, wie er vergleichsweise in der Telekommunikation durch die Ortsanschlussleitungen oder in der Elektrizität durch die Transportnetze festzustellen ist.[27]

Im Jahr 1991 wurde das Grünbuch „über die Entwicklung des Binnenmarktes für Postdienste" verfasst und damit der Grundstein für die Deregulierung im Postwesen gelegt. Die EU-Richtlinie 97/67/EG stellte den Ausgangspunkt für die folgende schrittweise Liberalisierung des Postsektors dar. Schon vor Inkrafttreten der Richtlinie setzten die einzelnen Staaten Aktivitäten zur Liberalisierung. Auch hier konnten von Staat zu Staat unterschiedliche Entwicklungen festgestellt werden.[28] Vor allem das schwedische Modell kann mit einem völlig liberalisierten Postmarkt seit 1993 als Vorreiter definiert wer-

---

[25] Vgl. Ahlfeldt (2006), S. 58 ff.
[26] Vgl. dazu auch z.B. Richtlinie 2003/54/EG des Europäischen Parlaments und des Rates.
[27] Vgl. Christmann (2004), S. 33 f.
[28] Vgl. Vaterlaus/Worm/Wild/Telser (2003), S. 43.

den. Das schwedische Postunternehmen blieb jedoch zu 100 % im Staatsbesitz.[29]

Die EU-Kommission verfolgte kontinuierlich das Ziel einer weiteren Öffnung des Postwesens. Im Jahr 2000 wurde ein Entwurf zur Änderung der Postmarktrichtlinie veröffentlicht. Bei diesem Vorschlag handelte es sich weiterhin um eine begrenzte Marktöffnung, da 85 % des Aufkommens und 77 % der Gesamterträge aus der Beförderung von Briefen und Infopost – bezogen auf den damaligen Monopolbereich (bis 350 g Gewicht) – im sogenannten reservierten Bereich verblieben wären.[30] Die vollständige Liberalisierung des Postmarktes auf Grund der Vorgabe der EU (Richtlinie 2008/6/EG) ist nun für den 1. Jänner 2011 in Österreich vorgesehen.

Um die Liberalisierung in den vier Infrastrukturbranchen strukturiert und kontrolliert umzusetzen, wurden unabhängige Regulierungsbehörden geschaffen, deren Hauptaufgabe in der Überwachung eines möglichst reibungslosen Übergangs von Monopol- zu Wettbewerbsmärkten lag.

Diese neu geschaffenen Behörden haben viel zur Effizienzsteigerung in den betreffenden Märkten beigetragen. Mit zunehmender Erfüllung der ursprünglichen Aufgaben haben sich diese Behörden jedoch auch neue Tätigkeitsbereiche und Problemfelder gesucht, um ihre Existenz zu rechtfertigen und ihre Bedeutung auszubauen. Ging der erste Regulator des Telekommunikationssektors in Österreich, Sektionschef Dr. Hermann Weber, im Jahr 1995 noch davon aus, dass seine damals sieben Mitarbeiter umfassende Behörde sich *„in drei bis vier Jahren aufgelöst haben werde"*, beschäftigt die zuständige Rundfunk- und Telekom-Regulierungsbehörde RTR heute rund hundert Mitarbeiter.

Gleichzeitig werden nicht nur bereits regulierte Märkte weiterreguliert, sondern auch neue Märkte daraufhin geprüft, ob sie nicht einer Regulierung zu unterwerfen wären. Der Anstoß dazu kommt nicht immer nur von öffentlichen Einrichtungen. Auch privatwirtschaftliche Unternehmen, die vergebens in neue Märkte einzudringen versuchen, versprechen sich von der Forderung nach Marktöffnung (und damit Regulierung) implizit „asymmetrische Regulierung" und damit verbesserte Markteintrittsbedingungen.

---

[29] Vgl. Christmann (2004), S. 48.
[30] Vgl. Christmann (2004), S. 35.

5. Branchenvergleich

5.1. Telekommunikation

5.1.1. Marktdefinition

Telekommunikation in Österreich hat eine mittlerweile 160-jährige Geschichte, beginnend mit dem Telegraphenwesen und dem Netzaufbau um 1846. Beinahe ebenso lange währte die Tradition der staatlichen Kontrolle über den Kommunikationsbereich. Anfangs war das Telegraphenwesen an die Bewilligung des Kaisers gebunden bzw. war es Privatpersonen verboten, ohne Bewilligung Telegraphenanlagen zu errichten. Dieses Monopol wurde im Jahr 1887 auch auf den Bereich der Telefonie ausgedehnt. Nach einer kurzen Zugehörigkeit der Österreichischen Post- und Telegraphenverwaltung (PTV) zur Deutschen Reichspost bestand diese bis 1996 in Form der Sektion III im Bundesministerium für Verkehr.

Geschichte der Telekommunikation

Mit 1. Mai 1996 wurde die PTV aus der Bundesverwaltung ausgegliedert und in die Rechtsform einer Aktiengesellschaft (Post- und Telekom Aktiengesellschaft – PTA) überführt. Mitte 1999 erfolgte die Trennung in zwei Gesellschaften, in die Telekom Austria Aktiengesellschaft (TA) und die Österreichische Post Aktiengesellschaft (ÖPAG). Der Börsegang der Telekom Austria AG erfolgte dann am 21. November 2000 in Wien und New York. Anders als die Österreichische Post AG (52,85 %) steht die TA nur noch zu 27,37 % im Eigentum der Republik Österreich. Die Eigentümerrechte werden vom Bundesministerium für Finanzen (BMF) durch die Beteiligung der Österreichischen Industrieholding AG (ÖIAG) wahrgenommen.[31]

Seit nunmehr zwölf Jahren, beginnend mit der Vergabe der ersten privaten Mobilfunkkonzession, befindet sich der Telekommunikationsmarkt (beginnend mit dem Mobilfunkmarkt) in Österreich im Liberalisierungsprozess. Er wird also vom einstigen Monopol zu einem Sektor mit wettbewerblichen Marktbedingungen übergeführt.[32] Die Grundlage dafür wurde mit den EU-Richtlinien vom Dezember 1984 und 1988 gelegt, die 1993 in eine Entschließung mündeten. Diese Entschließung hatte einen EG-weiten liberalisierten Telekom-Markt mit Stichtag 01.01.1998 zum Ziel.

Der Telekommunikationsmarkt, wie er heute existiert, kann im Wesentlichen in drei Wertschöpfungsebenen gegliedert werden:[33]

Wertschöpfungsebenen der Telekommunikation

---

[31] http://www.oeiag.at/index.htm (06.08.2009).
[32] Vgl. Kruse (2007), S. 7.
[33] Vgl. hierzu und im Folgenden: Knieps/Brunekreeft (2003), S. 89 f.

1. Aufbau physischer Netzinfrastrukturen (inklusive „letzter Meile" und Teilnehmeranschlussleitungen) und Betrieb von Übertragungseinrichtungen,
2. Verbindung dieser Einrichtungen über Netzknoten, sodass einfache Übertragungsdienste möglich werden,
3. Anbieten von Mehrwertdiensten und Zusatzfunktionen sowie Aktivitäten im Bereich Marketing und Kundenbetreuung.

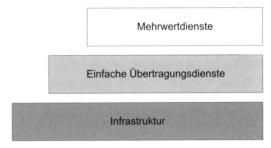

Abbildung 2: Wertschöpfungsebenen in der Telekommunikation

Unterteilung der Ebenen in einzelne Märkte

Unternehmen, die in der Telekommunikation tätig sein wollen, müssen nicht in allen drei Stufen selbst tätig sein – daraus ergibt sich ein Wettbewerb innerhalb dieser Teilaktivitäten, da unter Umständen bestimmte (Vor-)Leistungen zugekauft werden (müssen).

Die Definition zu regulierender Märkte erfolgt auf den einzelnen Wertschöpfungsebenen (z.B. ist „Zugang von Privatkunden zum öffentlichen Telefonnetz an festen Standorten" als Markt auf der Ebene „Einfache Übertragungsdienste" definiert). Diese Unterteilung wurde durch die nationale Regulierungsbehörde, basierend auf Vorgaben der Europäischen Kommission, durchgeführt. Mit der Telekommunikationsmärkteverordnung 2003 (TKMVO 2003) vom 17.10.2003 wurden in Österreich Märkte, die der sektorspezifischen Regulierung unterliegen, definiert und somit die Empfehlung der EU-Kommission 2003/311/EG vom 11.02.2003 umgesetzt.[34] Von der EU-Kommission werden in dieser Empfehlung 18 Märkte festgestellt, 17 davon wurden in die nationale Verordnung 2003 übernommen. In der Zeit davor waren vier Märkte ex lege definiert (Sprachtelefonie Festnetz, Mietleitungen, Mobilfunk und Zusammenschaltung).

EU-Kommission empfiehlt, Märkte von 18 auf sieben zu reduzieren

Diese Märkte wurden der Ex-ante-Regulierung unterworfen. Der allgemeinen europarechtlichen Verpflichtung zur periodischen Revision von Rechtsakten folgend hat die EU-Kommission in einer Empfehlung vom 17.12.2007 eine Reduktion um zehn Märkte und die Fusion der Märkte eins und zwei vorgeschlagen, womit sieben

---

[34] Vgl. Kommission der Europäischen Union (2003).

Märkte zur Vorabregulierung verblieben. Diese Reduktion war, laut EU-Kommission, möglich, da in den restlichen zehn Märkten bereits effektiver Wettbewerb herrschte oder eine starke Tendenz zu einem solchen vorhanden war. Dies sollte die Regulierungsbehörden in die Lage versetzen, sich besser auf die Hauptproblemfelder der Telekommunikation (z.b. Breitbandmarkt) auszurichten.[35]

Demnach werden nur mehr die in Tabelle 2 angeführten sieben Märkte vorab reguliert und die restlichen Märkte in den freien Wettbewerb entlassen. Hier ist das nationale Wettbewerbsrecht anzuwenden. In Österreich wurde anstatt auf die empfohlenen sieben Märkte auf elf vorabregulierte Märkte reduziert.

„Grundsätzlich ist die Märkteempfehlung der EU-Kommission – wie schon der Name ausdrückt – als Empfehlung zu verstehen. Die nationalen Regulierungsbehörden als Kenner der jeweiligen nationalen Telekommunikationsmärkte haben jedoch die Entscheidungsfreiheit, zusätzliche bzw. abweichende Märkte zu definieren bzw. den Wettbewerb in einem Markt anzuerkennen. So wird beispielsweise derzeit in Österreich vorgeschlagen, den Endkundenmarkt für Gespräche von Nichtprivatkunden über das öffentliche Telefonnetz an festen Standorten zu regulieren, obwohl dieser Markt in der Märkteempfehlung der EU-Kommission nicht aufscheint. Einzig alleine entscheidend sind die Wettbewerbsverhältnisse auf dem nationalen Markt und ob der Drei-Kriterien-Test erfüllt ist."[36]

Ehemals Markt Nr.	Europäische Empfehlung	Markt
1 und 2	Zugang von Privatkunden zum öffentlichen Telefonnetz an festen Standorten; Zugang anderer Kunden zum öffentlichen Telefonnetz an festen Standorten	E
8	Verbindungsaufbau im öffentlichen Telefonnetz an festen Standorten	V
9	Anrufzustellung in einzelnen öffentlichen Telefonnetzen an festen Standorten	V
11	Entbündelter Großkunden-Zugang (einschließlich des gemeinsamen Zugangs) zu Drahtleitungen und Teilleitungen für die Erbringung von Breitband- und Sprachdiensten	V

---

[35] Vgl. Kommission der Europäischen Union (2007a), S. 1.
[36] Interview mit Dr. Martin Lukanowicz, Leiter Betriebswirtschaft der RTR-GmbH.

Branchenvergleich

12	Breitbandzugang für Großkunden	V
13	Abschluss-Segmente von Mietleitungen für Großkunden	V
16	Anrufzustellung in einzelnen Mobiltelefonnetzen	V
E = Endkundenmarkt, V = Vorleistungsmarkt		

Tabelle 2: Relevante Märkte seit 12/2007[37]

Elf Märkte durch Regulierungsbehörde als regulierungswürdig definiert

Mittlerweile werden in Österreich elf Märkte als der sektorspezifischen Ex-ante-Regulierung unterliegend definiert (siehe Tabelle 3).

Markt Nr.	Gesetzesstelle	Nationale Bestimmung	Markt
1	§ 1 Z 1 TKMV 2008	Zugangsleistung für Privatkunden zum öffentlichen Telefonnetz an festen Standorten	E
2	§ 1 Z 2 TKMV 2008	Zugangsleistungen für Nichtprivatkunden zum öffentlichen Telefonnetz an festen Standorten	E
3	§ 1 Z 3 TKMV 2008	Physischer Zugang zu Netzinfrastrukturen	V
4	§ 1 Z 4 TKMV 2008	Verbindungsaufbau im öffentlichen Telefonnetz an festen Standorten	V
5	§ 1 Z 5 TKMV 2008	Anrufzustellung in einzelnen öffentlichen Telefonnetzen an festen Standorten	V
6	§ 1 Z 6 TKMV 2008	Endkundenmietleitungen bis einschließlich 2,048 Mbit/s	E
7	§ 1 Z 7 TKMV 2008	Terminierende Segmente von Mietleitungen mit niedrigen Bandbreiten bis einschließlich 2,048 Mbit/s	V
8	§ 1 Z 8 TKMV 2008	Terminierende Segmente von Mietleitungen mit hohen Bandbreiten größer 2,048 Mbit/s bis einschließlich 155,52 Mbit/s	V

[37] Kommission der Europäischen Union (2007b), S. 69.

9	§ 1 Z 9 TKMV 2008	Terminierung in individuellen öffentlichen Mobiltelefonnetzen	V
10	§ 1 Z 10 TKMV 2008	Gespräche für Nichtprivatkunden über das öffentliche Telefonnetz an festen Standorten	E
11	§ 1 Z 17 TKMVO 2003	Markt für den breitbandigen Zugang	V
E = Endkundenmarkt; V = Vorleistungsmarkt			

Tabelle 3: Märkte der Ex-ante-Regulierung[38]

Der Mobilfunk ist der einzige Telekommunikationsbereich, der auf allen Wertschöpfungsebenen Wettbewerb von Anfang an zuließ. Eine Ausnahme bildet der Großkundenmarkt Mobilterminierung (Regulierung der Zusammenschaltungsentgelte der mobilkom austria AG). Ein Großteil dieser Konkurrenzsituation entsteht durch parallele Infrastrukturen. Während im Festnetzbereich die Infrastruktur (mit Ausnahmen wie Chello und Colt im Ortsanschlussnetz oder in privaten Fernverkehrsnetzen wie z.B. ÖBB, Verbund) nur einfach vorhanden ist, existieren im Mobilfunk drei parallele GSM- und vier parallel arbeitende UMTS-Netze. Eine Regulierung dieser Märkte war und ist nicht notwendig.[39]

Mobilfunk durch parallele Netze sehr kompetitiv

„Reger Wettbewerb herrscht auch am Breitbandmarkt, hier existieren neben den Netzen der vier Mobilfunkbetreiber und der TA rund 200 Kabelnetze – wobei anzumerken ist, dass schon seit einiger Zeit eine Konsolidierung stattfindet, d.h. kleine Kabelnetze werden von den großen aufgekauft. Rund 50 % der Kabelnetze sind rückkanalfähig und können somit auch Breitbanddienste mittels eigener Infrastruktur anbieten."[40]

Gemäß § 36 Telekommunikationsgesetz (TKG) 2003 hat die RTR-GmbH in regelmäßigen Abständen, zumindest aber alle zwei Jahre, die der sektorspezifischen Regulierung unterliegenden relevanten nationalen Märkte zu überprüfen. Seit 13.10.2005 ist die Überprüfung der mit der TKMVO 2003 definierten Telekommunikationsmärkte erforderlich.[41]

---

[38] TKMVO 2003 und TMKV 2008.
[39] Vgl. Kruse (2007), S. 7 f. und S. 43 ff.
[40] Interview mit Dr. Martin Lukanowicz.
[41] Vgl. RTR-GmbH (2006), S. 5.

5.1.2. Regulierung der Branche

Start der Liberalisierung 1984

Aufhebung der Sprachtelefonie-Monopole bis 1998

Die Bemühungen bzw. Bestrebungen um einen liberalisierten Telekommunikationsmarkt gehen bis in die 80er Jahre zurück. Am 17.12.1984 wurde vom Europäischen Rat das erste Programm zur Liberalisierung verabschiedet, welches sich mit Telekommunikationsangelegenheiten auseinandersetzte. Mitte 1988 wurden in einem Grünbuch die Telekommunikationsaktivitäten der Gemeinschaft in das Binnenmarktprogramm integriert.[42] Die Ziele waren nun schon sehr viel detaillierter formuliert als in der Entscheidung von 1984 und zielten alle auf die Verwirklichung eines EG-weiten liberalisierten Telekommunikationsmarktes ab, der mit der Entschließung vom 23.07.1993 vom Rat für den Stichtag 01.01.1998 festgesetzt wurde. Bis zu diesem Zeitpunkt sollten in den Mitgliedsstaaten alle Sprachtelefonie-Monopole abgeschafft werden. Ziel war es, die Telekommunikationskosten zu senken.

Start der Regulierung in Österreich 1996

Der Startschuss für Regulierungstätigkeiten in Österreich erfolgte mit Erteilung der ersten Mobilfunkkonzession an einen privaten Anbieter (ÖCall) im Jänner 1996 (Aufnahme des Betriebes im Oktober 1996). Ab diesem Zeitpunkt wurden die Zusammenschaltungsentgelte bei Terminierung festgelegt und reguliert.[43] Die gesetzliche Umsetzung der EU-Entscheidungen in Österreich erfolgte im Jahr 1997 mit der Verabschiedung des Telekommunikationsgesetzes (TKG 1997). Österreich blickt also auf eine mehr als zehnjährige Regulierungshistorie im Telekommunikationsmarkt zurück.

Hauptaufgaben der Regulierungsbehörde

Von 1994 bis 31.10.1997 wurden die Regulierungsaufgaben für den Telekommunikationsmarkt in Österreich direkt im Bundesministerium für Verkehr wahrgenommen, seit 1997 erfolgt dies in den durch Bundesgesetz[44] eingerichteten unabhängigen Regulierungsbehörden.

Grundsätzlich werden die im TKG geregelten Aufgaben durch die Rundfunk und Telekom Regulierungs-GmbH (RTR-GmbH) wahrgenommen. Ausnahme bilden die Tätigkeiten, die in § 117 TKG 2003 angeführt sind. Diese sind durch die Telekom-Control-Kommission wahrzunehmen.

Die TKK ist als Kollegialbehörde mit richterlichem Einschlag eingerichtet und weisungsfrei; sie ist ein Gericht im materiellen Sinn. Die RTR-GmbH fungiert als Geschäftsapparat der TKK.

Die Regulierungsbehörden nehmen die operativen Aufgaben, wie Konzessionsvergabe oder Preisregulierung, wahr, während die

---

[42] Vgl. Stratil (1998), S. 6 ff.
[43] Vgl. Kruse (2007), S. 57.
[44] § 5 KOG.

im Bundesministerium für Verkehr, Innovation und Technologie (BMVIT) angesiedelte Oberste Fernmeldebehörde (OFB) für strategische Aufgaben, wie z.B. Festsetzung der grundsätzlichen politischen Rahmenbedingungen und Ziele für den Telekommunikationssektor oder die grundsätzlichen Vorgaben für die Tätigkeit der Regulierungsbehörde, zuständig ist.[45]

Die Anteile an der RTR-GmbH stehen zu 100 % im Eigentum des Bundes und werden vom Bundeskanzleramt und vom Bundesministerium für Verkehr, Innovation und Technologie verwaltet.

Nähere Informationen zur RTR-GmbH bzw. der TKK finden sich in Kapitel 5.1.7.

Gesetzlich sind die Ziele der Regulierung in § 1 (2) TKG 2003 geregelt:

Ziele der Regulierung

- Sicherstellung eines chancengleichen und funktionsfähigen Wettbewerbs;
- Sicherstellung von Auswahl, Preis und Qualität der Dienstleistungen für die Nutzer;
- Verhinderung von Wettbewerbsverzerrung oder -beschränkung;
- Förderung effizienter Infrastrukturinvestitionen und Innovationen;
- Sicherstellung eines flächendeckenden Universaldienstes;[46]
- Schutz der Nutzer durch ein effizientes Streitbeilegungsverfahren;
- Bereitstellung von Informationen, insbesondere in Form von transparenten Entgelten und Allgemeinen Geschäftsbedingungen.

Es gilt also die Versorgung der Bevölkerung und der Wirtschaft mit preiswerten, hochwertigen und innovativen Telekommunikationsdienstleistungen sicherzustellen. Dabei stehen verschiedenste Mittel und Wege zur Verfügung:

- Senkung von Markteintrittsbarrieren für neue Anbieter (allgemeine Autorisierung);
- Sicherstellung des Netzzugangs und Festlegung der Bedingungen des Netzzuganges;
- Schlichtung von Streitfällen zwischen Marktteilnehmern.

Um die Ziele zu erreichen, sollten neu in den Markt eintretende Telekommunikationsunternehmen gegenüber dem Unternehmen mit

---

[45] Vgl. http://www.bmvit.gv.at/telekommunikation/politik/index.html (05.08.2009).
[46] § 26 (1) TKG 2003: Universaldienst ist ein Mindestangebot an öffentlichen Diensten, zu denen alle Endnutzer unabhängig von ihrem Wohn- oder Geschäftsort zu einem erschwinglichen Preis Zugang haben müssen.

„beträchtlicher Marktmacht"[47] bevorzugt behandelt werden. Diese „asymmetrische Regulierung" sollte es den neuen Unternehmen ermöglichen, sich am Markt zu etablieren.

Anzumerken ist ferner, dass die RTR nur in Telekommunikationsangelegenheiten (nicht aber im Rundfunkbereich) Behördenfunktionen ausübt.

5.1.3. Regulierungswürdigkeit aufgrund des Drei-Kriterien-Tests

In den folgenden beiden Kapiteln wird die Branche hinsichtlich Regulierungswürdigkeit untersucht. Dazu werden die im Kapitel 3 beschriebenen Tests (Drei-Kriterien-Test und Contestable Markets Theory) angewendet.

5.1.3.1. Kriterium 1: Bestehen von Zugangshindernissen

Im Bereich der Zugangshindernisse kann zwischen strukturellen und rechtlichen Zugangsbarrieren unterschieden werden.[48]

Strukturelle Zugangshindernisse für den Telekommunikationsmarkt vorhanden

Für den Telekommunikationsmarkt liegen jedenfalls strukturelle Hindernisse vor. Der Ausbau von Ortsanschlussnetzen erfordert hohe Investitionskosten, die mehrere parallele Netze nicht erlauben und darüber den Charakter von sunk costs aufweisen können. Die Kontrolle über ein Ortsanschlussnetz stellt einen schwer bis gar nicht einholbaren Wettbewerbsvorteil dar, da aus ökonomischen oder Wohlfahrtsgesichtspunkten nicht beliebig viele Leitungen zu jedem Gebäude verlegt werden. Mitbewerber sind somit auf die Mitbenutzung der bereits existierenden Leitungen angewiesen.[49] Unter anderem werden diese strukturellen Zugangshindernisse in der Telekommunikation in Artikel 11 der Kommissionsempfehlung 2003/311/EG thematisiert und als noch immer vorhanden tituliert. Abbildung 3 zeigt den Aufbau eines flächendeckenden Festnetzes.

---

[47] § 35 (1) TKG 2003 beschreibt ein Unternehmen mit beträchtlicher Marktmacht als ein solches, wenn es entweder alleine oder gemeinsam mit anderen eine wirtschaftlich so starke Stellung einnimmt, die es ihm gestattet, sich in beträchtlichem Umfang unabhängig von Wettbewerbern, Kunden und letztlich Nutzern zu verhalten.

[48] Vgl. hierzu und im Folgenden Empfehlung der Kommission der Europäischen Union 2003/311/EG, L 114/46.

[49] Vgl. Klotz/Delgado/Fehrenbach (2003), S. 1.

Telekommunikation

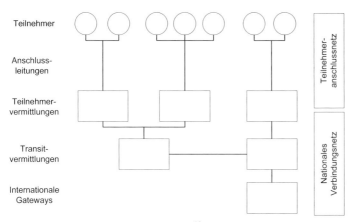

Abbildung 3: Flächendeckendes Festnetz[50]

Auch das beschränkte Vorhandensein von Funkfrequenzen für Mobilfunkdienste kann als strukturelles Zugangshindernis betrachtet werden. Funkfrequenzen stehen nur in beschränktem Ausmaß zur Verfügung und werden vom jeweiligen Mitgliedsstaat vergeben (z.B. im Versteigerungsverfahren). Sie können somit nicht beliebig von den Betreibern beansprucht und benützt werden.[51] Regelungen hierzu finden sich in § 55 TKG 2003. Derzeit sind in Österreich drei GSM-Lizenzen in den Frequenzbändern 900 und 1.800 MHz vergeben, zusätzlich gibt es vier UMTS-Lizenzen in dem Frequenzband 2.100 MHz.

Strukturelle Zugangshindernisse im Mobilfunk

Rechtliche Hindernisse bezüglich des Markteintrittes sind nicht vorhanden, zumal § 1 TKG 2003 Chancengleichheit am Telekommunikationsmarkt und die Verhinderung von Wettbewerbsverzerrung und Wettbewerbsbeschränkung ausdrücklich fordert. Auch die EU-Richtlinien 2002/21/EG und 2002/19/EG – auf denen das nationale Telekommunikationsgesetz beruht – fordern einen verzerrungsfreien[52] und unbeschränkten Wettbewerb.[53] Das Konzessionierungsrecht der Europäischen Union sieht daher nur allgemeine Autorisierungen anstelle von Konzessionen vor. Konzessionen sind nur dann zulässig, wenn sie im Zusammenhang mit der Überlassung von Verfügungsrechten über wirtschaftlich wertvolle öffentliche Ressourcen wie Funkfrequenzen vergeben werden.

Keine rechtlichen Zugangshindernisse

Die Aufnahme des Betriebes eines Kommunikationsnetzes und entsprechender Kommunikationsdienste ist laut §§ 14 ff. TKG 2003

---
[50] Knieps/Brunekreeft (2003), S. 87.
[51] Vgl. Nemec (2003), S. 27.
[52] Vgl. Richtlinie 2002/21/EG, Artikel 8.
[53] Vgl. Richtlinie 2002/19/EG, Darstellung der Gründe (5).

bewilligungsfrei und lediglich der Regulierungsbehörde anzuzeigen. Eine zahlenmäßige Beschränkung oder andere Einschränkungen dieser Bewilligungen sind nicht vorgesehen.

Kriterium 1 des Tests ist wegen der bestehenden strukturellen Zugangshindernisse als erfüllt anzusehen.

5.1.3.2. Kriterium 2: Keine Tendenz zu wirksamem Wettbewerb

In den regulierten Teilmärkten ist kein nachhaltiger Wettbewerb absehbar

Kriterium 2 ist ebenfalls erfüllt, da nachhaltiger Wettbewerb erst angenommen werden kann, wenn der Markt so strukturiert ist, dass es nach Wegfall der Regulierung nicht zu einer Remonopolisierung kommt. Dies ist im Falle des Telekommunikationsmarktes nicht gegeben, da bei vollkommener Auflösung der Regulierung eine Remonopolisierung wahrscheinlich wäre. Dies ist auf folgende Faktoren zurückzuführen:

- Die Telekom Austria verfügt nach wie vor über das einzige flächendeckende Netz (inkl. Teilnehmeranschlussleitungen) in Österreich. Hier liegt in den regulierten Teilmärkten nach wie vor erhebliche Marktmacht vor.
- Aufgrund der Kostensituation (sunk costs, subadditive Kostenfunktion[54]) sind die Errichtung eines Parallelnetzes sowie die kurzfristige Substitution des Festnetzes durch alternative Technologien (z.B. Wireless Local Loop, also mobiler Zugang zu Endkunden) auszuschließen.
- Schließlich ist die Telekom Austria vertikal integriert und somit grundsätzlich daran interessiert, die eigenen Geschäftsbereiche gegenüber Dritten zu bevorzugen.

Knieps/Brunekreeft kommen zu dem Schluss, dass der Fernnetzmarkt aus der Regulierung genommen werden könnte, für die lokale Telekommunikation jedoch weiterhin Regulierungsbedarf besteht, da sich hier zwar durch den Einsatz innovativer Anschlusstechnologien zunehmend Wettbewerbschancen für alternative Anbieter ergeben, ein funktionsfähiger, flächendeckender Wettbewerb jedoch noch nicht in Sicht scheint.[55] Auch die intensive Beschäftigung der Regulierungs- und Wettbewerbsbehörden mit Marktmachtproblemen spiegelt dies wider.[56]

---

[54] Vgl. Knieps (2005), S. 23; Unter subadditiven Kostenstrukturen versteht man, dass ein Anbieter in der Lage ist, die gesamte Nachfrage zu geringeren Kosten zu bedienen, als mehrere Anbieter („natürliches Monopol").
[55] Vgl. Knieps/Brunekreeft (2003), S. 127.
[56] Vgl. Bühler (2006), S. 32.

5.1.3.3. Kriterium 3: Wettbewerbsrechtliche Mittel nicht ausreichend

Kriterium 3 des Tests beschäftigt sich mit der Frage, ob das allgemeine Wettbewerbsrecht, das grundsätzlich erst bei Missbrauch der marktbeherrschenden Stellung (ex post) greift, für den gegenständlichen Markt ausreichend ist oder aufgrund der Komplexität der Marktstrukturen die Einrichtung einer Regulierungsbehörde, welche vor allem Ex-ante-Maßnahmen setzt, notwendig erscheint.[57]

Wettbewerbsrecht nicht ausreichend, um Bottleneckeinrichtungen zu regulieren

Wo Größenvorteile eines etablierten Unternehmens mit erheblichen Kosten der Vergangenheit, die auch für neu eintretende Unternehmen zu leisten wären, zusammentreffen, liegt eine stabile Marktmacht vor, die effiziente Marktlösungen verhindert. An diesen neuralgischen Engpässen – z.B. Netzinfrastruktur – müssen regulatorische Eingriffe erfolgen, da die Missbrauchsregelungen des allgemeinen Wettbewerbsrechts nicht ausreichen, Wettbewerb in ausreichendem Maße zu sichern. In allen übrigen Bereichen, in denen Wettbewerb greift, erscheint das allgemeine Wettbewerbsrecht ausreichend.[58] Das bedeutet für den Telekommunikationsmarkt also eine notwendige Regulierung des Bottleneck-Bereichs Infrastruktur und freier Wettbewerb bei den angebotenen Diensten. Eine Regulierung des Bereichs der Dienste ist nicht nur unnötig, sondern auch volkswirtschaftlich nicht sinnvoll.[59] Dass dies aber dennoch geschieht, zeigt die Darstellung der vorab regulierten Märkte in Kapitel 5.1.1.

Längerfristig bestehen allerdings durchaus „Phasing-out"-Bestrebungen, d.h. die Tendenz, noch bestehende sektorspezifische Regulierung in das allgemeine Wettbewerbsrecht überzuführen.[60]

Kriterium 3 ist somit als in großen Teilen erfüllt zu betrachten.

5.1.3.4. Gesamtbewertung des Drei-Kriterien-Tests

Die Anwendung des Drei-Kriterien-Tests auf den Telekommunikationsmärkten konstatiert Regulierungswürdigkeit, da alle drei Kriterien erfüllt sind.

Telekommunikationsmärkte laut Drei-Kriterien-Test regulierungswürdig

Aufgrund der noch immer bestehenden strukturellen Zugangshindernisse ist auch nicht davon auszugehen, dass es auf dem Telekommunikationsmarkt nachhaltigen Wettbewerb ohne ein gewisses Maß an Regulierung geben kann. Zusätzlich reicht das Wettbewerbsrecht nicht aus, den Zugang für Dritte zur „Bottleneck-Infrastruktur" in ausreichendem Ausmaß und zeitnah sicherzustellen.

---

[57] Im vorliegenden Buch werden wettbewerbsrechtliche Aspekte keiner detaillierten juristischen Beurteilung unterzogen.
[58] Vgl. Knieps/Brunekreeft (2003), S. 93 f.
[59] Vgl. Knieps/Brunekreeft (2003), S. 103.
[60] Vgl. Stratil/Lust (2005), S. 209.

5.1.4. Regulierungswürdigkeit aufgrund anderer Indikatoren: Theorie der angreifbaren Märkte

Die Theorie der angreifbaren Märkte geht davon aus, dass Märkte, die – zumindest theoretisch – offen für Wettbewerb sind, nur in den monopolistischen Bottleneck-Bereichen reguliert werden müssen.

Im Telekommunikationsbereich sind unter den monopolistischen Bottleneck-Einrichtungen v.a. die Ortsanschlussnetze zu verstehen. Diese besitzen alle diesbezüglichen Merkmale. Sie sind wesentlich, um den Kunden zu erreichen (siehe dazu auch Abbildung 4), können mit angemessenen Mitteln nicht neu geschaffen oder dupliziert werden und verfügen über eine subadditive Kostenstruktur.

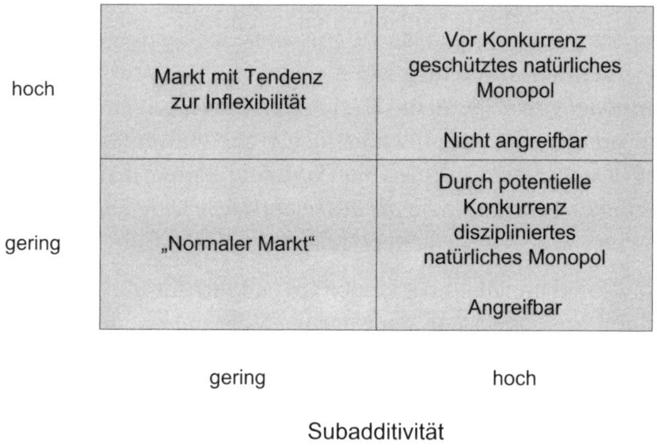

	gering	hoch
hoch	Markt mit Tendenz zur Inflexibilität	Vor Konkurrenz geschütztes natürliches Monopol Nicht angreifbar
gering	„Normaler Markt"	Durch potentielle Konkurrenz diszipliniertes natürliches Monopol Angreifbar

Subadditivität

Abbildung 4: Angreifbarkeit von Märkten

Auf den Telekommunikationsmarkt angewendet ergeben sich folgende Ergebnisse für die Contestable Markets Theory.

5.1.4.1. Kriterium 1: Freier Markteintritt

Freier Marktzutritt bedeutet die Möglichkeit für potenzielle Wettbewerber, ohne Zeitverlust Zugang zu derselben kostengünstigen Technologie zu haben wie bestehende Unternehmen und somit Zugang zum betrachteten Markt.[61] Auch ein Marktaustritt ohne Zeitverlust und zusätzliche Kosten stellt einen Betrachtungsaspekt dieses Kriteriums dar.

Freier Zutritt im Festnetzbereich

Für den Telekommunikationssektor muss dieses Kriterium differenziert betrachtet werden. Im Festnetzbereich ist der Zutritt zum Markt grundsätzlich frei.[62] Dies ist auf die derzeitige Rechtslage und

---
[61] Vgl. Knieps (2005), S. 30.
[62] Auch wenn der Aufbau einer parallelen Infrastruktur ökonomisch fraglich erscheint.

die sich daraus ergebenden Tätigkeiten und Vorgaben der Regulierungsbehörde zurückzuführen. Ohne entsprechende Bemühungen wäre ein Marktzugang alternativer Betreiber wohl unmöglich.[63] Instrumente bzw. Vorgaben wie die

- Endkundenpreisregulierung (Verhinderung einer Verdrängungsstrategie durch Festlegung von Mindestpreisen),
- Zugangsregulierung (Sicherstellung des offenen Netzzuganges für alternative Anbieter),
- asymmetrische Regulierung (Besserstellung neuer Anbieter gegenüber dem Incumbent) und das
- Fungieren als Schlichtungsstelle im Streitfall

haben zu freien Marktzutrittsmöglichkeiten im Festnetzbereich geführt.

„Es ist naheliegend, dass die PTA in einer solchen Situation wenig Anlass gehabt hätte, die Netzleistungen zu angemessenen Bedingungen bereitzustellen. In dieser Situation wurde das allgemeine Wettbewerbsrecht [...] nicht als ausreichend empfunden, um die Voraussetzungen für Wettbewerb zu schaffen."[64]

Im Mobilfunkbereich gibt es keinen freien Markzutritt. Die dafür nötige Mobilfunkkonzession wird nur bei Vorhandensein eines freien Frequenzbereichs vergeben.[65] Die Frequenzzuteilung erfolgt im Versteigerungsverfahren. Derzeit sind in Österreich drei GSM-Lizenzen in den Bandbreiten 900 und 1.800 MHz vergeben, zusätzlich gibt es vier UMTS-Lizenzen in der Bandbreite 2.100 MHz. Falls von Amts wegen der Bedarf nach zusätzlichen Frequenzen erkannt bzw. ein Antrag auf Zuteilung einer Lizenz eingebracht wird, hat die TKK die beabsichtigte Zuteilung von Frequenzen öffentlich auszuschreiben. Diesem Vorhaben muss der Bundesminister für Verkehr, Innovation und Technologie zustimmen. Im Sinne des § 54 TKG 2003 hat die Frequenzzuteilung dann – nach Durchführung eines Auktionsverfahrens – an jenen Antragsteller zu erfolgen, der die effizienteste Nutzung der Frequenzen gewährleistet. Somit ist die Erlangung einer Mobilfunklizenz von vielen Faktoren abhängig und der Marktzutritt nicht jederzeit frei möglich.

Kein freier Marktzutritt im Mobilfunkbereich

Kriterium 1 der Contestable Markets Theory kann also als in Teilen nicht erfüllt betrachtet werden.

---

[63] Vgl. Nemec (2003), S. 29.
[64] Nemec (2003), S. 29.
[65] §§ 51 ff. TKG 2003.

5.1.4.2. Kriterium 2: Abwesenheit irreversibler Kosten

In bestehenden Unternehmen sind irreversible Kosten bereits angefallen. Diese sind daher nicht oder nur bedingt entscheidungsrelevant. Dies verschafft den bestehenden Unternehmen den Vorteil, nahe an den Grenzkosten (variablen Kosten) anbieten zu können. Neu eintretende Marktteilnehmer stehen vor der Entscheidung, ob sie unwiederbringliche Kosten einsetzen sollen. In diesem Fall sind die Kosten entscheidungsrelevant.

Signifikante irreversible Kosten im Telekommunikationsbereich

In der Telekommunikationsbranche gibt es irreversible Kosten vor allem im Leitungsnetz. Diese Netzkosten sind folglich nicht mehr entscheidungsrelevant, da auch durch die Veränderungen der Technologie nicht mit entsprechenden Reinvestitionen zu rechnen ist.

Somit kann festgestellt werden, dass irreversible Kosten im Telekommunikationsbereich eine wichtige Rolle spielen und Kriterium 2 daher nicht erfüllt ist.

5.1.4.3. Kriterium 3: Bertrand-Nash-Verhalten

Bertrand-Nash-Verhalten bedeutet, dass bei homogenen Gütern (Massengütern, „commodities") der Preis das alleinige Entscheidungskriterium für Käufer ist und somit die Nachfrage zum Anbieter mit dem jeweils günstigsten Preis wandert.

Bertrand-Nash-Verhalten gilt am Telekommunikationsmarkt

Aufgrund der Transparenz der Preise und des sehr guten Informationsstandes der Marktteilnehmer sowie des Interesses der Kunden am Produkt erfolgen Nachfrageverschiebungen im Telekommunikationsbereich ziemlich rasch – zumindest bei signifikanten Preisänderungen. Diese Preisänderungen kommen dadurch zustande, dass neue Anbieter den Preis des eingesessenen Unternehmens als gegeben annehmen und zu unterbieten versuchen. Zudem gibt es keine nennenswerten Suchkosten und die Kunden fühlen sich kaum an bestimmte Anbieter gebunden. Dem versuchen die Telekommunikationsunternehmen aber mehr und mehr mit vertraglichen Mindestbindungen entgegenzuwirken. Zusätzlich werden Image- und Loyalitätsbildungsprogramme initiiert, die einen Wechsel auf „emotionaler" Ebene erschweren sollen.

Trotz all dieser Bemühungen ist in diesem Fall von einem Zutreffen der Bertrand-Nash-Annahme auszugehen.

5.1.4.4. Gesamtbetrachtung der Contestable Markets Theory

Zusammenfassend kann auch aus der Contestable Markets Theory für den Telekommunikationsmarkt eine Notwendigkeit zur Regulierung abgeleitet werden.

Weder ist der Markteintritt vollkommen frei – vor allem im Mobilfunkbereich – noch herrscht Abwesenheit von irreversiblen Kosten. Das Bertrand-Nash-Verhalten gilt zwar in seiner Grundbedeutung, jedoch mit der Einschränkung der Bedeutung der irreversiblen Kosten. Somit ist keines der Kriterien vollständig erfüllt und der Markt – ohne Regulierungseingriffe – als nicht angreifbar einzustufen.

Telekommunikationsmarkt auch auf Grund der Contestable Markets Theory regulierungswürdig

5.1.5. Identifizierung des monopolistischen Bottlenecks

Die Prüfung des Telekommunikationsmarktes mittels des Drei-Kriterien-Tests und der Contestable Markets Theory hat für den Telekommunikationsmarkt Regulierungswürdigkeit bestätigt.

Laut *Knieps* haben Regulierungsmaßnahmen nicht auf den gesamten betrachteten Markt, sondern ausschließlich auf das monopolistische Bottleneck abzuzielen.

Bei einem monopolistischen Bottleneck treffen irreversible Kosten (siehe Kapitel 5.1.4.2) und hohe Fixkosten auf Bündelungsvorteile (economies of scope). Wer diesen Engpassbereich kontrolliert, kann auch großen Einfluss auf die Dienste, die auf diesen Vorleistungen aufbauen, nehmen.

Auf den Sektor der Telekommunikation angewendet, sieht eine diesbezügliche Bewertung folgendermaßen aus:

- Wie in Kapitel 5.1.4.2 dargestellt, gibt es im Infrastrukturbereich des Telekommunikationssektors einen relevanten Anteil an irreversiblen Kosten.
- Die Bündelungseffekte stellen ebenfalls einen Wettbewerbsvorteil dar.

Im Bereich der Infrastruktur liegt somit ein monopolistisches Bottleneck vor. Sektorspezifische Regulierung ist daher notwendig. Die Einrichtung einer Regulierungsbehörde im Jahr 1997 spiegelt diese Einschätzung wider.

Monopolistisches Bottleneck vorhanden

Ebenso sieht dies Experte *Dr. Lukanowicz*, Leiter Betriebswirtschaft RTR-GmbH, der bestätigt, dass *„das nahezu flächendeckende, österreichweite Anschlussnetz der Telekom Austria AG das einzige echte Bottleneck in der Telekommunikation darstellt"*.

In der Telekommunikation hat die EU entschieden, nicht nur auf Ebene der monopolistischen Engpässe zu regulieren, sondern Teilmärkte der Regulierung zu unterwerfen (siehe dazu Kapitel 5.1.1).

5.1.6. Regulierungsschwerpunkte

5.1.6.1. Wettbewerb

5.1.6.1.1. Netzzugang

Das TKG enthält ein Diskriminierungsverbot. Demnach kann gemäß § 35 TKG 2003 die Regulierungsbehörde Unternehmen mit beträchtlicher Marktmacht Gleichbehandlungsverpflichtungen in Bezug auf den Zugang zur Netzinfrastruktur auferlegen. Das marktbeherrschende Unternehmen hat die relevanten Dienste Dritten in derselben Qualität und zu gleichen Bedingungen anzubieten wie sich selbst bzw. verbundenen Unternehmen (§ 38 TKG 2003).

Durch die meist staatlichen Monopole wurde über Jahrzehnte Netzinfrastruktur aufgebaut. Diese befand sich auch nach Liberalisierung im Besitz der ehemaligen Monopolunternehmen, die auch selbstständig darüber verfügen. Diese Monopole widersprechen den Grundsätzen des freien Waren- und Dienstleistungsverkehrs in der EU, weshalb vom Rat 1990 die Richtlinie 90/387/EG[66] verabschiedet wurde.

Diese soll die „... *vollständige Verwirklichung des gemeinsamen Marktes für Telekommunikationsdienste durch rasche Einführung harmonisierter Grundsätze und Bedingungen für den offenen Netzzugang ...* " sichern.

Die Richtlinie wurde in den Jahren 1997 (RL 97/51/EG)[67], 1998 (98/10/EG)[68] und 2000 (2000/417/EG)[69] geändert bzw. erweitert und bildet die Grundlage für die Richtlinie 2002/21/EG[70] (Rahmenrichtlinie), auf der auch das österreichische Telekommunikationsgesetz (TKG 2003) aufsetzt. Insbesondere in den § 38 (Gleichbehandlungs-

---

[66] Richtlinie des Rates vom 28. Juni 1990 zur Verwirklichung des Binnenmarktes für Telekommunikationsdienste durch Einführung eines offenen Netzzugangs (Open Network Provision – ONP) (90/387/EWG).

[67] Richtlinie 97/51/EG des Europäischen Parlaments und des Rates vom 6. Oktober 1997 zur Änderung der Richtlinien 90/387/EWG und 92/44/EWG des Rates zwecks Anpassung an ein wettbewerbsorientiertes Telekommunikationsumfeld, ABl. L 295 vom 29.10.1997, S. 23–34.

[68] Richtlinie 98/10/EG des Europäischen Parlaments und des Rates vom 26. Februar 1998 über die Anwendung des offenen Netzzugangs (ONP) beim Sprachtelefondienst und den Universaldienst im Telekommunikationsbereich in einem wettbewerbsorientierten Umfeld, ABl. L 101 vom 01.04.1998, S. 24–47.

[69] Empfehlung der Kommission vom 25. Mai 2000 betreffend den entbündelten Zugang zum Teilnehmeranschluß: Wettbewerbsorientierte Bereitstellung einer vollständigen Palette elektronischer Kommunikationsdienste einschließlich multimedialer Breitband- und schneller Internet-Dienste, ABl. L 156 vom 29.06.2000, S. 44–50.

[70] Richtlinie 2002/21/EG des Europäischen Parlaments und des Rates vom 7. März 2002 über einen gemeinsamen Rechtsrahmen für elektronische Kommunikationsnetze und -dienste (Rahmenrichtlinie), ABl. L 108 vom 24.04.2002, S. 33–50.

verpflichtungen durch Regulierungsbehörde an Unternehmen mit beträchtlicher Marktmacht) und § 41 (Gewährung des Zuganges zu Netzeinrichtungen durch Unternehmen mit beträchtlicher Marktmacht) des TKG 2003 erfolgt die Umsetzung dieser Vorgaben.

Durch den offenen Netzzugang werden die Basisvorschriften zur Harmonisierung der Bedingungen für den (objektiven, transparenten und nichtdiskriminierenden) Zugang und die Nutzung öffentlicher Telekommunikationsnetze, ihre Schnittstellen und Tarife festgelegt.

Im Zuge des offenen Netzzuganges spielt vor allem die Frage der Zusammenschaltung bzw. der Teilnehmeranschlussleitung eine wichtige Rolle. Hierbei handelt es sich um die Herstellung der physischen und logischen Verbindung von Telekommunikationsnetzen, um Nutzern, die an verschiedene Telekommunikationsnetze angeschaltet sind, die mittelbare oder unmittelbare Kommunikation zu ermöglichen.[71] In der Praxis bedeutet das nichts anderes, als die Verbindung zwischen der Vermittlungsstelle und dem Anschluss des Kunden zu ermöglichen. Es ist seitens des ehemaligen Monopolisten, der dieses Teilnehmeranschlussnetz aufgebaut hat, dafür Sorge zu tragen, dass alternative Anbieter den eigenen Kunden über diese Leitungen Dienste anbieten können.[72]

Ehemaliger Monopolist muss alternativen Anbietern Netzzugang gewähren

5.1.6.1.2. Verhinderung von Quersubventionierung

Das marktbeherrschende Unternehmen (in diesem Fall die Telekom Austria) ist vertikal integriert, könnte also die Marktmacht aus dem Infrastrukturbereich in den Wettbewerbsbereich transferieren und somit Mitbewerber diskriminieren. Ein – sehr radikaler – Zugang, um diesem möglichen Missbrauch der Marktmacht vorzubeugen, wäre eine vertikale Separierung des Unternehmens, d.h. eine Trennung der Netzinfrastruktur vom nachgelagerten Markt;[73] im Falle der Telekommunikation also eine Trennung des Leitungsnetzes vom Wettbewerb am Dienstleistungsmarkt.

Vertikale Separierung als Möglichkeit, Diskriminierung zu verhindern

Dieser Schritt der Aufspaltung wurde und wird in Österreich immer wieder diskutiert, jedoch bis dato (Stand November 2009) nicht durchgeführt. Es existiert auch in den EU-Richtlinien keine verpflichtende Regelung zur Trennung der Infrastruktur von den übrigen Geschäftsbereichen.[74] Überlegungen dazu sind aber auch Gegenstand der laufenden Beratungen über die Telekommunikationsrichtlinien auf EU-Ebene.

---

[71] Vgl. Nemec (2003), S. 32.
[72] Vgl. Nemec (2003), S. 34.
[73] Vgl. Knieps/Brunekreeft (2003), S. 43.
[74] Vgl. Klotz/Delgado/Fehrenbach (2003), S. 2.

Quersubventionierung möglich, aber gesetzlich verboten

Auf dem Telekommunikationssektor hat das marktbeherrschende Unternehmen auf Grund seiner vertikalen Integration grundsätzlich die Möglichkeit der Quersubventionierung und somit Wettbewerbsverzerrung bzw. Verdrängung von Mitbewerbern.

„Die Quersubventionierungsfreiheit ist über alle Wertschöpfungsstufen hinweg, von den Endkundenprodukten bis zur entbündelten Leitung, zu prüfen; auch im Hinblick auf den Konzernverbund zwischen Telekom Austria AG und Mobilkom Austria AG, wenn gemeinsame konvergente Produkte angeboten werden."[75]

Der Gesetzgeber schiebt der Quersubventionierung mit § 40 TKG 2003 einen Riegel vor, indem der Telekom Austria eine getrennte Aufschlüsselung der Kosten auferlegt wird. Mit dieser Regelung wird eine Empfehlung der Europäischen Kommission aus dem Jahr 1998 (98/322/EG)[76] umgesetzt. Es wird dem Regulator auch die Möglichkeit gegeben, interne Verrechnungspreise transparent und nachvollziehbar im vorgegebenen Format dargestellt zu verlangen. Dem Gesetzgeber geht es also darum, mittels getrennt geführter Bücher („separate accounts") die finanziellen Beziehungen zwischen regulierten und unregulierten Bereichen (z.B. Netzinfrastruktur und Dienste) bei regulierten Unternehmen transparent darzustellen und so Quersubventionierung zu verhindern.[77]

In Bezug auf Quersubventionierung ist es allerdings schwierig, die einzelnen Ländermärkte getrennt voneinander zu betrachten. UPC (UPC-Eigentümer ist Liberty Global mit ca. 17 Millionen Kunden in 14 Ländern)[78] gilt beispielsweise in Österreich als alternativer Netzbetreiber und genießt als solcher alle Vorteile gegenüber der Telekom Austria. Mögliche länderübergreifende Quersubventionierungen innerhalb der Liberty-Gruppe bleiben unberücksichtigt und verschlechtern somit die Stellung der Telekom Austria.

5.1.6.1.3. Access Pricing

Eine weitere Methode bzw. eine weitere Möglichkeit der Regulierung stellt das Access Pricing, d.h. die Regulierung der Preise für den Netzzugang, dar.[79]

---

[75] Interview mit Dr. Martin Lukanowicz.
[76] Kommission der Europäischen Gemeinschaften (1998): Empfehlung der Kommission vom 8.4.1998 zur Zusammenschaltung in einem liberalisierten Telekommunikationsmarkt (Teil 2 – getrennte Buchführung und Kostenrechnung), 98/322/EG.
[77] Vgl. Knieps/Brunekreeft (2003), S. 97.
[78] Vgl. http://www.upc.at/unternehmen (06.08.2009).
[79] Vgl. Bühler (2006), S. 32.

Entsprechende Regelungen hierzu finden sich in § 42 TKG 2003. Im Wesentlichen geht es hierbei um die Regelung der finanziellen Konditionen, zu denen Unternehmen mit beträchtlicher Marktmacht[80] Mitbewerbern den Zugang zur Infrastruktur zur Verfügung zu stellen haben. Folgende Forderungen stehen im Zentrum dieser Regelungen:

Zentrale Forderungen des Access Pricing

- Die Tarife sollen kostenorientiert sein und dürfen eine adäquate Rendite zur Deckung des Risikos beinhalten. Die Investitionen des Unternehmens sollen ebenfalls Berücksichtigung finden.
- Die Regulierungsbehörde kann den marktbeherrschenden Unternehmen Kostenrechnungsmethoden vorschreiben.
- Der Nachweis der Kostenorientierung der Tarife obliegt dem marktbeherrschenden Unternehmen. Zur Prüfung dieser Berechnungen kann die Regulierungsbehörde eine eigene Kostenrechnung erstellen.
- Die Kostenrechnung wird jährlich durch die Regulierungsbehörde geprüft.

Die Preisregulierung für den Zugang alternativer Betreiber zur Infrastruktur hat kostenorientiert zu erfolgen. Gemäß § 42 TKG 2003 ist dem Betreiber ein Aufschlag für die Berücksichtigung der Investitionen und eine Rendite auf das eingesetzte Kapital zu den entstandenen Kosten erlaubt.

„Bereits im Jahr 1997 wurde seitens der TA im Rahmen eines Tarifantrag ein erstes Kostenrechnungsmodell erstellt, das 1998 nach der Einrichtung der Regulierungsbehörde gemeinsam mit Telekom Austria und ausspezifiziert und weiterentwickelt wurde. In dem Modell ist beispielsweise eine nachvollziehbare Kontrolle bis auf Belegebene möglich. Aufgrund laufender Verbesserungen und Weiterentwicklung des Modells stellt es nunmehr die Basis für Entscheidungen der Regulierungsbehörde, aber auch für das operative Controlling der Telekom Austria dar und fungiert nicht nur als eine regulatorische Schattenrechnung."[81]

Die Kostenbasis der Telekom Austria für die Zugangstarife wird durch die RTR-GmbH überprüft, welche in der Folge die Zugangstarife festlegt. Zu diesen Kosten (Netz inkl. Betrieb) muss die Telekom Austria alternativen Anbietern den Zugang zum Netz ermöglichen. Die Überprüfung der Berechnung erfolgt jährlich.

---

[80] § 37 TKG 2003.
[81] Interview mit Dr. Martin Lukanowicz.

5.1.6.2. Universaldienst

Die nationalen Regelungen zum Universaldienst (§§ 26 bis 33 TKG 2003) basieren auf der Richtlinie 2002/22/EG[82]. Die Formulierungen der nationalen Regelungen folgen dabei weitgehend denen der EU-Richtlinie.

Der Universaldienst umfasst im Telekommunikationsbereich jedenfalls folgende Dienste:[83]

- Zugang zum öffentlichen Telefondienst über einen an einem festen Standort realisierten Anschluss, über den auch ein Fax und ein Modem betrieben werden können, einschließlich der fernmeldetechnischen Übertragung von Daten mit Datenraten, die für einen funktionalen Internetzugang ausreichen;
- Erbringung eines betreiberübergreifenden Auskunftsdienstes;
- Erstellung eines betreiberübergreifenden Teilnehmerverzeichnisses von Teilnehmern an öffentlichen Telefondiensten sowie den Zugang zu diesem Verzeichnis;
- flächendeckende Versorgung mit öffentlichen Sprechstellen an allgemein und jederzeit zugänglichen Standorten.

Die EU-Richtlinie 2002/22/EG[84] sieht die Bereitstellung von ISDN-Anschlüssen und Mobilfunkdiensten als nicht vom Universaldienst umfasst an. Eine diesbezügliche Änderung ist derzeit auf nationaler Ebene nicht geplant. Die EU-Kommission arbeitet jedoch an einer Überarbeitung der Universaldienstrichtlinie.

Außerdem müssen Entgelte bzw. Änderungen von Entgelten des Universaldienstes von der Regulierungsbehörde genehmigt werden.[85]

Universaldienst-erbringung wird ausgeschrieben

In Österreich ist die Erbringung des Universaldienstes gemäß § 30 TKG 2003 vom Bundesminister für Verkehr, Innovation und Technologie öffentlich periodisch (mindestens alle zehn Jahre) auszuschreiben. Sollte nur ein Unternehmen zur Erbringung des Universaldienstes befähigt sein, so kann die Ausschreibung entfallen. Jenes Unternehmen, das zur Abdeckung seiner Kosten für den Universaldienst den geringsten Zuschuss benötigt, ist damit zu beauftragen. Wenn sich kein Unternehmen um die Erbringung des Universaldienstes bewirbt, so kann der Bundesminister für Verkehr, Innovation und

---

[82] Richtlinie 2002/22/EG des Europäischen Parlaments und des Rates vom 7. März 2002 über den Universaldienst und Nutzerrechte bei elektronischen Kommunikationsnetzen und -diensten (Universaldienstrichtlinie): ABl. L 108 vom 24.04. 2002, S. 51–77.
[83] § 26 (2) TKG 2003.
[84] Richtlinie 2002/22/EG, Erwägung der Gründe (8).
[85] § 26 (3) TKG 2003.

Technologie ein Unternehmen zur Erbringung – zu festgelegten Konditionen – verpflichten.

Universaldienstbetreiber ist aktuell die Telekom Austria. Das BMVIT überprüft regelmäßig, ob mehr als ein Betreiber in der Lage ist, den Universaldienst flächendeckend und zu erschwinglichen Preisen anzubieten.

Universaldienstbetreiber aktuell Telekom Austria

„Die Berechnung der Nettokosten des Universaldienstes ist grundsätzlich ein schwieriges Unterfangen, das auch unter der Berücksichtigung etwaiger Vorteile (z.B. Bekanntheitsgrad, Reputation) für den Universaldienstbetreiber erfolgen muss."[86]

Die Abgeltung des Universaldienstes ist in § 31 TKG 2003 geregelt. Darin heißt es sinngemäß, dass dem Universaldiensterbringer die nachweislich für diesen Dienst angefallenen Kosten, die trotz wirtschaftlicher Betriebsführung nicht hereingebracht werden können, auf Antrag abzugelten sind. § 31 (2) TKG 2003 schränkt dies jedoch dahingehend ein, dass der Universaldiensterbringer keinen Ausgleich beanspruchen kann, wenn er am betrachteten Markt[87] einen Marktanteil von mehr als 80 % hat.

Erbringung wird dem Betreiber abgegolten

„In der Praxis erfolgt die Abgeltung des Universaldienstes in den letzten Jahren mittels einer Zweijahreslösung. Hierbei kam es bisher zwischen dem aktuellen Universaldienstbetreiber Telekom Austria und den alternativen Betreibern zu einer einvernehmlichen Lösung."[88]

5.1.7. Regulierungsbehörde

5.1.7.1. Aufbauorganisation

Bis 31.10.1997 wurden die Regulierungsaufgaben für den Telekommunikationsmarkt in Österreich direkt im Bundesministerium für Verkehr wahrgenommen. Mit dem Telekommunikationsgesetz 1997 wurde die Telekom-Control GmbH gegründet, welche am 01.11.1997 ihre Tätigkeit aufnahm und in dieser Form (gemeinsam mit der Telekom-Control-Kommission) bis 31.03.2001 die Regulierungstätigkeiten im Telekommunikationsbereich durchführte. Dieser Aufbau (GmbH mit Kommission) war Vorbild für alle folgenden Regulierungsbehörden.

Am 01.04.2001 ging durch § 5 KommAustria-Gesetz die Telekom-Control GmbH in der Rundfunk und Telekom Regulierungs-GmbH (RTR-GmbH) auf.

---

[86] Interview mit Dr. Martin Lukanowicz.
[87] Siehe dazu Kapitel 5.1.1.
[88] Interview mit Dr. Martin Lukanowicz.

Die Anteile an der RTR-GmbH gehören zu 100 % dem Bund und werden vom Bundeskanzleramt und vom Bundesministerium für Verkehr, Innovation und Technologie verwaltet.

Die Regulierungsbehörde besteht seit 2001 aus den zwei Teilbereichen:

- Telekom-Control-Kommission (TKK) und
- Kommunikationsbehörde Austria (KommAustria)

Diesen wurde als Geschäftsapparat die RTR-GmbH zur Seite gestellt.

Die KommAustria ist eine Behörde erster Instanz, die TKK eine weisungsfreie Kollegialbehörde. In bestimmten Fragen der Telekommunikation nimmt auch die RTR-GmbH Behördenstatus ein.

Die KommAustria besteht aus einem Behördenleiter und sieben Mitarbeitern, die koordinierend für die verschiedenen Aufgabenbereiche tätig sind. Operativ bedienen sie sich der Mitarbeiter der RTR-GmbH. Die TKK besteht (ohne Postsenat) aus drei Mitgliedern, für die drei Ersatzmitglieder bestellt sind. Diese werden von der Bundesregierung für die Dauer von fünf Jahren ernannt. Auch die TKK bedient sich für operative Aufgaben der RTR-Mitarbeiter.

5.1.7.1.1. Rundfunk und Telekom Regulierungs-GmbH (RTR-GmbH)

Die RTR-GmbH unterstützt die Kommunikationsbehörde Austria und die Telekom-Control-Kommission bei der Erfüllung ihrer Aufgaben als deren Geschäftsstelle. Für die KommAustria leiten die Mitarbeiter der RTR-GmbH die Arbeitsgemeinschaft Digitale Plattform, nehmen Aufgaben in den Bereichen Rundfunkfrequenzmanagement, Rechtsaufsicht und Werbebeobachtung wahr und unterstützen die KommAustria bei sämtlichen rundfunkrechtlichen Verfahren. Als Geschäftsapparat für die Telekom-Control-Kommission sind die unterschiedlichen Teams der RTR-GmbH für die Gebiete Allgemeine Geschäftsbedingungen, elektronische Signatur, Frequenzvergabeverfahren und Wettbewerbsregulierung zuständig. Weitere Aufgaben der RTR-GmbH sind alternative Streitbeilegung, die Verwaltung des Digitalisierungsfonds und Fernsehfonds Austria, Endkundenstreitschlichtung sowie die Definition relevanter Märkte. Die RTR-GmbH hat jährlich über ihre Tätigkeiten und den Einsatz der finanziellen Mittel zu berichten. Die Geschäftsgebarung sowie der Jahresabschluss werden von Wirtschaftsprüfern geprüft.

Die RTR-GmbH ist für drei Branchen – Telekommunikation, Rundfunk und Post – zuständig.[89] Jedem Bereich steht ein Geschäfts-

---

[89] Die Zuständigkeit für Postangelegenheiten besteht erst seit 1. Januar 2008.

führer vor, wobei Telekommunikation und Post in Personalunion geführt werden. Die RTR-GmbH beschäftigt derzeit rund 100 Personen (ca. 60 davon sind ausschließlich für den Telekommunikationsmarkt zuständig), die sich mit Rundfunk- und Telekommunikationsregulierung sowie seit Beginn 2008 auch mit Postregulierung befassen.[90]

5.1.7.1.2. Telekom-Control-Kommission (TKK)

Die Telekom-Control-Kommission ist eine Kollegialbehörde[91] mit richterlichem Einschlag, die in Österreich seit 1997 besteht, gemäß § 116 TKG 2003 eingerichtet ist und seit diesem Jahr für die Regulierung des Telekommmunikationsmarktes zuständig ist.

5.1.7.1.3. Kontroll- und Aufsichtsorgane

Die RTR-GmbH verfügt über einen Aufsichtsrat, der in regelmäßigen Abständen zu Sitzungen zusammentritt. Dieser wird durch den Bundesminister des BMVIT und das Bundeskanzleramt bestellt. Der Aufsichtsrat der RTR-GmbH ist sowohl mit externen Vertretern als auch mit Vertretern des Betriebsrates der RTR-GmbH besetzt.

Die Aufsicht über die Tätigkeit der RTR-GmbH obliegt gemäß § 6 KOG dem Bundesminister für Verkehr, Innovation und Technologie.

5.1.7.1.4. Finanzierung und Budget

Der Umsatz der Regulierungsbehörde beträgt rund zehn Millionen Euro jährlich (knapp sieben Millionen davon entfallen auf den Sektor Telekommunikation). Das Budget wird mehrheitlich durch die Betreiber aufgebracht. Die Finanzierungsanteile werden mittels Umsatzschlüssel festgelegt.[92] Unternehmen, die unter einer bestimmten Umsatzgrenze liegen, einem sogenannten Schwellenwert, werden aus Gründen der Verwaltungsvereinfachung keine Finanzierungsbeiträge vorgeschrieben.[93] Die Schwellenwertverordnung Telekommunikation 2006[94] legt diesen Schwellenwert seit dem Jahr 2006 mit € 315.000 pro Jahr fest.

Laut *Kruse* ist dieses Budget im internationalen Vergleich eher gering. Regulierungsbehörden in vergleichbar strukturierten und ähnlich großen Ländern (z.B. Schweiz, Finnland, Schweden) hätten

---

[90] RTR-GmbH (2008), S. 197 f.
[91] Eine Kollegialbehörde mit richterlichem Einschlag ist eine Verwaltungsbehörde, die gemäß Artikel 133 Z 4 in Verbindung mit Artikel 20 (2) Bundes-Verfassungsgesetz eingerichtet ist und in oberster Instanz entscheiden kann.
[92] Vgl. RTR-GmbH (2008), S. 197 ff.
[93] http://www.rtr.at/de/rtr/RTRFinanzierung (06.08.2009).
[94] Verordnung der Telekom-Control-Kommission, mit der eine Umsatzgrenze festgelegt wird, bei deren Unterschreitung durch einen Beitragspflichtigen dessen Umsätze nicht bei der Berechnung des branchenspezifischen Gesamtumsatzes berücksichtigt werden (Schwellenwertverordnung Telekommunikation 2006 – SVO-TK 2006).

mindestens das dreifache Regulierungsbudget zur Verfügung.[95] *Kruse* führt jedoch nicht aus, ob auch die Aufgaben der jeweiligen Behörden vergleichbar sind.

Die das Budget der Regulierungsbehörden großteils finanzierenden Telekommunikationsunternehmen kritisieren sowohl die Höhe des Budgets als auch die Intransparenz der Mittelverwendung.[96]

5.1.7.2. Ablauforganisation

5.1.7.2.1. Aufgaben

Die Aufgaben der Regulierungsbehörde (RTR-GmbH, TKK) für den Telekommunikationsmarkt in Österreich sind im TKG 2003 geregelt. Die RTR-GmbH ist nach den gesetzlich zugewiesenen Aufgaben der Geschäftsapparat der TKK und der KommAustria. Sie ist darüber hinaus zuständig für die Durchführung eigener behördlicher Aufgaben im Fachbereich Telekommunikation und fungiert als Streitschlichtungsstelle. Außerdem erfüllt sie diverse andere Aufgaben, insbesondere im Medienbereich.

Die Aufgaben und Zuständigkeiten der TKK sind in § 117 TKG 2003 genau festgelegt. Unter anderem ist die TKK für Wettbewerbsregulierung, Frequenzvergabeverfahren und die Genehmigung von Allgemeinen Geschäftsbedingungen sowie Entgelten von Telekommunikationsunternehmen zuständig.

5.1.7.2.2. Instanzenzug

TKK und RTR-GmbH fungieren im Telekommunikationssektor als Behörden erster Instanz und nehmen die im TKG definierten Aufgaben wahr. Während die TKK weisungsfrei agiert, ist die RTR der Geschäftsapparat der TKK und darüber hinaus an Weisungen des BMVIT gebunden.

Die TKK entscheidet in oberster Instanz. Entscheidungen können durch Beschwerden beim Verfassungs- oder Verwaltungsgerichtshof angefochten werden. Ebenso sind diese Gerichtshöfe die nächste Instanz bei Einspruch gegen Bescheide der RTR-GmbH.

5.1.8. Zusammenfassung

Die Telekommunikationsbranche ist die Infrastrukturbranche mit der längsten Regulierungshistorie. Entsprechende Regulierungsaktivitäten gibt es bereits seit 1994.

---

[95] Vgl. Kruse (2007), S. 153 f.
[96] Vgl. Kruse (2007), S. 153.

Die Ergebnisse des Drei-Kriterien-Tests ebenso wie die Anwendung der Contestable Markets Theory auf die Branche haben die Notwendigkeit von Regulierungsmaßnahmen vor Augen geführt. Der essentielle Bestandteil des Wettbewerbes auf dem Telekommunikationsmarkt ist der Zugang zur Netzinfrastruktur im Sinne der Essential Facilities Theory. Da jedoch die Telekom Austria vertikal integriert ist, d.h. sowohl über die Infrastruktur verfügt als auch Dienste anbietet, ist eine Regulierung des Zugangs, welche das monopolistische Bottleneck darstellt, erforderlich.

Die Regulierungswürdigkeit und -notwendigkeit dieser Bottleneck-Infrastrukturen steht daher außer Zweifel. Die Regulierungspraxis in der Telekommunikation, Endkundenmärkte der Regulierung zu unterwerfen, wird durch die Regulierungstheorie nicht unterstützt und ist als wirtschaftspolitische Maßnahme zu interpretieren. Generell besteht das Risiko, durch derartige Eingriffe statt der gewünschten Effekte volkswirtschaftlich negative Auswirkungen hervorzurufen und nicht zu rechtfertigende Asymmetrien in den Märkten entstehen zu lassen.

„Man darf die Gefahr nicht außer Acht lassen, dass man mit Überregulierung den Unternehmen merklich schaden kann."[97]

5.2. Post

5.2.1. Marktdefinition

Der Postmarkt ist charakterisiert als *„Markt, auf dem Postdienstleistungen, d.h. alle Dienstleistungen, die in unmittelbarem Zusammenhang mit der Beförderung von Briefsendungen und Kleingütern stehen, ausgetauscht werden"*.[98] Die Postdienstleistungen sind in Österreich im Wesentlichen in die folgenden drei Bereiche geteilt:[99]

Unterteilung des Postmarktes in drei Bereiche

1. Reservierter Bereich: Dieser derzeit noch bestehende Monopolbereich ist eine Besonderheit des Postsektors.[100] Der reservierte Bereich ist ausschließlich der Österreichischen Post AG (ÖPAG) vorbehalten, um das dauerhafte Erbringen des bundesweiten Universaldienstes sicherzustellen. In einer schrittweisen Einschrän-

---

[97] Interview mit MR Dr. Alfred Stratil, Leiter des Bereiches „Telekom-Post" im BMVIT, Leiter der Obersten Postbehörde und Mitglied des Postsenats der TKK.
[98] Berger/Knauth (1996), S. 20.
[99] http://www.bmvit.gv.at/telekommunikation/post/postmarkt.html (15.06.2009).
[100] Gedeckt durch die Richtlinie 97/67/EG des Europäischen Parlaments und des Rates vom 15. Dezember 1997 über gemeinsame Vorschriften für die Entwicklung des Binnenmarktes der Postdienste der Gemeinschaft und die Verbesserung der Dienstequalität: ABl. L 015 vom 21.1.1998, S. 14–25.

kung wurde dieser Teilbereich kontinuierlich verkleinert – derzeit beinhaltet er Briefpost bis 50 Gramm (ausgenommen abgehende Auslandspost).[101] Die Richtlinie 2002/39/EG[102] sah die vollständige europaweite Liberalisierung des Brief-Monopols per 01.01.2009 vor. Dieses Datum wurde jedoch durch die Richtlinie 2008/6/EG[103] verschoben – der Binnenmarkt für Postdienste wird somit bis Anfang 2011 (mit Ausnahmen) vollständig geöffnet sein.[104] Am 28.07.2009 hat die österreichische Bundesregierung die Regierungsvorlage des neuen Postmarktgesetzes (PMG) im Ministerrat behandelt, das die Richtlinie 2008/6/EG in Österreich umsetzen soll. Am 18.11.2009 wurde die Regierungsvorlage betreffend das Bundesgesetz, mit dem ein Postmarktgesetz erlassen und das KommAustria-Gesetz geändert wird, vom Nationalrat beschlossen und am 23.11.2009 vom Bundesrat angenommen.[105]

2. Universaldienst: Der Terminus „Universaldienst" bedeutet im Postsektor, dass der Universaldienstbetreiber (derzeit ist dies die Österreichische Post AG) gewährleistet, *„dass den Nutzern ständig Postdienstleistungen flächendeckend zu allgemein erschwinglichen Preisen und in einer solchen Qualität angeboten werden, dass den Bedürfnissen der Nutzer durch eine entsprechende Dichte an Abhol- und Zugangspunkten sowie durch die Abhol- und Zustellfrequenz entsprochen wird."*[106] Der Universaldienst umfasst folgende Dienste: Abholung, Sortieren, Transport und Zustellung von Postsendungen bis 2 kg und Postpaketen bis 20 kg sowie Einschreib- und Wertsendungen.[107] Die Regierungsvorlage betreffend das Postmarktgesetz sieht eine Änderung des Universaldienstes im Bereich Postpakete bezüglich der

---

[101] Vgl. Stratil (2007), § 6.
[102] Richtlinie 2002/39/EG des Europäischen Parlaments und des Rates vom 10. Juni 2002 zur Änderung der Richtlinie 97/67/EG im Hinblick auf die weitere Liberalisierung des Marktes für Postdienste in der Gemeinschaft: ABl. L 176 vom 05.07.2002, S. 21–25.
[103] Richtlinie 2008/6/EG des Europäischen Parlaments und des Rates vom 20. Februar 2008 zur Änderung der Richtlinie 97/67/EG im Hinblick auf die Vollendung des Binnenmarktes der Postdienste der Gemeinschaft: ABl. L 52 vom 27.02.2008, S. 3–20.
[104] Der Richtlinie 2008/6/EG ist bis zum 31. Dezember 2010 nachzukommen. Eine Ausnahme gilt für die Länder Tschechische Republik, Griechenland, Zypern, Lettland, Litauen, Luxemburg, Ungarn, Malta, Polen, Rumänien und Slowakei, welche die Richtlinie erst bis zum 31. Dezember 2012 umzusetzen haben.
[105] 319 der Beilagen zu den Stenographischen Protokollen des Nationalrates XXIV. GP.
[106] Vgl. Stratil (2007), § 4 (2).
[107] Vgl. Stratil (2007), § 4 (1).

Gewichtsbegrenzung vor – Pakete bis 10 kg werden fortan im Universaldienst zugestellt.[108] Das Ziel der flächendeckenden Versorgung der Bevölkerung sollte durch die postpolitische Maßnahme der Übertragung von Monopolrechten im Bereich der reservierten Postdienste sichergestellt werden. Detaillierte Ausführungen dazu finden sich im Kapitel 5.2.6.2.

3. Wettbewerbsdienste: Der Bereich, der bereits dem Wettbewerb ausgesetzt ist, betrifft Dienste wie z.B. Paketdienste, Expressdienste, Zeitungszustellung, Finanzdienstleistungen oder Handelswaren. So ist der Paketmarkt bereits vollständig liberalisiert. Unternehmen wie UPS (United Parcel Service), TNT (Thomas Nationwide Transport), DHL (Dalsey, Hillblom und Lynn) oder Hermes sind hier auf dem österreichischen Postmarkt tätig. Wie im Bereich der Paketdienste nimmt auch in der Zeitungszustellung der Wettbewerb zu, da vor allem durch Tageszeitungen eigene Zustellnetze aufgebaut werden. Die Zustellung von Werbesendungen und Zeitschriften wird ebenso über diese Netze ausgeführt.[109]

Diese bereits liberalisierten Dienstleistungen werden in der Folge nicht Fokus der Untersuchungen sein.

Abbildung 5: Unterteilung der Postdienste in drei Bereiche

Der Postsektor unterscheidet sich von anderen Netzindustrien dadurch, dass die Netzinfrastruktur weniger aus einem physischen Netz mit hohen irreversiblen Kosten besteht, sondern vielmehr aus physischen Knotenpunkten der Poststellen sowie Sortierzentren (Verteilzentren) und Verkehrswegen in Form von Briefträgertouren (Rayons). Dies ist eine der Gemeinsamkeiten mit dem Verpackungsentsorgungsmarkt, der auch für den weiteren Vergleich von Bedeutung sein wird.

---

[108] 319 der Beilagen zu den Stenographischen Protokollen des Nationalrates XXIV. GP, Regierungsvorlage (2009), § 6 (2).
[109] http://www.bmvit.gv.at/telekommunikation/post/postmarkt.html (02.07.2009).

| Postmarkt besteht aus fünf vertikal integrierten Wertschöpfungsstufen | Die drei Bereiche (Reservierter Bereich, Universaldienst und Wettbewerbsdienste) des Postmarktes sind in mehrere vertikal integrierte Wertschöpfungsstufen unterteilt: das Einsammeln der Sendungsstücke in Briefkästen bzw. anderen Einlieferungsstellen, die Ausgangssortierung in einem Sortierzentrum, der Transport zwischen den Ausgangs- und Eingangssortierzentren, die Eingangssortierung sowie die Zustellung der Sendung an den Empfänger.[110] Die Unterteilung in einzelne Wertschöpfungsstufen wird in der Folge für die Untersuchung auf Regulierungswürdigkeit sowie auf das Bestehen eines monopolistischen Bottlenecks notwendig sein. |

Abbildung 6: Wertschöpfungsstufen des Postmarktes

| Assets des marktbeherrschenden Unternehmens im Postsektor | Im Teilbereich Einsammlung sind als Assets vor allem physische Vermögensgegenstände wie Briefkästen, Postämter sowie Briefzentren zu nennen, wobei der überwiegende Teil von Postämtern bzw. Briefzentren aufgrund der Bedeutung der Briefversendung durch Unternehmen abgewickelt wird. In anderen Staaten (z.B. Deutschland) ist dieser Teilprozess auch an sogenannte Konsolidierer ausgelagert – Sendungen werden hierbei von Dritten abgeholt und danach (gebündelt zur Lukrierung von Mengenrabatten) an die Post übergeben.[111] Im Bereich Ausgangs- bzw. Eingangssortierung überwiegen ebenfalls physische Vermögensgegenstände in Form von Sortieranlagen. Natürlich kommt hier auch umfassendes Know-how über die effiziente Art der Sortierung zum Tragen. Anlagevermögen in Form von Transportfahrzeugen, Personal sowie wiederum Know-how finden sich im Bereich des Transportes. Der Bereich Zustellung ist vor allem durch das Bestehen der physischen Vermögensgegenstände Fuhrpark, P.O.-Boxen und Hausbrieffachanlagen sowie durch hohe Personalintensität (Briefträger) gekennzeichnet. So betrug etwa in der Österreichischen Post AG die durchschnittliche Zahl der Arbeitnehmer im Geschäftsjahr 2008 22.667 Vollzeitmitarbeiter. Der Personalaufwand lag 2008 mit 996,4 Mio. EUR bei ca. 60 % des Umsatzes, wogegen etwa die Position „Aufwendungen für Material und sonstige bezogene Leistungen" nur rund 15 % des Umsatzes ausmachte.[112] |

---

[110] Vgl. Berger/Knauth (1996), S. 125 f.
[111] Vgl. Kruse/Liebe (2005), S. 10.
[112] Vgl. Österreichische Post AG (2008), Einzelabschluss nach österreichischem UGB.

5.2.2. Regulierung der Branche

Das Postwesen in Österreich geht zurück bis ins 15. Jahrhundert, als 1490 die erste standardisierte Postverbindung Europas zwischen Innsbruck und Mechelen in Belgien etabliert wurde.[113] Die Post- und Telegrafenverwaltung (PTV), die 1887 gegründet wurde, befand sich sodann über 100 Jahre im Staatseigentum. Die PTV wurde durch das Poststrukturgesetz, das 1996 in Kraft trat, in ein eigenständiges Unternehmen in Form einer Aktiengesellschaft – Post und Telekom Austria (PTA) – umgewandelt. Die PTA AG bestand aus zwei unabhängig operierenden Gesellschaften, der Telekom Austria AG für den Bereich der Telekommunikation und der Post AG für den Bereich der Post- und Verkehrsdienstleistungen.[114]

Mit der Öffnung der Telekommunikationsmärkte begann schließlich in Österreich auch die Ausgliederung des Postsektors. Wie in anderen europäischen Ländern erfolgte in Österreich eine Trennung des Postbereichs vom Telekommunikationsbereich der früheren PTA AG, und zwar in die Telekom Austria AG und die ÖPAG. Seit dem Börsegang 2006 steht die ÖPAG nur noch zu 52,85 % im Eigentum der ÖIAG, die sich wiederum zu 100 % im Staatseigentum befindet.[115]

Die Grundlage für die Liberalisierung des Postmarktes stellt das „Grünbuch über die Entwicklung des Binnenmarktes für Postdienste" dar. Das Grünbuch wurde als Diskussionsgrundlage von der Europäischen Kommission nach eingehenden Konsultationen mit den Mitgliedsstaaten erstellt. Es stellt die Situation im Postsektor mit bestehenden bzw. zu erwartenden Problemen dar und erörtert mögliche Vorgehensweisen bzw. Lösungsvorschläge. Den Schwerpunkt in der Diskussion bildet die Aufrechterhaltung bzw. Entwicklung eines Universaldienstes, der das Recht auf Zugang zur flächendeckenden Grundversorgung mit Postdienstleistungen für alle Bürger/innen in hoher Qualität und tragbaren Preisen sicherstellt, sowie die Herstellung von chancengleichem Wettbewerb im Postmarkt.[116]

Den rechtlichen Rahmen der Postpolitik der Europäischen Union bilden schließlich die folgenden drei Richtlinien:

- „Postrichtlinie" Richtlinie 97/67/EG;
- Richtlinie 2002/39/EG, die die Postrichtlinie ändert;
- Richtlinie 2008/6/EG, die die zweite Änderung der Postrichtlinie darstellt.

---

[113] Vgl. Österreichische Post AG (2008), S. 148.
[114] Vgl. http://www.telekomaustria.com/group/geschichte.php (12.07.2009).
[115] Vgl. http://www.oeiag.at/asp/indexchart.asp?id=post (24.07.2009).
[116] Vgl. Grünbuch (1992), S. 110 ff.

Das Hauptziel der EU-Postreformen war die schrittweise Marktliberalisierung bis zur vollkommenen Öffnung der Postmärkte für den Wettbewerb. Den Kernpunkt stellen dabei die Gewährleistung eines Universaldienstes sowie die Abschaffung des Bereiches der reservierten Dienste, dessen Bereitstellung einem oder mehreren Anbietern vorbehalten ist, in allen Mitgliedsstaaten dar. Die Bereiche Minimalanforderungen des Universaldienstes, Marktzugang sowie die Qualitäts- und Preisregulierung werden genau geregelt.

Das ursprüngliche Marktöffnungsdatum (01.01.2009), das in der Richtlinie 2002/39/EG festgesetzt wurde, wurde in der Richtlinie 2008/6/EG verschoben. Die Richtlinie 2008/6/EG, die spätestens bis zum 31.12.2010[117] in allen Mitgliedsstaaten (bis auf einige Ausnahmen) umzusetzen ist, stellt somit den Abschluss des schrittweisen Liberalisierungsprozesses im Postsektor dar.

Österreich hat, gemäß den Vorgaben der Europäischen Union, die Öffnung des Postmarktes in unterschiedlichen Schritten eingeleitet. Die nationale Umsetzung der europäischen Richtlinien begann in Österreich mit dem Postgesetz 1997. Dieses stellt die Grundlage für die Liberalisierung des Postsektors dar und berücksichtigt die Vorgaben der Richtlinie 97/67/EG. Die Liberalisierung des Postmarktes befindet sich in der entscheidenden Phase – so wird der noch bestehende Monopolbereich (reservierter Bereich) in Österreich am 01.01.2011 vollständig für den Wettbewerb geöffnet. Die dritte EU-Richtlinie wird in Österreich mit dem Postmarktgesetz umgesetzt.

Sektorspezifische Behörde als Regulierungsbehörde

Post-Regulierungsbehörde im Sinne der EU-Richtlinie war bis 31.12.2007 der Bundesminister für Verkehr, Innovation und Technologie, im Einzelnen die Sektion III im BMVIT. Die EU-Richtlinie gibt vor, dass die Mitgliedsstaaten zumindest eine nationale Regulierungsbehörde einrichten, die von den Postbetreibern rechtlich getrennt und betrieblich unabhängig sein muss.[118] Diese Anforderungen erfüllte zwar auch die bisherige Rechtskonstruktion (Regelung im § 25 PostG 1997), allerdings zeigte sich in der Vollziehungspraxis der Richtlinie, dass die geforderte Unabhängigkeit umfassender ausgelegt wurde und eine Regulierungsbehörde gewünscht war, die frei von politischem Einfluss ist.[119]

Somit wurden mit 01.01.2008 aufgrund der europarechtlichen Rahmenbedingungen Post-Regulierungskompetenzen auf den neu eingerichteten Senat für Post-Regulierung in der Telekom-Control-Kommission (TKKP) und die Rundfunk und Telekom Regulierungs-

---

[117] Richtlinie 2008/6/EG, Anhang II, Artikel 2.
[118] Vgl. Richtlinie 2008/6/EG, Artikel 22 (1).
[119] Vgl. Stratil (2007), S. 42.

GmbH (RTR-GmbH) übertragen.[120] Die Organisation der Regulierungsbehörde orientiert sich an der Regulierungsbehörde im Bereich der Telekommunikation. So bedient sich der Postsenat in der TKK auch der RTR-GmbH als Geschäftsapparat. Ihre gemeinsame Aufgabe stellt die Wahrung des freien Wettbewerbes auf dem österreichischen Postmarkt dar. Das PMG, das in Österreich mit 1. Januar 2011 in Kraft treten wird, sieht weiterhin dieselbe Struktur vor. So wird der bei der TKK eingerichtete Postsenat in Post-Control-Kommission umbenannt und gemeinsam mit der RTR-GmbH als Regulierungsbehörde fungieren.[121] Trotz des Einsatzes der Behörde ist auch in Österreich – wie in anderen Ländern – das BMVIT als Oberste Postbehörde tätig.[122]

Neben der Beseitigung bestehender Hindernisse für den Marktzutritt im Bereich der Hausbrieffachanlagen (HBFA) stehen derzeit im Postsektor außerökonomische Ziele im Vordergrund der Regulierungspolitik. Der Fokus der Regulierung im Postsektor liegt weniger auf der Steigerung der Effizienz, vielmehr erhält das politische Ziel der flächendeckenden Grundversorgung mit Postdienstleistungen als Regulierungsgegenstand im Postsektor einen besonderen Stellenwert.[123] Hierbei spielen somit vor allem regional- und sozialpolitische Überlegungen eine wichtige Rolle. Durch die Betonung der qualitativ hochwertigen und flächendeckenden Versorgung zu einem sozial erwünschten Preis soll sichergestellt werden, dass der Ausbeutung von Konsumenten durch überhöhte Preise Einhalt geboten wird.[124]

Regional- und sozialpolitische Überlegungen im Vordergrund

Als Problematik der schrittweisen Marktöffnung wird die Möglichkeit des „cherry picking" diskutiert. Hierbei wird die Annahme getroffen, dass regionale Kostenunterschiede bei der Erbringung der Postdienstleistungen bestehen. Private Anbieter von Postdienstleistungen würden sich im unregulierten Wettbewerb auf gewinnbringende Regionen fokussieren. Der Universaldienst wäre gefährdet, da ländliche Gebiete, wo die Zustellung erhöhte Kosten verursacht, entweder gar nicht mehr bedient würden oder nur zu hohen Preisen.[125] Daher werden vom marktbeherrschenden Anbieter, der Österreichischen Post AG, gleiche Rahmenbedingungen für alle Mitbewerber

---

[120] Vgl. Stratil (2007), § 25a (1).
[121] 319 der Beilagen zu den Stenographischen Protokollen des Nationalrates XXIV. GP, Regierungsvorlage (2009), § 37 (2).
[122] http://www.bmvit.gv.at/telekommunikation/post/organisation/index.html (22.07.2009).
[123] Vgl. Vaterlaus/Worm/Wild/Telser (2003), S. 43.
[124] Vgl. Knieps (2005), S. 28.
[125] Vgl. Berger/Knauth (1996), S. 14.

gefordert, um *„einen fairen und funktionierenden Wettbewerbsmarkt"* zu schaffen.[126] Derzeit wird der Universaldienst durch die Einnahmen des reservierten Bereichs sichergestellt. Weitere Ausführungen zu diesem Thema finden sich in Kapitel 5.2.6.2.

Grundsätzlich erfolgt die Regulierung im Postsektor nicht in einzelnen Teilbereichen der Wertschöpfungsstufen, sondern in deren Gesamtheit der zwei Bereiche „Reservierte Postdienste" und „Universaldienst". Bei den „Wettbewerbsdiensten", die aus denselben Wertschöpfungsstufen wie die anderen zwei Bereiche bestehen, werden keine Regulierungsmaßnahmen eingesetzt.

5.2.3. Regulierungswürdigkeit aufgrund des Drei-Kriterien-Tests

Die nachfolgende Analyse untersucht mithilfe des Drei-Kriterien-Tests der Kommission der Europäischen Union, der für den Bereich der Telekommunikation konzipiert wurde, den Markt der Postdienstleistungen ex post auf Regulierungswürdigkeit.

5.2.3.1. Kriterium 1: Bestehen von Zugangshindernissen

Bestehen von strukturellen Hindernissen im Teilbereich Zustellung

Betrachtet man das erste Kriterium „Bestehen von Zugangshindernissen", so bestanden (und bestehen zum Teil noch immer) strukturelle Zugangshindernisse im Bereich der Zustellung. Die Ausgestaltung der Hausbrieffachanlagen (HBFA) verhinderte für dritte Postdienstleistungsunternehmen den Zugang in der Zustellung. Da ausschließlich Zusteller der ÖPAG Zugang zu diesen Anlagen haben, ergibt sich daraus ein strukturelles Zugangshindernis.[127] Mit der Postgesetznovelle 2003[128] wurde versucht, dieses Zugangshindernis zu entfernen, um chancengleichen Wettbewerb zu schaffen. Allerdings wurde diese Änderung im Mai 2006 vom Verfassungsgerichtshof aufgehoben.[129] Es sind derzeit rund 1 Mio. HBFA noch nicht umgerüstet und daher für alternative Betreiber nicht zugänglich. Die Regierungsvorlage des Postmarktgesetzes sieht eine Lösung für die Umrüstung der HBFA vor – detaillierte Ausführungen dazu finden sich im Kapitel 5.2.6.1.1 „Netzzugang".

„Man muss dem Marktbeherrscher Schranken setzen. Zweck der Regulierung soll daher auch sein, neu am Markt eintretenden Unter-

---

[126] http://www.post.at/69_3788.php (22.07.2009).
[127] Vgl. Stratil (2007), S. 32 f.
[128] Vgl. Stratil (2007), § 14.
[129] Vgl. Stratil (2007), § 14.

nehmen Hilfestellung zu geben, sodass sie sich gegen den Platzhirschen behaupten können."[130]

In den übrigen Bereichen der Wertschöpfungsstufen bestanden weder in der Vergangenheit noch zum aktuellen Zeitpunkt strukturelle Zutrittsbarrieren, da die Bereitstellung der Dienste in diesen Stufen keine Netzkomponente erfordert, die sich technisch nicht oder nur zu hohen Kosten nachbauen lässt. Dass der Aufbau eigener Netze kein Problem darstellt, zeigt schon die derzeit gängige Praxis z.B. im Zeitungs- oder Paketbereich. Kostenseitig bestehen ebenso wenig wesentliche Marktzutrittshindernisse – wie in der Folge noch erläutert wird, sind wesentliche irreversible Kosten in keiner der Produktionsstufen anzutreffen. Alternative Postunternehmen haben hier kein Problem, mit einer eigenen Netzstruktur in den Markt einzutreten.[131]

Eine rechtliche Markteintrittsbarriere besteht nach wie vor darin, dass der reservierte Bereich der Postdienste (in allen fünf Produktionsstufen) der ÖPAG vorbehalten ist, um das dauerhafte Erbringen des bundesweiten Universaldienstes sicherzustellen.[132]

<small>Bestehen von rechtlichen Hindernissen im reservierten Bereich</small>

Rechtliche Hindernisse für den Marktzugang stellen ebenso Preiskontrollen oder preisspezifische Maßnahmen dar. Wäre das ordnungsgemäße Erbringen des bundesweiten Universaldienstes nicht mehr durch die ÖPAG gewährleistet[133], so könnte der reservierte Postdienst auf einen anderen Betreiber übertragen werden. Dieser würde in der Preisfestsetzung im Universaldienst inklusive des reservierten Bereiches – genau wie die ÖPAG – der rechtlichen Regelung von Entgelten unterliegen.[134] Ebenso stellt die umsatzsteuerliche Sonderbehandlung der ÖPAG in ihrer Funktion als Universaldiensterbringer einen erheblichen Vorteil gegenüber nicht umsatzsteuerbefreiten Mitbewerbern dar. Eine Lösung dieser Umsatzsteuerproblematik wird auf EU-Ebene schon länger diskutiert, ist derzeit aber noch nicht in Sicht.

Abgesehen von den oben genannten Regelungen bestehen nur wenige rechtliche Bestimmungen im österreichischen Postgesetz, die alternative Postbetreiber betreffen, da das Postgesetz primär auf Regulierung des Universaldienstes und des reservierten Bereiches ausgerichtet ist.

Zum aktuellen Zeitpunkt kann aufgrund des Bestehens sowohl struktureller als auch rechtlicher Hindernisse Kriterium 1 für die be-

---

[130] Interview mit MR Dr. Alfred Stratil.
[131] Vgl. Vaterlaus/Worm/Wild/Telser (2003), S. 24.
[132] Vgl. Stratil (2007), § 6.
[133] Vgl. Stratil (2007), § 5 (2).
[134] Vgl. Stratil (2007), § 10.

trachteten Bereiche „Reservierter Dienst" und „Universaldienst" als vollständig erfüllt angesehen werden.

5.2.3.2. Kriterium 2: Keine Tendenz zu wirksamem Wettbewerb

Trotz beträchtlicher Zugangshindernisse aufgrund struktureller Faktoren oder anderer Merkmale könnte ein Markt dennoch zu einem wirksamen Wettbewerb tendieren.

Im Bereich der Paket- und Express-Dienstleistungen sowie der nicht adressierten Werbesendungen bestand Wettbewerb (in allen fünf Wertschöpfungsstufen) in Form von alternativen Betreibern schon vor dem Start der Liberalisierung durch die EU. Der Markt der Kurier-, Express- und Paketdienste hat in den letzten Jahren ein erhebliches Wachstum verzeichnet, von dem vor allem auch die privaten Anbieter profitiert haben. Im Paketmarkt sind bereits Unternehmen wie etwa Hermes, UPS, TNT, DHL oder FedEx tätig. Konkurrent für die ÖPAG im Bereich Zeitungszustellung und Geschäftspost ist etwa Redmail. Bei der Zeitungszustellung ist zunehmender Wettbewerb festzustellen, indem vor allem Tageszeitungen ihre eigenen Zustellnetze aufbauen (z.B. Mediaprint).[135] Auch bei den unadressierten Werbesendungen gab es schon frühzeitig weitere Betreiber. Feibra, die 2005 von der ÖPAG übernommen wurde, war bereits seit 1963 im Bereich der unadressierten Werbesendungen tätig.

Einschränkung des Wettbewerbs im reservierten Bereich

Derzeit ist im reservierten Bereich noch kein Wettbewerb möglich. Solange er als Monopolbereich nicht vollkommen liberalisiert ist, kann sich in diesem Teil der Briefpost aufgrund der rechtlichen Einschränkungen kein wirksamer Wettbewerb (in allen fünf Wertschöpfungsstufen) entwickeln.

Dieses Kriterium ist unter der Prämisse der vollständigen Marktöffnung zu betrachten. Hier ist zu erwarten, dass sich der Teilbereich des Briefmonopols ähnlich dem Bereich der Wettbewerbsdienste verhalten bzw. entwickeln wird. Hier konnte etwa das Unternehmen Hermes innerhalb kürzester Zeit (Markteintritt 01.01.2007) beachtliche Erfolge verzeichnen, indem es sowohl im Geschäftskunden- als auch im Privatkundenbereich reüssierte und einen Marktanteil von mittlerweile 38 % erzielte.[136] Grundsätzlich kann man aufgrund fehlender statistischer Daten über den Postmarkt in Österreich kaum Aussagen bezüglich der Marktanteile in den einzelnen Märkten treffen. Mit § 27a PostG wurde die Rechtsgrundlage zur Durchführung geeigneter statistischen Erhebungen geschaffen. Dies sollte auch die Durchführung von Regulierungsmaßnahmen

---
[135] http://www.bmvit.gv.at/telekommunikation/post/postmarkt.html (20.06.2009).
[136] Vgl. Hermes Logistik GmbH (2008), Presseaussendung vom 02.07.2008.

erleichtern.[137] Es ist jedoch davon auszugehen, dass die ÖPAG ihre dominierende Stellung mittelfristig aufgrund von Erfahrung, Image, Größen- und Diversifikationsvorteilen, des bestehenden Netzwerks sowie der Kundenloyalität[138] nicht einbüßen wird.

Einen längerfristigen Wettbewerb verspricht auch die Tatsache, dass der Postmarkt so beschaffen ist, dass – anders als in den übrigen Netzindustrien und somit analog zu nicht regulierten Branchen – dritte Unternehmen mit eigener Netzstruktur in den Markt (außer im gesetzlich geregelten Bereich) eintreten können. Wie oben ausgeführt, erfolgt dies bereits in der Praxis etwa im Paketbereich und ist somit auch für den Briefbereich zu erwarten.

Weiters ist auch in diesem Teil des Postmarktes mit einer preiselastischen Nachfrage zu rechnen, was beispielsweise durch die aktuellen Veränderungen auf dem deutschen Markt, der am 01.01.2008 vollständig geöffnet wurde, ersichtlich wird. Die Deutsche Post AG ist nach wie vor unbestrittener Marktführer, wogegen die Marktanteile der ca. 750 alternativen Unternehmen insgesamt nur rund 10 % betragen. Es können bereits erste Tendenzen zu sinkenden Preisen beobachtet werden, die sich im Bereich der Geschäftskunden, wo von der Deutschen Post AG nunmehr höhere Rabatte gewährt werden, manifestieren. Es ist anzunehmen, dass sich die Nachfrage bei gleicher Qualität der Postdienstleistungen rasch zum billigeren Anbieter verlagern wird.[139]

Zum aktuellen Zeitpunkt erfüllt der Postsektor Kriterium 2, da sich wirksamer Wettbewerb in Anbetracht der rechtlichen Einschränkungen nicht entwickeln kann. Der Status quo ist jedoch für die Betrachtung dieses Kriteriums nicht relevant. Unter der Annahme des Wegfalls des Briefmonopols ist eine Tendenz zu wirksamem Wettbewerb aufgrund oben genannter Parallelen zum Wettbewerbsbereich bzw. bereits sichtbarer Entwicklungen am deutschen Markt vorhanden. Kriterium 2 kann auch unter der Prämisse der vollständigen Marktöffnung als nicht erfüllt betrachtet werden.

Kriterium 2 unter der Prämisse der vollständigen Marktöffnung nicht erfüllt

5.2.3.3. Kriterium 3: Wettbewerbsrechtliche Mittel nicht ausreichend

Grundsätzlich kann gesagt werden, dass die Postunternehmen im Rahmen des Geschäftsbetriebes eine Vielzahl von rechtlichen Beschränkungen (Einschränkungen der vertraglichen und faktischen Gestaltungsspielräume durch wettbewerbsrechtliche Regelungen) beachten müssen. Die ÖPAG war bereits Gegenstand kartellrecht-

---

[137] Vgl. Stratil (2007), S. 48.
[138] Haas/Auer/Keseric/Stefanescu (2004), S. 59.
[139] Vgl. http://www.postunion.de/postmarkt_deutschland.html (19.06.2009).

licher Untersuchungen und Verfahren.[140] So hat das Kartellgericht 2005 auf Antrag der Redmail Logistik & Zustellservice GmbH etwa ausgesprochen, dass die Österreichische Post AG ihre marktbeherrschende Stellung auf dem Markt der Tageszustellung von Tageszeitungen sowie der Zustellung von Wochen- und Monatszeitungen missbräuchlich ausnützt.[141]

Unzulänglichkeit des Kartellrechts bei Universaldienst

Kriterium 3 ist aufgrund der Tatsache, dass kartellrechtliche Regelungen keine Universaldienstleistungen erzwingen können, erfüllt.

5.2.3.4. Gesamtbewertung des Drei-Kriterien-Tests

Drei-Kriterien-Test nicht erfüllt

Zusammenfassend kann festgestellt werden, dass nicht alle drei Kriterien in der Branche der Post erfüllt sind – somit kann der Drei-Kriterien-Test insgesamt als nicht erfüllt betrachtet werden. Dies bedeutet, dass die Regulierungswürdigkeit des Postsektors ex post anhand dieses Tests, der bis dato für relevante Produkt- und Dienstmärkte des elektronischen Kommunikationssektors angewandt wurde, nicht nachgewiesen werden kann.

Im weiteren Verlauf der Analyse wird ersichtlich, dass die Regulierung im Postsektor anders als in den übrigen Branchen auf Ermöglichung diskriminierungsfreien Wettbewerbs abzielt, primär aber den Fokus auf die Sicherstellung des Universaldienstes legt.

5.2.4. Regulierungswürdigkeit aufgrund anderer Indikatoren: Theorie der angreifbaren Märkte

5.2.4.1. Kriterium 1: Freier Markteintritt

Freier Markteintritt nicht in allen Bereichen des Postsektors gegeben

Grundsätzlich ähnelt dieses Kriterium sehr Kriterium 1 des Drei-Kriterien-Tests. Wie bereits ausgeführt, stellt die Netzstruktur des Postsektors grundsätzlich keine Markteintrittsbarriere für dritte Postunternehmen dar. Das Netz besteht – wie schon erwähnt – aus Gebäuden, Liegenschaften und Einrichtungen, die keine irreversiblen Kosten darstellen (siehe Kapitel 5.2.4.2). Weiters kann das Postnetz dem Verkehrsfluss angepasst werden, beispielsweise durch die Verwendung von kleinen bis großen Postämtern, Franchisepartnern, Handsortierung oder die Benutzung von Sortiermaschinen. Dies verursacht konstante oder steigende Durchschnittskosten, was auf das Fehlen eines monopolistischen Bottlenecks schließen lässt.[142]

Zum aktuellen Zeitpunkt bestehen jedoch noch Marktzutrittsbarrieren im Teilbereich Zustellung in Form der HBFA (genaue Ausfüh-

---

[140] http://www.post.at/ir/gb2006/2708.htm (16.06.2009).
[141] http://www.bwb.gv.at/BWB/Aktuell/Archiv2005/redmail_post.htm (18.06.2009).
[142] Vgl. Vaterlaus/Worm/Wild/Telser (2003), S. 23 f.

rungen dazu siehe Kapitel 5.2.3.1) sowie im reservierten Bereich, der bis 01.01.2011 dem Incumbent vorbehalten sein wird. Deshalb ist ein freier Markteintritt in diesen Bereichen des Postsektors nicht gegeben.

5.2.4.2. Kriterium 2: Abwesenheit irreversibler Kosten

Hinsichtlich etwaiger sunk costs ist wiederum jedes Teilnetz einzeln zu analysieren. Im Gegensatz zu anderen typischen Netzbereichen ist im Postsektor mit verhältnismäßig geringen irreversiblen Kosten zu rechnen. Die bestehenden physischen Vermögensgegenstände, angefangen von Postämtern über Sortieranlagen bis hin zum Fuhrpark, stellen keine sunk costs in den ersten vier Wertschöpfungsstufen (vgl. Abbildung 6, Seite 58) dar, da diese nicht geografisch gebunden sind bzw. beim Marktaustritt durch die Möglichkeit des Verkaufs oder der Vermietung (auch für andere Verwendungen) keine verlorene Investition darstellen. Unter der Annahme einer signifikanten Unterauslastung oder eines Marktaustrittes würden elektronische Sortieranlagen, die ein bewegliches Gut darstellen, begrenzte Irreversibilität mit sich bringen. Sortieranlagen dürften jedoch *„nur einen relativ kleinen Anteil am Investitionsbudget"*[143] repräsentieren und sind daher zu vernachlässigen.

Keine wesentlichen irreversiblen Kosten feststellbar

Die fünfte Wertschöpfungsstufe „Zustellung" besteht, wie oben erwähnt, unter anderem aus den Assets Fuhrpark, Postfächern sowie aus Personal. Lohnkosten machen mit üblicherweise ca. 80 % den größten Anteil der Kosten in der Zustellung aus und sind bezüglich Volumina und Länge der Zustellrouten überwiegend variabel. Die übrigen Kosten wie z.B. für Fahrzeuge, Gebäude oder HBFA stellen zwar große Investitionen dar, sind jedoch entscheidend beweglicher als beispielsweise Gleisanlagen im Eisenbahnsektor. Daher sind auch diese Kosten nicht als irreversibel zu klassifizieren.[144]

Insgesamt ist der Anteil der irreversiblen Kosten im Postsektor daher als gering einzustufen.[145]

5.2.4.3. Kriterium 3: Bertrand-Nash-Verhalten

Aufgrund der Tatsache, dass die Leistungen im reservierten Bereich ausschließlich durch einen Universaldienstbetreiber erbracht werden können, ist eine Wanderung der Nachfrage in diesem Bereich der Briefpost nicht möglich. Bertrand-Nash-Verhalten kann hier somit nicht angenommen werden.

---

[143] Vgl. Berger/Knauth (1996), S. 129.
[144] Vgl. Kruse/Liebe (2005), S. 40.
[145] Vgl. Berger/Knauth (1996), S. 130.

Bertrand-Nash-Verhalten kann in Bereichen außerhalb der reservierten Dienste angenommen werden

Bei den Angeboten der übrigen Postdienstleistungen handelt es sich um relativ homogene Güter, die als Massengut klassifiziert werden können und deren Preise transparent sind. Die vollständige Information vorausgesetzt, berechnen die potenziellen Wettbewerber ihre Marktchancen, indem sie den Preis des marktbeherrschenden Unternehmens, der als gegeben angenommen wird, unterbieten. Dass Konsumenten zum günstigsten Anbieter wechseln – unter der Annahme, dass die Qualitätsmerkmale der Postdienstleistungen wie die Anzahl der Poststellen und Lieferzeiten annähernd gleich sind –, scheint somit plausibel. Somit kann in diesem Fall die Gültigkeit von Bertrand-Nash-Verhalten angenommen werden.

5.2.4.4. Gesamtbetrachtung der Contestable Markets Theory

Wie schon zuvor beschrieben, wird in der Contestable Markets Theory der Grad der Annäherung an den „idealen Markt" betrachtet. Es kann festgestellt werden, dass der Postsektor im Bereich der reservierten Postdienstleistungen derzeit nicht für Wettbewerb angreifbar ist. Die übrigen Bereiche scheinen einen hohen Grad der Annäherung an den „idealen Markt" aufzuweisen, da die Kriterien der Contestable Markets Theory mit Ausnahme des „freien Markteintritts" (Zutrittsbarrieren im Bereich HBFA) hier durchwegs als erfüllt gelten.

5.2.5. Identifizierung des monopolistischen Bottlenecks

Wie in den anderen Netzindustrien müssen auch die Wertschöpfungsstufen der Postdienstleistungen in ihren Teilbereichen betrachtet werden, um festzustellen, in welchen Bereichen Marktmacht und somit ineffizienter Wettbewerb besteht.

Kostenvorteile durch Bündelungsvorteile (economies of scope) lassen sich in allen Produktionsstufen des Briefmarktes erzielen. So können etwa in den Bereichen Einsammlung und Zustellung dieselben Gebäude zur Bearbeitung der Sendungen oder Sortierkapazitäten gemeinsam in der Eingangs- sowie Ausgangsverteilung genutzt werden.[146]

Es sind keine wesentlichen irreversiblen Kosten – wie in Kapitel 5.2.4.2 ausgeführt – in den fünf Wertschöpfungsstufen des Postsektors erkennbar.

---

[146] Vgl. Berger/Knauth (1996), S. 269 f.

	Economies of Scope	Irreversible Kosten
Einsammlung	vorhanden	nicht vorhanden
Ausgangssortierung	vorhanden	nicht vorhanden
Transport	vorhanden	nicht vorhanden
Eingangssortierung	vorhanden	nicht vorhanden
Zustellung	vorhanden	nicht vorhanden

Tabelle 4: Lokalisierung des monopolistischen Bottlenecks im Postsektor

Da ein monopolistisches Bottleneck nur in den Teilbereichen zu erwarten ist, die nicht nur durch Bündelungsvorteile, sondern gleichzeitig auch durch irreversible Kosten gekennzeichnet sind,[147] lässt sich ein solches auf den ersten Blick in Tabelle 4 nicht identifizieren. Zu diesem Schluss kommen auch *Berger et al.*,[148] die argumentieren, dass irreversible Kosten in der Wertschöpfungskette der Post in nur unerheblichem Umfang bestehen. *Vaterlaus et al.*[149] konstatieren das Nichtvorhandensein eines monopolistischen Bottlenecks in der Post-Infrastruktur, da auch alternative Anbieter ohne Probleme mit eigenen Netzstrukturen in den Postmarkt eintreten können.

Der Postmarkt kann in dieser Betrachtung sehr gut mit dem Verpackungsentsorgungsmarkt verglichen werden, da es weitgehende Parallelen in der Art des Netzes und der Beurteilung der irreversiblen Kosten in den einzelnen Wertschöpfungsstufen gibt. Die Abwesenheit eines monopolistischen Bottlenecks würde dazu führen, dass der Postmarkt im Grunde ohne unterstützende Regulierungsmaßnahmen vollständig für den Wettbewerb geöffnet werden kann.[150]

Es ist allerdings unwahrscheinlich, dass neben den bereits bestehenden HBFA eine zweite oder dritte Anlage durch Mitbewerber errichtet wird. Gründe dafür können Platzmangel, Zustimmung der Hauseigentümer oder das habituelle Verhalten der Empfänger sein. So betonen auch *Kruse et al.*,[151] dass „*die Empfänger in der Regel nicht bereit sind, täglich zwei oder mehrere räumlich auseinanderliegende Postfachanlagen aufzusuchen, um ihre Sendungen abzuholen*". Das Bestehen eines monopolistischen Bottlenecks wird auch aufgrund subadditiver Kostenstrukturen konstatiert.[152] Das deutsche Bundeskartellamt kommt in der Studie bezüglich des „Zugangs zu

Monopolistisches Bottleneck im Bereich Zustellung

---
[147] Vgl. Knieps/Brunekreeft (2003), S. 13.
[148] Vgl. Berger/Knauth (1996), S. 22.
[149] Vgl. Vaterlaus/Worm/Wild/Telser (2003), S. 23 f.
[150] Vgl. Vaterlaus/Worm/Wild/Telser (2003), S. 43.
[151] Vgl. Kruse/Liebe (2005), S. 42.
[152] Vgl. Kruse/Liebe (2005), S. 48.

Netzen und anderen wesentlichen Einrichtungen als Bestandteil der kartellrechtlichen Missbrauchsaufsicht" ebenso zum Schluss, dass Postfachanlagen (P.O. Boxen) ein echtes Bottleneck darstellen.[153] Die Schlussfolgerung ist daher naheliegend, dass der Bereich der Zustellung dennoch ein monopolistisches Bottleneck darstellt.[154]

„Im Sinne der Regulierungstheorie wird grundsätzlich nur jener Bereich einer Regulierung unterzogen, in dem beträchtliche Marktmacht vorliegt und daher ein monopolistisches Bottleneck gegeben ist. Im Postsektor ist dies in der Praxis etwas anders; hier wird vor allem der Universaldienstbetreiber besonders kontrolliert."[155]

5.2.6. Regulierungsschwerpunkte

„Die Regulierung im Bereich des Postsektors stellt sich als eine Regulierung ‚sui generis' dar. Anders als etwa im Bereich der Telekommunikation oder der Energie, wo Netzzugang und Access Pricing fundamentale Regulierungsthemen sind, ist der klassische Regulierungsschwerpunkt im Postbereich der Universaldienst."[156]

5.2.6.1. Wettbewerb

5.2.6.1.1. Netzzugang

Anders als im Telekommunikationssektor gibt es keine gemeinschaftsrechtlichen Normen zum offenen Netzzugang im Postsektor, die in einer EU-Richtlinie festgehalten sind.

Haupthindernis für einen offenen und effizienten Zugang zur österreichischen Postinfrastruktur war bzw. ist noch immer, wie bereits in Kapitel 5.2.3.1 ausgeführt, das Fehlen von verbindlichen Vorschriften über die Gestaltung und Ausstattung von HBFA.[157] Es war somit nicht gewährleistet, dass Zusteller aller Betreiber von Postdienstleistungen Zugang zu den Hausbrieffachanlagen hatten. Dadurch war es der ÖPAG möglich, direkte und ausschließliche Kontrolle über den Zugang zu einem Großteil der Endkunden zu behalten. Die Beseitigung dieses Hindernisses erfolgte durch die Postgesetznovelle 2003.[158] Die Beschaffenheit der HBFA muss gemäß § 14 (3) PostG so sein, dass die Abgabe von Postsendungen durch einen *„ausreichend großen Einwurfschlitz ohne Schwierigkeiten ge-*

---

[153] Vgl. Bundeskartellamt (1997), S. 23.
[154] Vgl. Bundeskartellamt (1997), S. 23.
[155] Interview mit MR Dr. Alfred Stratil.
[156] Interview mit MR Dr. Alfred Stratil.
[157] Vgl. Stratil (2007), § 14.
[158] Vgl. Stratil (2007), § 14.

währleistet" ist sowie unbefugte Personen keinen Zugriff zu den Sendungen haben. Laut Brieffachanlagenverordnung (BGBl. II Nr. 77/2004) erfüllen Anlagen, die der ÖNORM EN 13724 entsprechen, jedenfalls dieses Kriterium. Gemäß § 14 (5) PostG mussten bestehende HBFA – sofern nicht auf andere Weise der Zugang für alle Anbieter von Postdiensten sichergestellt ist – bis 01.07.2006 den neuen Anforderungen entsprechen. Kurz vor Ende dieser Frist hob der Verfassungsgerichtshof jedoch diese Änderung als verfassungswidrig wieder auf – somit sind bis dato ca. 1 Mio. HBFA noch nicht umgerüstet. Daher ist in Österreich nicht flächendeckend gewährleistet, dass alle Anbieter diskriminierungsfreien Zugang zur Infrastruktur erhalten. Dazu gehört auch der für alternative Betreiber derzeit nicht mögliche Zugang zu den sogenannten Landabgabekästen (österreichweit ca. 12.500).

„Was den Regulierungsschwerpunkt ‚Netzzugang' betrifft, so ist es bis dato nicht gelungen, eine politische Regelung hinsichtlich der Umrüstung der Hausbrieffachanlagen herbeizuführen."[159]

Mit der vollständigen Marktöffnung des Postsektors besteht die Notwendigkeit, faire und transparente Zugangsregeln zu den HBFA für die Erbringung von Postdiensten festzulegen. Die geplante Regelung sieht eine Finanzierung der Umrüstung der HBFA von allen konzessionierten Betreibern (über fünf Jahre gestreckte, verhältnismäßige Aufteilung) vor. Der Universaldienstbetreiber muss ein Austauschkonzept für die Umrüstung vorlegen, das einen Plan für die schrittweise vollständige Umrüstung bis 31.12.2012 enthält.[160] Er ist in der Folge für die Durchführung der Umrüstung sowie die Vorfinanzierung verantwortlich.[161] Die Ausgestaltung der HBFA ist nicht im Detail festgelegt, eine Orientierungshilfe stellt nach wie vor die ÖNORM EN 13724 dar.[162]

Da die HBFA das monopolistische Bottleneck im Postsektor darstellen, wird dieses partiell bis zur vollständigen Umrüstung bis 31.12.2012 weiterbestehen. Dies beschränkt den freien Wettbewerb und ist somit richtlinienwidrig. Erklärt wird die Festlegung der Frist einerseits mit der Vermeidung einer übermäßigen wirtschaftlichen Belastung des Universaldienstbetreibers aufgrund der Vorfinanzierung und Ausführung der Umrüstung, andererseits mit der Berücksichtigung von Belastungen aus der konjunkturellen Entwicklung.[163]

---

[159] Interview mit MR Dr. Alfred Stratil.
[160] 319 der Beilagen zu den Stenographischen Protokollen des Nationalrates XXIV. GP, Regierungsvorlage (2009), § 34 (8).
[161] 319 der Beilagen XXIV. GP – Regierungsvorlage – Materialien (2009), S. 1.
[162] 319 der Beilagen XXIV. GP – Regierungsvorlage – Materialien (2009), S. 12.
[163] 319 der Beilagen XXIV. GP – Regierungsvorlage – Materialien (2009), S. 12.

5.2.6.1.2. Vermeidung von Quersubventionierung

Bis Ende 1992 – als die Post (Österreichische Post- und Telegraphenverwaltung) in Form der Sektion III dem Verkehrsministerium zugeordnet war – kontrollierte sich die PTV als innerhalb des kameralistischen Systems agierender Betrieb selbst. Sie musste in dieser Rolle auf Marktgegebenheiten keine Rücksicht nehmen. So lassen sich etwa im Bereich der Quersubventionierung Beispiele dafür finden, dass besonders auffällig verlustbringende Postdienste mittels Telekommunikationseinnahmen gestützt wurden.[164]

Die Richtlinie 2002/39/EG[165] (2. Postrichtlinie) sah vor, dass die Quersubventionierung von Universaldiensten, die nicht in den reservierten Bereich fallen, mit Einnahmen aus Diensten im reservierten Bereich nicht zulässig ist. Ausgenommen davon sind Fälle, in denen dies unverzichtbar ist, um spezifische Universaldienstverpflichtungen zu erfüllen. Da die Richtlinie 2008/6/EG[166] (3. Postrichtlinie) keine reservierten Dienste mehr enthielt, entfiel diese Bestimmung.

In Österreich ist der ÖPAG als Abgeltung für die Verpflichtung des Universaldienstes der reservierte Postdienst übertragen. Dies ist in § 6 (4) PostG geregelt: *„Der reservierte Postdienst hat das dauerhafte Erbringen des bundesweiten Universaldienstes sicherzustellen."* Somit ist nach der derzeitigen Gesetzeslage Quersubventionierung des reservierten Bereiches mit dem Universaldienst erlaubt. Ein Quersubventionierungsverbot in anderen Bereichen lässt sich aus der Kostenorientierung der Preise ableiten.[167]

Zur Verhinderung unerlaubter Quersubventionierung müssen überdies gemäß § 10 (4) PostG getrennte Konten zumindest für jeden Dienst des reservierten Bereichs sowie für die nicht reservierten Dienste geführt werden. Im Bereich nicht reservierte Dienste ist weiters eine eindeutige Unterscheidung zwischen Universaldienstleistungen und anderen Diensten vorzunehmen.

Der reservierte Monopolbereich fällt, wie bereits erwähnt, mit der vollständigen Marktöffnung weg. Um Quersubventionierung zu verhindern, muss der Universaldienstbetreiber weiterhin in den internen Kostenrechnungssystemen *„getrennte Konten für zum Universaldienst gehörende Dienste einerseits und für die nicht zum Universaldienst gehörenden Dienste andererseits führen".*[168]

---

[164] http://www2.argedaten.at/php/cms_monitor.php?q=PUB-TEXT-ARGEDATEN &s=DIR2104, (09.07.2009).
[165] Vgl. Richtlinie 2002/39/EG, Artikel 12.
[166] Vgl. Richtlinie 2008/6/EG, Artikel 12.
[167] Vgl. Post-Kostenrechnungsverordnung (2000), § 3.
[168] 319 der Beilagen zu den Stenographischen Protokollen des Nationalrates XXIV. GP, Regierungsvorlage (2009), § 23 (1).

5.2.6.1.3. Access Pricing

Access Pricing im Sinn von Entgelten, um Zugang zur Mitbenutzung einer bestimmten Netzinfrastruktur zu erhalten, existiert im Postsektor nicht. Der Zugang zu der Infrastruktur der HBFA ist in Österreich kostenfrei.[169] Außerdem besitzt der Postsektor – wie bereits erwähnt – eine Sonderstellung unter den Netzindustrien, da alternative Anbieter mit eigenen Netzstrukturen in den Markt eintreten können.[170]

5.2.6.2. Universaldienst

„Im Rahmen des Universaldienstes ist vom Betreiber zu gewährleisten, dass den Nutzern ständig Postdienstleistungen flächendeckend zu allgemein erschwinglichen Preisen und in einer solchen Qualität angeboten werden, dass den Bedürfnissen der Nutzer durch eine entsprechende Dichte an Abhol- und Zugangspunkten sowie durch die Abhol- und Zustellfrequenz entsprochen wird."[171]

Der Universaldienst umfasst derzeit folgende Leistungen:

- Abholung, Sortieren, Transport und Zustellung von Postsendungen bis 2 kg;
- Abholung, Sortieren, Transport und Zustellung von Postpaketen bis 20 kg;
- Dienste für Einschreib- und Wertsendungen.[172]

Umfang des Universaldienstes

Ab Inkrafttreten des Postmarktgesetzes ändert sich die Leistung von Abholung, Sortierung, Transport und Zustellung von Postpaketen auf die Gewichtsgrenze von 10 kg.[173]

Darüber hinaus ist aber als grundsätzliche Änderung vorgesehen, dass der Universaldienst nur mehr jene Dienstleistungen erfasst, *„bei denen die zu Grunde liegenden Verträge über die zu erbringenden Postdienste durch Aufgabe in Postbriefkästen oder durch Übergabe der Postsendungen an einem anderen Zugangspunkt [Postamt und dergleichen] abgeschlossen werden"*.[174] Demzufolge fallen alle Sendungen, die etwa durch Einlieferungen in Verteilzentren zur Aufgabe gebracht werden, wie der Versand einer großen Anzahl an Rechnungen, Kontoauszügen und dergleichen, in Zukunft nicht mehr unter

---

[169] Die in der Regierungsvorlage des PMG in § 34 (9) geregelte Abgeltung der Kosten der HBFA ist im weitesten Sinne als einmalige Zugangsgebühr zu verstehen.
[170] Vgl. Vaterlaus/Worm/Wild/Telser (2003), S. XXV.
[171] Vgl. Stratil (2007), § 6.
[172] Vgl. Stratil (2007), § 4.
[173] 319 der Beilagen zu den Stenographischen Protokollen des Nationalrates XXIV. GP, Regierungsvorlage (2009), § 6 (2).
[174] 319 der Beilagen zu den Stenographischen Protokollen des Nationalrates XXIV. GP, Regierungsvorlage (2009), § 6 (3).

den Universaldienst. Zeitungen und Zeitschriften fallen aufgrund einer ausdrücklichen gesetzlichen Anordnung hingegen jedenfalls darunter.[175]

Erbringen des Universaldienstes durch ÖPAG

Wie bereits erwähnt, hat die Österreichische Post AG den Universaldienst zu erbringen. Falls dies nicht ordnungsgemäß abläuft, besteht die Möglichkeit, diese Dienstleistung zur Gänze einem anderen Betreiber zu übertragen.[176] Über Antrag können darüber hinaus Betreiber zur Erbringung von Universaldienstleistungen mit Bescheid berechtigt werden. Aufgrund der Tatsache, dass die Erbringung des Universaldienstes vielmehr eine Verpflichtung als ein Recht darstellt, wurde jedoch bis dato weder ein Antrag gemäß § 5 (3) PostG eingebracht noch der reservierte Bereich auf andere Betreiber übertragen.[177] Die ÖPAG wird vorerst auch weiterhin als Universaldienstbetreiber fungieren. Fünf Jahre nach Inkrafttreten des Postmarktgesetzes ist durch die Regulierungsbehörde zu überprüfen, ob auch andere Betreiber für die Erbringung dieses Dienstes oder einzelner Teile in Frage kommen. Sollte dies der Fall sein, so wird der Universaldienst öffentlich ausgeschrieben.[178]

Finanzierung des Universaldienstes

Die flächendeckende Grundversorgung wird derzeit durch die Einnahmen des reservierten Bereiches sichergestellt.[179] Dieser ist als profitabler Bereich vom Wettbewerb ausgeschlossen und finanziert somit mithilfe von Quersubventionierung andere (defizitäre) Bereiche.

Die Frage, ob ein Universaldienst auch bei vollkommener Marktöffnung ohne reservierte Bereiche finanziert werden kann, muss das „Cherry-picking-Problem" miteinbeziehen. Es ist zu verhindern, dass Marktneulinge lukrative Teilbereiche bedienen, während der traditionelle Universaldienstleister die verlustbringenden Teilbereiche erfüllen muss. So könnte hier dem Incumbent ein Wettbewerbsnachteil erwachsen. Auch in der letzten EU-Richtlinie wird die Wichtigkeit der Gewährleistung des Universaldienstes trotz vollständiger Marktöffnung betont, wobei ein oder mehrere Unternehmen vom Mitgliedsstaat als Universaldienstleister bestimmt werden können, um das gesamte Gebiet abzudecken.[180] Änderungen betreffen jedoch die Finanzierung des Universaldienstes, die bislang durch ein Monopol er-

---

[175] 319 der Beilagen zu den Stenographischen Protokollen des Nationalrates XXIV. GP, Regierungsvorlage (2009), § 6 (3).
[176] Vgl. Stratil (2007), § 5 (2).
[177] Vgl. Stratil (2007), S. 15.
[178] 319 der Beilagen zu den Stenographischen Protokollen des Nationalrates XXIV. GP, Regierungsvorlage (2009), § 12 (1).
[179] Vgl. Stratil (2007), § 6 (4).
[180] Vgl. Richtlinie 2008/6/EG, Artikel 3 f.

folgte. Aufgrund der Feststellung der Prospektivstudie[181], dass die Finanzierung des Universaldienstes nicht mehr durch den reservierten Bereich gewährleistet werden sollte, werden in der Richtlinie Finanzierungsmechanismen wie öffentliche Ausschreibung, öffentliche Ausgleichsleistungen und die Einrichtung eines Ausgleichsfonds („Universaldienstfonds") erwähnt.[182] Die Anpassung an die veränderten Marktbedingungen erfolgt in Österreich durch einen finanziellen Ausgleich über einen Ausgleichsfonds. Dies ist jedoch nur unter bestimmten Voraussetzungen möglich. Der Universaldienstbetreiber muss beispielsweise nachweisen, dass seine Nettokosten[183] eine unverhältnismäßige Belastung darstellen (dies ist der Fall, wenn die Nettokosten 2 % der Gesamtkosten übersteigen), sowie einen Antrag auf Ausgleich innerhalb eines Jahres stellen.[184]

„Während im Telekommunikationssektor der Regulierungsschwerpunkt ‚Universaldienst' nicht so essentiell ist, ist er im Postbereich ein ‚öffentliches Thema'. Deshalb wurde etwa auch der Universaldienst bei den Verhandlungen um das neue Postmarktgesetz sehr intensiv diskutiert."[185]

5.2.6.2.1. Qualitätsregulierung

Im Postgesetz[186] wird geregelt, dass für die Sicherstellung der Qualität für den reservierten Postdienst sowie den Universaldienst die Möglichkeit besteht, Qualitätsnormen (v.a. Laufzeit, Regelmäßigkeit, Zuverlässigkeit der Dienstleistungen) mit Verordnung festzulegen. Weiters hat die Oberste Postbehörde unabhängige Überprüfungen der Einhaltung der Qualitätsnormen zu veranlassen. Die Ergebnisse dieser Überprüfung werden in der Folge auf der Website des Bundesministeriums für Verkehr, Innovation und Technologie veröffentlicht.[187]

---

[181] Die Prospektivstudie der Kommission über die Auswirkungen der Vollendung des Postbinnenmarktes im Jahr 2009 auf den Universaldienst vom 18.10.2006 beschäftigt sich – wie bereits der Name besagt – mit den Auswirkungen der vollständigen Marktöffnung auf den Postuniversaldienst und der postalischen Grundversorgung der EU-Mitgliedsstaaten. Die Studie analysierte die Umsetzbarkeit der Liberalisierung und den geeigneten Zeitpunkt für die endgültige Marktöffnung.
[182] Vgl. Richtlinie 2008/6/EG, Darstellung der Gründe (13), (26).
[183] Es gelten eigene Regeln zur Berechnung der Nettokosten des Universaldienstes (319 der Beilagen zu den Stenographischen Protokollen des Nationalrates XXIV. GP, Regierungsvorlage [2009], § 15).
[184] 319 der Beilagen zu den Stenographischen Protokollen des Nationalrates XXIV. GP, Regierungsvorlage (2009), § 13.
[185] Interview mit MR Dr. Alfred Stratil.
[186] Vgl. Stratil (2007), § 12.
[187] http://www.bmvit.gv.at/telekommunikation/post/information/brieflaufzeiten.html (15.07.2009).

Genaue Bestimmungen zur Qualität des Universaldienstes sind in Österreich derzeit in der Post-Universaldienstverordnung festgelegt. So muss die Zustellung etwa an der genauen Wohn- bzw. Geschäftsadresse erfolgen, wenn es keine andere Vereinbarung gibt.[188] Die Post hat täglich von Montag bis Freitag zugestellt zu werden. Die Qualität der Zustellung wird weiter durch die Laufzeit gemessen – so müssen Briefsendungen, die von Montag bis Freitag bis zur Schlusszeit dem Universaldiensterbringer übergeben werden, in 95 % bzw. 98 % der Fälle im Jahresdurchschnitt bis zum ersten (E+1) bzw. zweiten (E+2) auf den Einlieferungstag folgenden Werktag (außer Samstag) zugestellt werden. Die restlichen Briefsendungen müssen innerhalb von vier Werktagen ab Einlieferung beim Empfänger ankommen.[189] Ähnliche Qualitätsnormen in Bezug auf die Zustellung gelten für den Paketdienst.[190]

„Die Qualitätsregelung des E+1 ist für mich ein Fetisch, den wir hochhalten. In Wahrheit gibt es kaum Briefe, die so zeitsensibel sind. Eine Ausnahme davon sind insbesondere Traueranzeigen."[191]

Die Post-Universaldienstverordnung wird mit Ablauf des 31.12.2010 außer Kraft treten. Die entsprechenden Bestimmungen sind in Zukunft im Postmarktgesetz verankert, wie insbesondere die Bestimmungen zur Zustellqualität.[192]

5.2.6.2.2. Preisregulierung

Die Entgelte für den reservierten Bereich und den Universaldienst sind auf alle Nutzer in gleicher Weise anzuwenden. Der Grundsatz der Nichtdiskriminierung wird betont.[193] Eine Auflage bezüglich der Entgelte im reservierten Bereich sowie Universaldienst besteht darin, sie *„jedenfalls einheitlich, allgemein erschwinglich und kostenorientiert"* zu halten. Die restliche Tarifentwicklung funktioniert nach kaufmännischen Grundsätzen.[194]

Die Entgelte für den reservierten Postdienst sind in den Geschäftsbedingungen zu regeln. Sie bedürfen ebenso wie die Geschäftsbedingungen einer behördlichen Genehmigung. Die Genehmigung kann durch das Preisregulierungsverfahren in Form einer Price-Cap-Regulierung erfolgen.[195]

---

[188] Vgl. Post-Universaldienstverordnung (2002), § 6.
[189] Vgl. Post-Universaldienstverordnung (2002), § 8.
[190] Vgl. Post-Universaldienstverordnung (2002), § 9.
[191] Interview mit MR Dr. Alfred Stratil.
[192] 319 der Beilagen zu den Stenographischen Protokollen des Nationalrates XXIV. GP, Regierungsvorlage (2009), §§ 10 f.
[193] Vgl. Stratil (2007), § 10 (2).
[194] Vgl. Stratil (2007), S. 25.
[195] Vgl. Stratil (2007), § 10 (1).

Im Bereich nicht genehmigungspflichtiger Entgelte erfolgt eine Ex-post-Kontrolle. Eine Überprüfung wird eingeleitet, wenn die Annahme gerechtfertigt ist, dass nicht genehmigungspflichtige Entgelte eines Universaldienstbetreibers nicht den Maßstäben des § 10 PostG entsprechen (z.B. Grundsatz der Nichtdiskriminierung). Mit dieser Bestimmung erfolgte auch in Österreich ein Übergang der Ex-ante-Regulierung in Form einer Anzeigepflicht und Untersagungsmöglichkeit durch die Behörde auf das flexiblere System der Ex-post-Kontrolle.[196]

Entgelte für den Universaldienst haben auch ab 01.01.2011 allgemein erschwinglich, kostenorientiert, transparent und nichtdiskriminierend zu sein.[197] Die Festlegung der Entgelte erfolgt wie bisher in den zu veröffentlichenden Allgemeinen Geschäftsbedingungen.[198] Die Regulierungsbehörde kann in Zukunft unter bestimmten Voraussetzungen die Überprüfung der Entgelte einleiten. Sollte eine etwaige Anpassung an die geforderten Maßstäbe durch den Universaldienstbetreiber nicht erfolgen, so hat die Behörde die Möglichkeit, die Entgelte für unwirksam zu erklären.[199]

5.2.7. Regulierungsbehörde

Aufgrund der europarechtlichen Rahmenbedingungen wurden in Österreich Regulierungsbehörden mit der Aufgabe der Wahrung des freien Wettbewerbs auf dem nationalen Markt installiert. So forderte bereits die Richtlinie 97/67/EG in Artikel 22 die Einrichtung einer oder mehrerer nationaler Regulierungsbehörden für den Postsektor, „*die von den Postbetreibern rechtlich getrennt und betrieblich unabhängig ist/sind*".

Bis zum 31.12.2007 fungierte laut § 25 (2) PostG der Bundesminister für Verkehr, Innovation und Technologie als Regulierungsbehörde im Sinne der Richtlinie des Europäischen Parlaments und des Rates über gemeinsame Vorschriften für die Entwicklung des Binnenmarktes der Postdienste der Gemeinschaft und die Verbesserung der Dienstequalität und im Sinne des österreichischen Postgesetzes.

Mit 01.01.2008 wurden aufgrund der Postgesetznovelle 2005 neue Regulierungsbehörden eingerichtet, da sich in der Vollziehungspraxis

---

[196] Vgl. Stratil (2007), S. 26.
[197] 319 der Beilagen zu den Stenographischen Protokollen des Nationalrates XXIV. GP, Regierungsvorlage (2009), § 21 (1).
[198] 319 der Beilagen zu den Stenographischen Protokollen des Nationalrates XXIV. GP, Regierungsvorlage (2009), § 31 (1).
[199] 319 der Beilagen zu den Stenographischen Protokollen des Nationalrates XXIV. GP, Regierungsvorlage (2009), § 21.

der EU-Richtlinie zeigte, dass unter der geforderten Unabhängigkeit eine von politischem Einfluss weisungsfreie Behörde verstanden wurde.[200] Die TKKP ist seitdem gemeinsam mit der Rundfunk und Telekom Regulierungs-GmbH (RTR-GmbH) als Regulierungsbehörde eingesetzt.[201] Mit der neuen Bestimmung erfolgte die Normierung des öffentlichen und sachlichen Zuständigkeitsbereiches. Die folgenden Ausführungen haben jedoch nur bis zum Inkrafttreten des Postmarktgesetzes am 01.01.2011 Gültigkeit.[202]

Der Bundesminister für Verkehr, Innovation und Technologie fungiert nach wie vor als Oberste Postbehörde, deren Agenden von der Sektion III des Bundesministeriums für Verkehr, Innovation und Technologie wahrgenommen werden. Das ihm unterstehende Postbüro ist eine Postbehörde erster Instanz.[203]

5.2.7.1. Aufbauorganisation

Die Postregulierung wurde per 01.01.2008 bei der Telekom-Control-Kommission angesiedelt, die in Kapitel 5.1.7.1 ausführlich beschrieben ist. In der TKK wurde ein Postsenat gebildet, welcher sich mit Postangelegenheiten beschäftigt. Die RTR-GmbH fungiert auch in Postangelegenheiten als Geschäftsapparat der TKKP und unterstützt diese somit bei der Erfüllung ihrer Aufgaben. Mit Inkrafttreten des Postmarktgesetzes wird die Bezeichnung „Postsenat" in „Post-Control-Kommission" geändert.[204]

Zur Erfüllung der Aufgaben sind drei Haupt- und drei Ersatzmitglieder in der TKKP tätig. Ein Mitglied muss Kenntnisse im Postwesen aufweisen. Die Zusammensetzung der zukünftigen Post-Control-Kommission wird sich von der des derzeitigen Postsenats nicht unterscheiden.[205]

Die RTR-GmbH ist derzeit in die zwei Fachbereiche „Rundfunk" und „Telekom" unterteilt, wobei Postregulierungsagenden dem Fachbereich „Telekom" zugeordnet sind. Diese Zuordnung verändert sich auch mit Inkrafttreten des PMG nicht.

„Die Postregulierungsbehörde war von 1998 bis 2008 mit zwei Mitarbeitern besetzt. Derzeit beschäftigt sie rund vier Mitarbeiter und drei Mitglieder des Postsenats. Die zukünftige Behördenstruktur wird

---

[200] Vgl. Stratil (2007), S. 42.
[201] Vgl. Stratil (2007), § 25a (1).
[202] Vgl. Stratil (2007), S. 42.
[203] Vgl. Stratil (2007), § 25 (1).
[204] 319 der Beilagen zu den Stenographischen Protokollen des Nationalrates XXIV. GP, Regierungsvorlage (2009), § 39 (1).
[205] 319 der Beilagen zu den Stenographischen Protokollen des Nationalrates XXIV. GP, § 41.

zweifellos größer sein müssen, wenn alle Bestimmungen des Postmarktgesetzes umgesetzt werden"[206]

Laut § 25a (6) PostG trägt bis 01.01.2011 der Bund die Kosten der Regulierungsbehörde. Aufgaben und Mittel aus dem Postbereich sind von der RTR-GmbH in einem gesonderten Rechnungskreis oder kostenmäßig getrennt zu führen und auszuweisen. Ab 01.01.2011 tritt eine Finanzierungsregelung analog zu jener der Telekomregulierungsbehörde (§ 10b KOG) in Kraft.[207]

5.2.7.2. Ablauforganisation

Die Rahmenbedingungen für den Postmarkt gestaltet der Bundesminister für Verkehr, Innovation und Technologie. So liefert er auch grundsätzliche Vorgaben für die Tätigkeit der Regulierungsbehörde. Die Oberste Postbehörde erarbeitet überdies Planungsgrundlagen für die Post- und Telekommunikationspolitik, koordiniert die Mitarbeit Österreichs in internationalen Organisationen wie UPU, CERP (Comité Européen de Réglementation Postale) und hat die Dienstaufsicht über das Postbüro über.[208]

Europäische sowie internationale Vorgaben bedingen eine enge Zusammenarbeit der Postregulierung auf nationaler und europäischer Ebene. Um eine effiziente Postpolitik zu schaffen, wird somit einerseits mit der EU-Kommission, die für die Vorbereitung und Umsetzung der Richtlinien sowie die Liberalisierung zuständig ist, kollaboriert, andererseits auch mit Regulierungsbehörden auf internationaler Ebene oder europäischen Institutionen wie etwa der CERP, die den europäischen Ausschuss für Regulierungsfragen im Postsektor begründet.

5.2.7.2.1. Aufgaben der Regulierungsbehörde

„Die wichtigste Regulierungstätigkeit der Postregulierungsbehörde ist es, das Funktionieren des Universaldienstes und die flächendeckende Versorgung mit Postgeschäftsstellen zu gewährleisten."[209]

Die TKKP ist für die Genehmigung von Allgemeinen Geschäftsbedingungen und Entgelten für den reservierten Postdienst und Universaldienst sowie die Überprüfung nicht genehmigungspflichtiger Entgelte des Universaldienstbetreibers zuständig. Im Rahmen der Aufsichtsmaßnahmen obliegt der TKKP die Überwachung der Durch-

---

[206] Interview mit MR Dr. Alfred Stratil.
[207] 319 der Beilagen XXIV. GP- Regierungsvorlage – Materialien (2009), S. 1.
[208] Vgl. http://www.bmvit.gv.at/telekommunikation/organisation/downloads/sIIIv20071027.pdf (12.07.2009).
[209] Interview mit MR Dr. Alfred Stratil.

setzung der Rahmenbedingungen bzw. der Bestimmungen des Postgesetzes sowie der relevanten Verordnungen. Ab 01.01.2011 ist die Post-Control-Kommission für Maßnahmen hinsichtlich des Universaldienstbetreibers (z.b. Überprüfung des Universaldienstbetreibers alle fünf Jahre, öffentliche Ausschreibung des Universaldienstes, Aufsichtsmaßnahmen) und die Festsetzung der Beiträge zur Finanzierung des Ausgleichsfonds zuständig. Weiters kann die Post-Control-Kommission Auskünfte zu den AGB des Universaldienstbetreibers verlangen sowie diesen widersprechen. Die Entgelte für den Universaldienst können unter gewissen Voraussetzungen überprüft werden. Der Post-Control-Kommission obliegen in Zukunft ebenso die Erteilung, Übertragung, Änderung oder der Widerruf von Konzessionen für die Erbringung von bestimmten Postdiensten sowie Aufsichtsmaßnahmen.[210]

Die RTR-GmbH fungiert im Bereich der Postangelegenheiten als Geschäftsstelle der TKKP – hierbei obliegt die Geschäftsführung der TKKP der RTR-GmbH, überdies unterstützt die RTR-GmbH die TKKP bei der Erfüllung ihrer Aufgabe.[211] Eine genaue Beschreibung der Zuständigkeiten findet sich in § 25a (3) PostG, in dem ausgeführt wird, dass sämtliche Aufgaben wahrzunehmen sind, *„die im Postgesetz und in den aufgrund dieses Gesetzes erlassenen Verordnungen der Regulierungsbehörde übertragen sind, sofern hiefür nicht die Telekom-Control-Kommission zuständig ist"*. So ist die RTR-GmbH etwa im Bereich der Streitbeilegung und der Endkundenstreitschlichtung tätig. Außerdem ist sie für die Veröffentlichung der Liste der angezeigten Postdienste gemäß § 15 PostG verantwortlich. Die beabsichtigte Erbringung, Änderung oder Einstellung eines Postdienstes ist hier der Regulierungsbehörde anzuzeigen.

Die Aufgaben der RTR-GmbH ab dem Datum der vollständigen Liberalisierung entsprechen auch derzeit geltendem Recht.[212] Zur Beratung der Regulierungsbehörde in Fragen der flächendeckenden Versorgung mit Post-Geschäftsstellen wird bei der RTR-GmbH ein neuer Beirat gebildet, der sogenannte Post-Geschäftsstellen-Beirat. Der Beirat besteht aus je einem Vertreter des Gemeinderates, des Städtebundes und der Verbindungsstelle der Bundesländer. Er gibt Stellungnahmen an die Post-Control-Kommission ab, die aber keine bindende Wirkung haben.

---

[210] 319 der Beilagen zu den Stenographischen Protokollen des Nationalrates XXIV. GP, Regierungsvorlage (2009), § 40.
[211] Vgl. Stratil (2007), § 25a (3).
[212] 319 der Beilagen zu den Stenographischen Protokollen des Nationalrates XXIV. GP, Regierungsvorlage (2009), § 38.

Darüber hinaus ist auch vorgesehen, dass Länder, Gemeinden sowie gesetzliche Interessenvertretungen Beschwerden betreffend Mängel bei der Erbringung des Universaldienstes an die Regulierungsbehörde herantragen können.

5.2.7.2.2. Instanzenzug

Die Verfahrensvorschriften des Telekommunikationsgesetzes (insbesondere § 121 (5) TKG 2003) kommen auch im Postmarkt für Verfahren der RTR-GmbH und TKKP zur Anwendung (sofern keine andere Bestimmung erlassen ist).[213] Die Verfahrensvorschriften werden mit Inkrafttreten des Postmarktgesetzes geändert – ab 01.01.2011 wird das AVG angewendet.[214] Die Anfechtung von Entscheidungen der Post-Control-Kommission erfolgt ebenso wie bei der TKK beim Verwaltungsgerichtshof.[215]

5.2.8. Zusammenfassung

Einleitend wurde die Struktur des Postmarktes vorgestellt – einerseits die Aufteilung der drei Bereiche „Reservierte Postdienste", „Universaldienst" sowie „Wettbewerbsdienste", andererseits erfolgte die Erklärung der einzelnen Wertschöpfungsstufen, die in allen drei Bereichen anwendbar ist.

Darüber hinaus wurde ein Einblick in die Geschichte des Postwesens und in die schrittweise Marktöffnung gegeben. Es wurde der rechtliche Rahmen dargestellt, welcher die Grundlage für die Postpolitik in der Europäischen Union bildet.

Danach erfolgte eine Untersuchung auf Regulierungswürdigkeit des Postmarktes mittels des Drei-Kriterien-Tests der Europäischen Kommission und der Theorie der angreifbaren Märkte. Die Regulierungswürdigkeit aufgrund des Drei-Kriterien-Tests war zum Zeitpunkt der Analyse nicht gegeben, da Kriterium 2 „Tendenz zu wirksamem Wettbewerb" unter der Prämisse der vollständigen Marktöffnung als nicht erfüllt betrachtet werden konnte. Der Test anhand der Contestable Markets Theory bestätigte die Regulierungswürdigkeit des Postmarktes im Teilbereich „Reservierte Postdienste" und der Wertschöpfungsstufe „Zustellung". Alle übrigen Wertschöpfungsstufen weisen einen hohen Grad der Annäherung an den „idealen

---

[213] Vgl. Stratil (2007), § 25a (4).
[214] 319 der Beilagen zu den Stenographischen Protokollen des Nationalrates XXIV. GP, Regierungsvorlage (2009), § 44 (1).
[215] 319 der Beilagen zu den Stenographischen Protokollen des Nationalrates XXIV. GP, Regierungsvorlage (2009), § 44 (3).

Markt" auf. Mit Wegfall der reservierten Postdienste per 01.01.2011 ist auch hier keine Regulierungsnotwendigkeit mehr gegeben.

Die Untersuchung der Regulierungsschwerpunkte „Wettbewerb" und „Universaldienst" zeigt, dass Regulierung im Postsektor weniger auf einen offenen Netzzugang abzielt, als vielmehr auf den Universaldienst fokussiert. Die Forderung nach Erfüllung des Universaldienstes leitet sich nicht aus der Regulierungstheorie ab, sondern ist wirtschaftspolitisch motiviert und ist auch Zielsetzung der Europäischen Union (vgl. Rahmenrichtlinie 2002/21/EG). Auch hier besteht das Risiko, durch die Berücksichtigung der Wünsche vieler Interessengruppen regulatorische Maßnahmen zu setzen, die zu volkswirtschaftlich negativen Auswirkungen führen.

Wettbewerb wird durch den spezifischen Netzcharakter des Postmarktes in Zukunft auch im Bereich des derzeitigen Briefmonopols möglich sein. Der Aufbau eines eigenen Netzes ist jedem Marktteilnehmer zumutbar bzw. heute schon bestehende Praxis, wie etwa im Paket-, Zeitungs- und Expressbereich.

„Wie sich die Regulierungsaktivitäten in Österreich durch das neue Postmarktgesetz verändern werden, ist noch nicht genau absehbar. Ich gehe jedoch davon aus, dass der Regulierungsaufwand in Zukunft zunehmen wird."[216]

5.3. Strom

5.3.1. Marktdefinition

Der Energiesektor stellte mit einem Jahresumsatzvolumen von € 250 Mrd. im Jahre 2001 einen der bedeutendsten Wirtschaftszweige der Europäischen Gemeinschaft dar. Schon viele Jahre vor der Veröffentlichung der Elektrizitätsbinnenmarktrichtlinien (EBRL) von 1996[217], 2003[218] und 2009[219] beschäftigten sich die Gremien der EU mit der Liberalisierung des Energiemarktes. Die Grundlage für die Liberalisierung stellte das Grünbuch „Für eine Energiepolitik der Europäischen Union" von 1994 dar. Dieses wurde mit der EU-Richtlinie von 1996 umgesetzt.[220] Die Umsetzung der Richtlinie erfolgte

---

[216] Interview mit MR Dr. Alfred Stratil.
[217] Richtlinie 96/92/EG des Europäischen Parlaments und des Rates vom 19. Dezember 1996 betreffend gemeinsame Vorschriften für den Elektrizitätsbinnenmarkt
[218] Richtlinie 2003/54/EG des Europäischen Parlaments und des Rates vom 26. Juni 2003 über gemeinsame Vorschriften für den Elektrizitätsbinnenmarkt und zur Aufhebung der Richtlinie 96/92/EG.
[219] Richtlinie 2009/72/EG des Europäischen Parlaments und des Rates vom 13. Juli 2009 über gemeinsame Vorschriften für den Elektrizitätsbinnenmarkt und zur Aufhebung der Richtlinie 2003/54/EG.
[220] Vgl. Hauer/Oberndorfer (2007), S. 63.

in Österreich vor allem durch das Elektrizitätswirtschafts- und -organisationsgesetz (ElWOG) von 1998. Die bedeutsamste Novelle zum ElWOG im Energieliberalisierungsgesetz 2000 sah eine hundertprozentige Marktöffnung zum 1. Oktober 2001 vor.

Bis zur Liberalisierung war der Strommarkt geprägt durch monopolistisch organisierte Elektrizitätsversorgungsunternehmen. Es handelte sich um vertikal integrierte Unternehmen, welche sowohl die Aufgaben im Bereich des Netzbetriebes (natürliches Monopol) als auch mindestens diejenigen eines weiteren Bereiches (z.B. Erzeugung) übernahmen.

Aus wirtschaftspolitischen Gründen plante die Europäische Union eine stufenweise Marktöffnung. Zuerst sollte im Jahr 1999, in Anpassung an das neue Umfeld, eine Öffnung von ca. 25 % erfolgen und ab 2003 sollte diese auf rund ein Drittel angehoben werden. Erst 2006 sollten Vorschläge für eine weitere Liberalisierung des Marktes eingebracht werden – nach Erfahrungen der ersten beiden Phasen.[221]

Der österreichische Gesetzgeber sah vorerst eine Marktöffnung von rund 35 % bis zum Jahr 2003 vor. Mit diesem Marktöffnungsgrad wäre die Bestimmung der EBRL klar erfüllt gewesen. Durch die ElWOG-Novelle 2000 wurde mit 01.10.2001 die vollkommene Liberalisierung des österreichischen Strommarktes umgesetzt. Aufgrund der Benachteiligung der Endkunden (Endverbraucher und KMU) sorgte die österreichische Bundesregierung für diese extreme Beschleunigung der Marktöffnung.[222] Seit der Novelle von 2000 unterliegen die Strompreise auch keiner Preisregelung mehr, hingegen dem europäischen und österreichischen Kartell- und Wettbewerbsrecht.[223] Durch das dritte Liberalisierungspaket vor allem durch die EBRL von 2009 soll die wirksame Trennung des Netzbetriebes von vertikal integrierten Unternehmen forciert werden. Außerdem soll die Kooperation der Regulierungsbehörden auf europäischer Ebene mittels Gründung einer gemeinsamen Agentur[224] und ein vereinfachter Netzzugang beim grenzüberschreitenden Stromhandel[225] gefördert werden.

Vollliberalisierung des österreichischen Strommarktes mit 2001

Durch die Umsetzung der EBRL in Österreich kam es zur Aufhebung des 2. Verstaatlichungsgesetzes, welches die Kompetenzverteilung zwischen den Bereichen Produktion, Übertragung und Verteilung

---

[221] Vgl. Pauger/Pichler (2002), S. 35 f.
[222] Vgl. Haberfellner/Hujber/Koch (2002), S. 2.
[223] Vgl. Hauer/Oberndorfer (2007), S. 418.
[224] Vgl. Verordnung (EG) Nr. 713/2009 des Europäischen Parlaments und des Rates vom 13. Juli 2009 zur Gründung einer Agentur für die Zusammenarbeit der Energieregulierungsbehörden.
[225] Verordnung (EG) Nr. 714/2009 des Europäischen Parlaments und des Rates vom 13. Juli 2009 über die Netzzugangsbedingungen für den grenzüberschreitenden Stromhandel und zur Aufhebung der Verordnung (EG) Nr. 1228/2003.

regelte. Der Produktions- und Übertragungsbereich lag in der Verantwortung des Bundes, die Länder hingegen waren für die Verteilung der Energie sowie die Errichtung der regionalen Netze zuständig.[226]

Wertschöpfungskette des Strommarktes

Die Liberalisierung führte zu einer Aufteilung des Stromsektors in fünf Bereiche. Die folgende Abbildung zeigt die Wertschöpfungskette des Stromsektors:

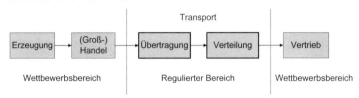

Abbildung 7: Wertschöpfungskette des Strommarktes[227]

Gemäß Art 6 und 7 der EBRL 2003 wurde der Bereich der Erzeugung dem freien Wettbewerb zugänglich gemacht. Der Preis sollte sich durch Angebot und Nachfrage entwickeln. Trotz der Kapitalintensität im Erzeugungsbereich können durch den technischen Fortschritt in der Turbinentechnik beträchtliche Skalenerträge erwirtschaftet werden. Durch die Liberalisierung des Strommarktes kam es zur Entstehung des (Groß-)Handels innerhalb der Wertschöpfungskette. Die Teilnehmer im Handel sind Stromerzeuger, Lieferanten, Händler, Broker und große industrielle Abnehmer. Der Bereich Transport, geteilt in Übertragung und Verteilung, erfüllt die Charakteristika eines natürlichen Monopols. Hier erkannte der Gesetzgeber die Notwendigkeit, regulierend einzugreifen, um einen freien und fairen Wettbewerb für die vor- und nachgelagerten Bereiche zu garantieren. So wie Erzeugung und Handel wurde auch der Vertrieb dem freien Wettbewerb zugeführt. Die Liberalisierung ermöglicht dem Endverbraucher die freie Wahl des Stromlieferanten.[228]

„Liberalisierung ist nicht Selbstzweck, sondern hat die Stärkung der Wettbewerbskräfte, als sogenannte ‚First-best-Lösung' zur Regulierung eines Marktes, zum Ziel. Die Liberalisierung wurde nicht nur aufgrund bereits geleisteter Vorarbeiten – hohe Versorgungsdichte –, sondern insbesondere auch durch technologische und regulatorische Innovationen möglich. Mit Letzteren wurde erst der monopolistische Teil (das Netz) von ‚wettbewerbsfähigen' Bereichen trennbar."[229]

---

[226] Vgl. Hofer/Sawerthal (2002), S. 12.
[227] Vgl. Fremuth/Parak (2002), S. 164.
[228] Vgl. Hauer/Oberndorfer (2007), S. 417 f.
[229] Interview mit DI Walter Boltz, Geschäftsführer der E-Control GmbH.

Faktisch konnte in den Jahren seit der Marktöffnung im Endverbraucherbereich keine hohe Wettbewerbsintensität verzeichnet werden. Ausschlaggebend für diese Entwicklung ist die geringe Bereitschaft der Endverbraucher im Haushalts- und Kleinabnehmerbereich zum Lieferantenwechsel.[230] Diese beiden Bereiche stellen zwar den größten Kundenanteil dar, weisen jedoch nur eine Wechselrate von 2,8 % im Haushaltsbereich und 6,4 % im Kleinabnehmerbereich in den Jahren 2001 bis 2004 auf. Wesentlich flexibler beim Versorgerwechsel sind hingegen die Großabnehmer mit einer Wechselrate von 25 % im selben Vergleichszeitraum.[231] Parallel mit dem Wahlrecht des Lieferanten geht auch die Eigenverantwortung des Endverbrauchers einher, den günstigsten Lieferanten zu wählen. Hier ist der Konsument mit Internetzugang beträchtlich im Vorteil gegenüber dem Verbraucher ohne Internetzugang, da die Informationen vergleichsweise rasch hinsichtlich Anbietern, Preisen und Bedingungen gewonnen werden können.[232]

5.3.2. Regulierung der Branche

Die Erzeugung von Elektrizität findet generell in beträchtlicher Entfernung von den Endverbrauchern statt, so dass der Strom über weite Strecken in Leitungen zu übertragen und an die einzelnen Verbraucher zu verteilen ist.[233]

Die Richtlinie des Europäischen Parlamentes und des Rates vom 19. Dezember 1996 stellt die Basis für die Etablierung eines gemeinschaftlichen Elektrizitätsbinnenmarkts dar. Im Rahmen der Richtlinie werden die Mitgliedsstaaten aufgefordert, die notwendigen Maßnahmen auf nationaler Ebene zu ergreifen, um für ein einwandfreies Funktionieren des Binnenmarktes und für einen freien Wettbewerb Sorge zu tragen.[234]

Europäische Richtlinie von 1996 bildet rechtliche Basis für Liberalisierung

Die Hauptziele der Richtlinie 96/92/EG unter Wahrung des Umweltschutzes waren:

- Verwirklichung des freien Wettbewerbs auf dem bisher geschützten Strommarkt;
- Effizienzsteigerung hinsichtlich der Erzeugung, Übertragung und Verteilung;
- Verbesserung der Versorgungssicherheit;
- Stärkung der Wettbewerbsfähigkeit der europäischen Wirtschaft.

---

[230] Vgl. Bundeswettbewerbsbehörde der Republik Österreich (2006a), S. 5 f.
[231] Vgl. Nischkauer/Schörg (2005), S. 16.
[232] Vgl. Fremuth/Parak (2002), S. 225.
[233] Vgl. Bonde (2002), S. 8 f.
[234] Vgl. Hauer/Oberndorfer (2007), S. 12.

Zur Etablierung von marktwirtschaftlichen Strukturen dient als Hauptinstrument die Gewährung des freien Netzzuganges durch die bestehenden Netzbetreiber. Auf diese Weise sollen Netz- und Liefermonopole durchbrochen und die Möglichkeit des freien Abschlusses von Stromlieferverträgen geschaffen werden.[235]

Weitere Liberalisierung des Elektrizitätsmarktes durch EBRL 2003

Der Richtlinie von 1996 folgte die neue Elektrizitätsbinnenmarkts-Richtlinie vom 26. Juni 2003, welche mit 4. August 2003 ihre Gültigkeit erlangte. Ziel der neuen Richtlinie war es, einen schrittweisen, aber schlussendlich vollen Netzzugang für alle Stromverbraucher bis zum 1. Juli 2007 zu erreichen. Außerdem beinhaltete die Richtlinie strengere Entflechtungsregeln, eine genauere Beschreibung hinsichtlich der nationalen Regulierungsbehörden sowie eine stärkere Betonung der Aspekte der Versorgungssicherheit und des Konsumentenschutzes.[236]

Die Regulierungsbehörden auf nationaler Ebene haben unabhängig von den Interessen der Elektrizitätswirtschaft die Aufgabe, für Nichtdiskriminierung, echten Wettbewerb und ein effizientes Funktionieren des Marktes zu sorgen. In diesem Kontext sind die Behörden für die Überwachung folgender Agenden verantwortlich:[237]

- Umsetzung der Bestimmungen durch das Management der Elektrizitätsunternehmen;
- Veröffentlichung der Informationen betreffend Verbindungsleitungen, Netznutzung und Kapazitätszuweisung durch die Übertragungs- und Verteilernetzbetreiber;
- tatsächliche Entflechtung der Rechnungslegung;
- Bedingungen und Tarife für den Anschluss neuer Elektrizitätserzeuger.

Regulierungsbehörde E-Control GmbH und E-Control Kommission

Die Aufgabe der Regulierung des Strom- und Gasmarktes in Österreich wird durch die Regulierungsbehörde, bestehend aus Energie-Control Kommission und Energie-Control GmbH, übernommen. Der Aufbau erfolgte analog zum Telekommunikationssektor. Die Energie-Control Kommission wurde in der Rechtsform einer Kollegialbehörde mit richterlichem Einschlag geschaffen.[238] Gemäß § 15 Energie-Regulierungsbehördengesetz (E-RBG) 2000 obliegt die Geschäftsführung der E-Control Kommission der E-Control GmbH. In dieser Funktion hat die Behörde für die Überwachung des Netzbereiches und ein reibungsloses Funktionieren des Wettbewerbs zu sorgen. Die Energie-Control GmbH wurde 2001 mit einem Stammkapital von € 3,7 Mio. gegründet.

---

[235] Vgl. Pauger/Pichler (2002), S. 35.
[236] Vgl. Draxler/Regehr (2007), S. 71 f.
[237] Vgl. Richtlinie 2003/54/EG, Kapitel VII, Artikel 23.
[238] Vgl. Hauer/Oberndorfer (2007), S. 560.

Im Jahr 2008 standen der E-Control GmbH Umsatzerlöse von rund € 11,5 Mio. zur Verfügung. Hiervon wurde bereits ein Budgetvortrag von rund € 36.000 in Abzug gebracht. Die E-Control GmbH hatte im Jahr 2008 durchschnittlich 74 Mitarbeiter engagiert und einen Personalaufwand von rund € 6,1 Mio. zu Buche stehen.[239] Eine Darstellung der Aufbau- und Ablauforganisation der Regulierungsbehörde befindet sich in Kapitel 5.3.7.

„Die Aufsicht und Regulierung der natürlichen Monopole (d.h. der Netzbetreiber) ist auf EU-Ebene relativ eindeutig formuliert und wurde in Österreich durch die Gründung einer unabhängigen Behörde mit weitreichenden Regulierungs- bzw. Eingriffsrechten gegenüber dem Netzbetreiber (z.B. Festlegung der Tarife, Missbrauchsverfahren bzgl. Netznutzungsstreitigkeiten etc.) umgesetzt."[240]

Die Unterscheidung zwischen den Übertragungs- und Verteilernetzen beruht auf den unterschiedlichen Spannungsebenen. Die Übertragungsnetzbetreiber stellen das Höchstspannungsnetz zur Verfügung, welches sich meist über ein weites geografisches Gebiet erstreckt. Das Übertragungsnetz verbindet die Stromerzeuger mit den Verteilernetzen. Die Verteilernetze leiten den transformierten Strom weiter zum Endverbraucher.[241] Technisch werden Netze mit einer Netzspannung ab 110 kV als Übertragungsnetze bezeichnet. Netze mit einer niedrigeren Netzspannung werden als Verteilernetze definiert.[242]

Definition von Übertragungs- und Verteilernetz

Der Bereich der Übertragung und Verteilung stellt ein natürliches Monopol dar. Aufgrund der anteilsmäßig hohen Fixkosten konnten diese Transportleistungen im Zuge der Liberalisierung nicht dem freien Wettbewerb zugeführt werden.[243] Bei Nichtregulierung des Netzbereiches hätte die Gefahr bestanden, dass die Monopolisten ihre Rente sowohl von den vor- als auch den nachgelagerten Bereichen abschöpfen und der Wettbewerb in diesen Bereichen behindert wird. Daher ist eine wesentliche Prämisse für Wettbewerb in den Bereichen Erzeugung, Handel und Vertrieb ein diskriminierungsfreier Zugang zur Netzinfrastruktur zu einheitlichen Preisen.[244]

---

[239] Energie-Control GmbH (2008), S. 132 ff.
[240] Interview mit DI Walter Boltz.
[241] Vgl. Knieps/Brunekreeft (2003), S. 136.
[242] Vgl. Hauer/Oberndorfer (2007), S. 357.
[243] Vgl. Fremuth/Parak (2002), S. 165.
[244] Vgl. Knieps/Brunekreeft (2003), S. 137 f.

5.3.3. Anwendung des Drei-Kriterien-Tests

Die Ex-post-Analyse erfolgt ausschließlich für die Bereiche Übertragung und Verteilung, welche in der Folge zusammengefasst als „Bereich Transport" bezeichnet werden.

5.3.3.1. Kriterium 1: Bestehen von Zugangshindernissen

Strukturelle Zugangshindernisse gegeben

Schon im vorigen Kapitel wurde festgehalten, dass der Bereich Transport ein natürliches Monopol darstellt. Zusätzlich sind mit der Errichtung der Netzinfrastruktur irreversible Kosten verbunden. Weiters können bei der Errichtung eines Netzes beispielsweise anlagenrechtliche Genehmigungen nach Maßgabe des Starkstromwegerechtes, forstrechtliche Rodungsbewilligungen, Baurechtsvorschriften der Bundesländer oder eine Umweltverträglichkeitsprüfung erhebliche Marktzutrittsbarrieren darstellen. Daher bestehen für den Bereich Transport wesentliche strukturelle Zugangshindernisse für potenzielle Mitbewerber.

Rechtliche Zugangshindernisse: Limitierung der Regelzonenführer

Mit der Benennung von drei Übertragungsnetzbetreibern (Verbund – Austrian Power Grid AG, Tiroler Regelzonen AG und VKW – Übertragungsnetz AG) in § 22 ElWOG hat der österreichische Gesetzgeber den Zugang zum Wettbewerbsbereich für den Bereich der Übertragung reglementiert. Ein Regelzonenführer ist verantwortlich für die Frequenz-/Leistungsregelung, die Gewährleistung der Ausgleichsenergie, das Engpassmanagement und die Fahrplanabwicklung mit anderen Regelzonen.[245]

Rechtliche Zugangshindernisse: Konzession mit Gebietsmonopol

Verteilernetzbetreiber benötigen gemäß § 26 (1) ElWOG als Voraussetzung die Erteilung einer Konzession, welche im Verantwortungsbereich der Bundesländer liegt. Folglich ist nur der Betrieb eines Netzes von der Konzessionspflicht betroffen, die Errichtung des Netzes bzw. einzelner Leitungsstränge bleibt hingegen konzessionsfrei. Mit Erteilung der Konzession erhält der Verteilernetzbetreiber ein Gebietsmonopol, da für ein und dasselbe Gebiet nicht mehrere Verteilernetzkonzessionen zugleich erteilt werden dürfen. Die Funktion der Konzessionsbehörde übernimmt die jeweilige Landesregierung. Falls sich ein Verteilernetz über mehrere Bundesländer erstreckt, haben die Landesregierungen in diesem Fall einvernehmlich zu handeln.[246] Daher bestehen für den Bereich Transport wesentliche rechtliche Zugangshindernisse.

Im Bereich Transport gibt es also wesentliche Marktzutrittsbarrieren für neue bzw. potenzielle Wettbewerber. Das erste Kriterium ist somit erfüllt.

---

[245] Vgl. Hauer/Oberndorfer (2007), S. 234 ff.
[246] Vgl. Hauer/Oberndorfer (2007), S. 328 ff.

5.3.3.2. Kriterium 2: Keine Tendenz zu wirksamem Wettbewerb

Auch wenn die rechtlichen Zugangshindernisse abgebaut würden, blieben die strukturellen Zugangshindernisse aufgrund des monopolistischen Bottlenecks weiterhin bestehen. Ein potenzieller Mitbewerber würde sich in diesem Bereich mit irreversiblen Kosten in Kombination mit Verbundeffekten konfrontiert sehen.

Keine Tendenz zu wirksamen Wettbewerb aufgrund monopolistischer Bottlenecks

Deshalb ist im Bereich der Übertragung und Verteilung am Stromsektor kein Wettbewerb zu erwarten. Dieser kann also nur in den vorgelagerten Bereichen Erzeugung und Handel sowie im nachgelagerten Bereich Vertrieb entstehen.

5.3.3.3. Kriterium 3: Wettbewerbsrechtliche Mittel nicht ausreichend

Die gesetzliche Norm zur Regelung des Wettbewerbs in Österreich ist das Kartellgesetz. Durch die Liberalisierung des österreichischen Strommarktes wurde das Kartellgesetz auch für diesen Sektor anwendbar. Mit der Marktöffnung wurden den Unternehmen, vor allem jenen des Monopolbereiches, besondere Verpflichtungen auferlegt (z.B. Versorgungs- und Abnahmepflicht). Deshalb steht der Stromsektor in Konflikt zwischen freiem Wettbewerb und regulierten Aufgaben des öffentlichen Interesses, wie dies auch in den anderen untersuchten Infrastrukturbranchen festzustellen ist.[247]

Unter der Annahme, dass die Regulierung des Bereiches des natürlichen Monopols entfallen würde, könnte die Gefahr der Preissteigerung trotz des Bestehens der Kartell- und Wettbewerbsgesetze zum Nachteil der Endverbraucher und eines eventuellen Marktversagens gegeben sein. Somit ist Kriterium 3 erfüllt.

Kein Ausreichen der wettbewerbsrechtlichen Mittel

So auch *DI Boltz,* Geschäftsführer der E-Control GmbH: *„Die Regulierungstheorie im engeren Sinne befasst sich damit, wie man ein (natürliches) Monopol am besten reguliert, um eine effiziente Unternehmensführung zu erreichen. Das Erreichen der Second-best-Lösung steht hier im Mittelpunkt, mit der unausgesprochenen Annahme, dass die First-best-Lösung nicht möglich bzw. sinnvoll ist. Es gibt jedoch andere Bereiche von Markteingriffen, die eher der Sicherstellung (und im Strom- und Gasbereich auch dem Aufbau) des Wettbewerbs und damit dem Erreichen der First-best-Lösung dienen. Hierzu zählen die Arbeit der Wettbewerbsbehörden und der Kartellgerichte und im Strom- und Gasbereich alle Maßnahmen, die ein permanentes Monitoring der Wettbewerbsentwicklung ermöglichen."*[248]

---

[247] Vgl. Pauger (2001), S. 37.
[248] Interview mit DI Walter Boltz.

5.3.3.4. Gesamtbewertung des Drei-Kriterien-Tests

Drei-Kriterien-Test erfüllt

Zusammenfassend kann festgestellt werden, dass alle drei Kriterien im Bereich Transport kumulativ erfüllt sind – somit kann der Drei-Kriterien-Test insgesamt als erfüllt betrachtet werden. Dies bedeutet, dass die Regulierungswürdigkeit des Stromsektors ex post nachgewiesen werden kann.

5.3.4. Regulierungswürdigkeit aufgrund anderer Indikatoren: Theorie der angreifbaren Märkte

Die Analyse der Regulierungswürdigkeit mittels der Theorie der angreifbaren Märkte beschränkt sich, wie auch schon der Drei-Kriterien-Test, auf den Bereich Transport.

5.3.4.1. Kriterium 1: Freier Markteintritt

Ein freier Markteintritt ist nicht gegeben

Wie bereits ausgeführt, bestehen für potenzielle Wettbewerber wesentliche Marktzutrittsbarrieren. Ein natürliches Monopol und die bereits oben erwähnten rechtlichen Hindernissen machen einen freien Markteintritt im Bereich Transport unmöglich.

5.3.4.2. Kriterium 2: Abwesenheit irreversibler Kosten

Bestehen von irreversiblen Kosten im Bereich Transport

Die Kosten für den Aufbau von Übertragungs- und Verteilernetzen sind als sunk costs einzustufen, da Stromnetze an einen bestimmten geografischen Ort gebunden sind. Diese Kosten würden bei einem Marktaustritt verloren gehen, da bei einer Netzstilllegung das eingesetzte Kapital nicht wieder zurückgewonnen werden könnte.[249] Somit ist auch Kriterium 2 als nicht erfüllt zu betrachten.

In welchem Ausmaß diese sunk costs den Betrieb einer Netzgesellschaft bestimmen, lässt sich anhand der Netzgesellschaft *Austrian Power Grid AG* (eine Tochtergesellschaft des *Verbund – Österreichische Elektrizitätswirtschafts-AG*) plausibilisieren. So sind in deren Jahresabschluss 2008 Leitungen und elektrische Anlagen mit Anschaffungskosten von € 1.752 Mio. ausgewiesen, die noch mit € 617 Mio. zu Buche stehen. Dies entspricht rund 70 % des gesamten Anlagevermögens der Gesellschaft und immerhin rund 14 % des gesamten Sachanlagevermögens des *Verbund* Konzerns.[250]

---

[249] Vgl. Knieps (2007), S. 8. Zitiert nach: Brunekreeft/Keller (2003), S. 146 ff.
[250] Vgl. Verbund-Austrian Power Grid AG (2008), Geschäftsbericht 2008, S. 18.

5.3.4.3. Kriterium 3: Bertrand-Nash-Verhalten

Aufgrund der rechtlichen Zugangshindernisse mittels der konkreten Benennung von drei Übertragungsnetzbetreibern und der Konzessionspflicht für den Betrieb von Verteilernetzen kann grundsätzlich kein Bertrand-Nash-Verhalten festgestellt werden.

Bei einer theoretischen Beurteilung hinsichtlich des Vorliegens von Bertrand-Nash-Verhalten müssen mehrere Annahmen bezüglich Wettbewerb und Marktsituation getroffen werden. Damit Wettbewerb entstehen kann,

- darf kein rechtliches Zugangshindernis bestehen,
- sollten Netzbetreiber ohne das Risiko von irreversiblen Kosten mehrere Netze nebeneinander aufbauen können und
- das Angebot der Netzanbieter sollte einen relativ homogenen Charakter besitzen.

Strom stellt ein homogenes Produkt dar und ist wie auch Telekommunikationsdienste oder Postleistungen als Massengut zu definieren. Unter den Prämissen, dass sich die Netzbetreiber im Wettbewerb zueinander befinden und allen Marktteilnehmern vollständige Informationen zur Verfügung stehen, ist in diesem Bereich Bertrand-Nash-Verhalten festzustellen.[251]

Bertrand-Nash-Verhalten gilt für den Wettbewerbsbereich im Stromsektor

5.3.4.4. Gesamtbetrachtung der Contestable Markets Theory

Bei alleiniger Betrachtung des Bereiches Transport wurde kein Kriterium erfüllt. Ein potenzieller Wettbewerber kann aufgrund von strukturellen und rechtlichen Zugangshindernissen nicht in den Markt eintreten. Der Mitbewerber würde sich, ungeachtet der rechtlichen Hindernisse, bei einem Markteintritt mit einem natürlichen Monopol konfrontiert sehen. Dadurch wäre auch kein Bertrand-Nash-Verhalten zu erwarten, obwohl es sich um ein homogenes Produkt handelt. Folglich kommt es zu keiner Änderung der Regulierungsaktivitäten:

Regulierungswürdigkeit gegeben aufgrund der Contestable Markets Theory

„*Die enge Regulierung der monopolistischen Netzbetreiber bleibt weiterhin zentrale Aufgabe der Regulierungsbehörden, um einerseits sicherzustellen, dass die volkswirtschaftlichen Kostenvorteile des Monopolbetriebes auch an den Konsumenten weitergegeben werden. Andererseits ist die diskriminierungsfreie Behandlung aller Netznutzer (Lieferanten, Konsumenten, Händler) durch geeignete regulatorische Maßnahmen sicherzustellen.*"[252]

---

[251] Vgl. Knieps (1996), S. 20.
[252] Interview mit DI Walter Boltz.

5.3.5. Identifizierung des monopolistischen Bottlenecks

Transport stellt ein monopolistisches Bottleneck dar

Die Anwendung der beiden Tests (Drei-Kriterien-Test und Contestable Markets Theory) hat für den Strommarkt eine Regulierungswürdigkeit ergeben. Der Bereich Transport erfüllt die Charakteristika einer monopolistischen Bottleneck-Situation aufgrund der Kombination von Skalenerträgen und irreversiblen Kosten.[253]

Physikalische Gesetzmäßigkeiten ermöglichen die Erwirtschaftung von Skalenerträgen im Netzbereich, da die Kapazität der Leitungen überproportional zu ihrem Umfang steigt. Für die Übertragung von Strom steigt die Übertragungskapazität mit dem Quadrat der Spannungskapazität, wohingegen die Konstruktionskosten proportional zur Spannung steigen.[254]

„Für den Bereich Übertragung konnten in mehreren Studien Skalenerträge berechnet bzw. nachgewiesen werden. Weiters können auch Verteilernetzbetreiber economies of scale erwirtschaften. Studien kamen sowohl bei privatwirtschaftlichen als auch bei öffentlichen Unternehmen zu diesem Schluss."[255]

Zusätzlich würde ein potenzieller Wettbewerber bei Berechnung seiner Marktchancen erkennen, dass das einzelne Unternehmen auf dem Markt effizienter produzieren kann als mehrere Unternehmen, und damit einen Markteintritt für nicht wirtschaftlich erachten. Weiters kann die Netzinfrastruktur für den Transport von Strom und Gas durch einen potenziellen Wettbewerber nicht dupliziert werden, da diese mit irreversiblen Kosten verbunden ist.[256]

„So können die Netzdienstleistungen aus volkswirtschaftlicher Sicht am kostengünstigsten durch nur ein Unternehmen zur Verfügung gestellt werden (natürliches Monopol). Dies gilt zumindest – mit wenigen Ausnahmen – für die Strom- und Gasnetze. Dieses Monopol ist insofern gewollt, es bedarf jedoch strikter Regulierungseingriffe, um die Kostenvorteile für die Allgemeinheit zu sichern und nicht dem Monopolisten alleine (durch Missbrauch seiner Macht) zu überlassen. Hier werden Regulierungsaktivitäten durch Behörden weiterhin bestehen."[257]

---

[253] Vgl. Knieps (2007), S. 8. Zitiert nach: Brunekreeft/Keller (2003), S. 146 ff.
[254] Vgl. Weiss (1975), S. 11. Zitiert nach: Bonde (2002), S. 17.
[255] Bonde (2002), S. 45 f.
[256] Vgl. Knieps (2007), S. 2 f.
[257] Interview mit DI Walter Boltz.

5.3.6. Regulierungsschwerpunkte
5.3.6.1. Wettbewerb

Zur Wahrung eines fairen Wettbewerbs und Verhinderung der Ausnutzung der Marktmacht des natürlichen Monopols verpflichten die EBRL 2003 bzw. der österreichische Gesetzgeber zur vertikalen Separierung (in Form der Unbundling-Bestimmungen) integrierte Unternehmen, d.h. zur Trennung des regulierten Netzbereichs von den Wettbewerbsbereichen. Die Unbundling-Bestimmungen dienen der Vermeidung von Quersubventionen der Wettbewerbsbereiche eines Unternehmens durch den regulierten Netzbereich, der Beseitigung von Diskriminierungspotenzialen sowie der Gleichbehandlung aller Marktteilnehmer.

Unbundling-Bestimmung fordert Trennung regulierter Netzbereiche von Wettbewerbsbereich

„*Die potenziellen Wettbewerbsbereiche bedürfen einer Rahmensetzung, die faire Wettbewerbsbedingungen für alle Marktteilnehmer schafft. Die Schaffung eines ‚level playing field' für alle Marktteilnehmer bedarf eines völlig anderen regulatorischen Rahmens. Die große Herausforderung hierbei ist, dass nicht auf einer ‚leeren Tafel' begonnen, sondern auf einem über die Zeit gewachsenen Wirtschaftssystem aufgebaut wird. Das Thema Unbundling ist in diesem Zusammenhang ein gutes Beispiel. Das dahinterstehende Ziel ist die absolut strikte Trennung des monopolistischen Netzunternehmens vom Wettbewerbsbereich, um dort Missbrauch vorzubeugen. Viele derzeit bestehende Regeln spiegeln jedoch den Versuch wider, historisch gewachsene Strukturen und damit deren Zielsetzungen zu erhalten und gleichzeitig neue Ziele – den Markt zu liberalisieren – zu erreichen.*"[258]

§ 4 (1) Z 1 ElWOG verlangt die prinzipiell diskriminierungsfreie Behandlung aller Kunden eines Netzes. Die Übertragungsnetzbetreiber werden gemäß § 23 Z 9 ElWOG aufgefordert, sich jeglicher Diskriminierung von Netzbenutzern zu enthalten. Eine weitere Bestimmung findet sich in § 26 (3) Z 4 ElWOG mit der Verpflichtung zur Aufstellung eines Gleichbehandlungsprogramms. Dieses Programm muss die entsprechenden Maßnahmen aufweisen, welche zum Ausschluss diskriminierenden Verhaltens gegenüber nicht verbundenen Erzeugungs- oder Vertriebsgesellschaften angewendet werden.[259]

Gleichbehandlung aller Marktteilnehmer

---

[258] Interview mit DI Walter Boltz.
[259] Vgl. Draxler/Regehr (2007), S. 219.

Branchenvergleich

Gestaltung eines Gleichbehandlungsprogramms

Die Überwachung und Aufsicht der Umsetzung der Unbundling-Bestimmungen durch die integrierten Unternehmen sowie die Gleichbehandlung aller Marktteilnehmer fallen in den Zuständigkeitsbereich der E-Control GmbH. Die Regulierungsbehörde übernimmt hier eine Monitoringfunktion zur Gewährleistung der Einhaltung des Gleichbehandlungsprogramms. In diesem Zusammenhang hat der Netzbetreiber einen jährlichen Bericht über das Gleichbehandlungsprogramm zu erstellen und der E-Control GmbH vorzulegen, welcher in der weiteren Folge veröffentlicht wird.[260] Die Festsetzung der Systemnutzungstarife für den Transport von Elektrizität fällt in den Aufgabenbereich der E-Control Kommission.

5.3.6.1.1. Netzzugang

Ein freier und fairer Netzzugang für alle Marktteilnehmer

Das Ziel der Regulierung liegt darin, einen diskriminierungsfreien Zugang zur Infrastruktur (Transport) für die Marktteilnehmer des Wettbewerbsbereiches zu ermöglichen.[261] In Österreich wird der Netzzugang reguliert.[262] Bei einem regulierten Netzzugang legt eine Regulierungsbehörde im Vorhinein die Bedingungen und den Preis des Netzzuganges fest. Die E-Control Kommission bestimmt die Netztarife als Festpreise und die Landesbehörden die Allgemeinen Geschäftsbedingungen, zu denen ein Netzzutritt verlangt werden kann.[263]

Prinzipiell sind die Netzbetreiber verpflichtet, unter gleich bleibenden Bedingungen einen Netzzugang zur Verfügung zu stellen. Ausnahmen können insofern bestehen, als beispielsweise außergewöhnliche Störfälle oder mangelnde Netzkapazitäten vorliegen.[264]

Die Übertragungsnetzbetreiber haben gemäß § 23 ElWOG für einen ausreichenden Informationsaustausch zu sorgen, so dass den Netzbenutzern ein effizienter Netzzugang möglich ist. Zusätzlich sind die Übertragungsnetzbetreiber dafür verantwortlich, mögliche Engpässe im Netz zu ermitteln und Maßnahmen zu deren Vermeidung zu setzen. Die Verteilernetzbetreiber sind gemäß § 29 Z 2 ElWOG zum Anschluss mit Endverbrauchern und Erzeugern unter veröffentlichten allgemeinen Bedingungen verpflichtet.

„Um in der Übergangsphase von einem monopolistischen zu einem wettbewerblich organisierten Markt faire Wettbewerbsbedingungen sicherzustellen, bedarf es zumindest eines permanenten Monitoring der Marktentwicklung und hierzu detaillierter Daten über die Marktentwicklung. Diese stehen derzeit den Behörden nicht in ausrei-

---

[260] Vgl. Draxler/Regehr (2007), S. 219.
[261] Vgl. Knieps/Brunekreeft (2003), S. 25.
[262] Vgl. Draxler/Regehr (2007), S. 231.
[263] Vgl. Fremuth/Parak (2002), S. 187.
[264] Vgl. Draxler/Regehr (2007), S. 150 f.

chendem Maße zur Verfügung. Spezifische Regeln darüber, welche Informationen der Behörde zur Verfügung gestellt werden, sind aus heutiger Sicht notwendig. Märkte mit hoher Wettbewerbsintensität bedürfen nicht einer derart strengen Beobachtung durch Behörden, da die konkurrierenden Marktteilnehmer selbst missbräuchliches Verhalten den Behörden anzeigen."[265]

Als Schlichtungsstelle in Fällen der Netzzugangsverweigerung (§ 20 (2) ElWOG) oder hinsichtlich der vorgegebenen Bedingungen des Netzzuganges (§ 21 (2) ElWOG) fungiert die E-Control Kommission.[266]

5.3.6.1.2. Vermeidung von Quersubventionierung

Im Sinne der EU-Richtlinie 2003 ist ein Lösungsweg zur Vermeidung von möglichen Quersubventionen die Trennung des regulierten Netzbereichs von den Wettbewerbsbereichen eines integrierten Unternehmens. Mittels des „Unbundling" soll das Ziel des fairen Wettbewerbs weiter unterstützt und Quersubventionen zwischen dem Wettbewerbs- und dem Netzinfrastrukturbereich vermieden werden.[267] Die Entflechtungsbestimmungen sind an die Übertragungs- und Verteilernetzbetreiber gerichtet. Integrierte Unternehmen haben in ihrer internen Buchführung getrennte Konten für ihre Erzeugungs-, Übertragungs- und Verteileraktivitäten zu führen. So sind die Unternehmen gesellschaftsrechtlich, funktional bzw. organisatorisch und buchhalterisch unabhängig voneinander einzurichten. Die EBRL von 2009 verlangt noch strengere Formen einer Trennung von Netzbetrieb und vertikal integrierten Unternehmen. Hierzu werden vier mögliche Formen des Unbundling vorgeschlagen:[268]

- Eigentumsrechtliche Entflechtung: Trennung des Wettbewerbsbereiches vom Übertragungsnetz; Minderheitenbeteiligung kann weiter bestehen;
- ISO-Modell (Independent System Operator): Finanzierungsentscheidung bleibt beim vertikal integrierten Unternehmen, hingegen werden von einem unabhängigen Betreiber Investitions- und betriebliche Entscheidungen getroffen;
- ITO-Modell (Independent Transmission Operator): Fortbestehen des vertikal integrierten Unternehmens; regulatorische Maßnahmen sollen die Unabhängigkeit des Netzbetreibers stärken;

---

[265] Interview mit DI Walter Boltz, Geschäftsführer der E-Control GmbH.
[266] Vgl. http://www.e-control.at/de/recht/regulierungsrecht/eck-strom (11.08.2009).
[267] Vgl. Draxler/Regehr (2007), S. 211.
[268] Vgl. http://www.e-control.at/portal/page/portal/medienbibliothek/news/dokumente/pdfs/Vortrag-Johannes_Mayer.pdf (17.08.2009).

- ITO+-Modell: Aufgrund der Bestimmung in Artikel 9 (9) EBRL 2009 haben die Mitgliedstaaten die Möglichkeit, ein Modell umzusetzen, das mindestens so effektiv ist wie das ITO-Modell.

„Das ist eine Gratwanderung, die besonders in diesem Bereich zusätzliche Regulierungsvorschriften in zutiefst betriebswirtschaftlichen Abläufen mit sich bringt. Ein wesentlich größerer regulatorischer Eingriff, nämlich die eigentumsrechtliche Trennung der Netze vom Wettbewerbsbereich, würde Marktverzerrungen automatisch vorbeugen und viele kleine Regeln überflüssig machen. Hier heißt es abzuwägen, wie viele der alten Strukturen und Regeln aufzugeben sind, um neuen Zielen den Weg zu ebnen."[269]

Jahresabschlussprüfer soll missbräuchliche Quersubventionierung feststellen

Nach § 8 (5) ElWOG sind die Jahresabschlussprüfer dazu verpflichtet, zu prüfen, ob Quersubventionen bei Netzbetreibern oder marktbeherrschenden Elektrizitätsunternehmen aufgetreten sind. Der Abschlussprüfer kann jedoch nur in einem allfälligen Bestätigungsvermerk zum Vorliegen hinsichtlich eines kartellrechtlichen Missbrauchs von Quersubventionen Stellung beziehen. Die Formulierung im ElWOG lässt auf eine konstitutive Bedeutung schließen, jedoch ist die missbräuchliche Quersubventionierung kartellrechtlich verboten.[270]

5.3.6.1.3. Access Pricing

Festsetzung der Systemnutzungstarife durch die E-Control Kommission

Als Gegenleistung für die Netzbereitstellung kann der Netzbetreiber folgende Entgelte einfordern: Netznutzungs-, Netzbereitstellungs-, Netzverlust-, Netzzutritts-, Systemdienstleistungsentgelt, Entgelt für Messleistungen sowie gegebenenfalls Entgelt für internationale Transaktionen.[271]

Ziel der Preisregelung ist die Sicherstellung eines fairen Netzzugangs in Kombination mit einem angemessenen Systemnutzungstarif.[272] Die Tarife werden gemäß § 25 (1) ElWOG durch die E-Control Kommission per Verordnung oder Bescheid bestimmt. Die Regelungen und die Methode zur Bestimmung der Systemnutzungstarife sind in der Systemnutzungstarif-Verordnung 2006[273] enthalten.

Als Basis zur Berechnung der Systemnutzungstarife dienen die Kosten der Netzbetreiber, welche gemäß § 12 SNT-VO 2006 als

---

[269] Interview mit DI Walter Boltz.
[270] Vgl. Hauer/Oberndorfer (2007), S. 126.
[271] Vgl. Draxler/Regehr (2007), S. 227.
[272] Vgl. Pauger (2001), S. 55.
[273] Verordnung der Energie-Control Kommission, mit der die Tarife für die Systemnutzung bestimmt werden (Systemnutzungstarife-Verordnung 2006, SNT-VO 2006).

„Durchschnittskosten auf Vollkostenbasis, ausgehend von den ursprünglichen Anschaffungskosten, unter Einbeziehung von Finanzierungskosten zu errechnen"[274] sind. Im Sinne einer Anreizregulierung sind gemäß § 12 (4) SNT-VO 2006 nach erfolgter Kostenermittlung Zielvorgaben vorzunehmen. Hierbei sind die festgestellten Kosten sowohl um die generelle Produktivitätsentwicklung als auch um die Veränderung des Netzbetreiberpreisindex anzupassen. Die im Jahresabschluss enthaltene Bilanz und Ergebnisrechnung dienen als Informationsquelle. Die Tarife werden als Festpreise bestimmt und die Ermittlung hat nach dem Prinzip der Gleichbehandlung aller Systembenutzer zu erfolgen.[275] Die Finanzierungskosten haben gemäß § 13 SNT-VO 2006 die angemessenen Kosten für die Verzinsung von Eigen- und Fremdkapital zu umfassen.

„In der Vor-Liberalisierungszeit gab es nur integrierte Preise und integrierte Kostenrechnung. Seit Beginn unserer Arbeit als Behörde im Jahre 2001 hieß es, dass eine Kostenzuteilung zu den jeweiligen Geschäftsfeldern zu finden ist, welche den wirtschaftlichen Tatsachen entspricht. Access Pricing, d.h. die Festlegung der Netznutzungsgebühren, wurde mit der Einführung der Anreizregulierung zudem auf ein neues Fundament gestellt, welches den Netzunternehmen Anreize liefert, ihren Betrieb möglichst effizient zu führen. Der Anteil der Netznutzungsentgelte am Gesamtpreis sank seither sukzessive. Die Entwicklung dürfte einerseits mit Effizienzsteigerungen und Kostensenkungen der Netzbetreiber und andererseits mit verminderten Quersubventionen aus dem Netz in andere Geschäftsfelder begründbar sein."[276]

5.3.6.2. Universaldienst

Im Stromsektor wird der Universaldienst als Verpflichtung zur Grundversorgung durch Stromhändler und andere Lieferanten definiert. Indessen wird im Telekommunikationssektor ein flächendeckendes Mindestangebot bestimmt, zu dem alle Endnutzer zu einem erschwinglichen Preis Zugang haben müssen.

Sowohl die Bestimmungen der EBRL 2003 als auch österreichische Gesetze (beispielsweise § 4 ElWOG) sehen Versorgungssicherheit für Endverbraucher vor. Trotz der Bestimmungen des Energie-Versorgungssicherheitsgesetzes 2006 wurde noch kein konsistenter Rechtsrahmen zur Gewährleistung der Versorgungssicherheit festgelegt.[277] Die Grundsatzbestimmung des § 44a ElWOG hat die

Verpflichtung zur Grundversorgung des Endverbrauchers

Endverbraucher hat freie Lieferantenwahl

---
[274] Draxler/Regehr (2007), S. 229.
[275] Vgl. Draxler/Regehr (2007), S. 229 f.
[276] Interview mit DI Walter Boltz.
[277] Vgl. Hauer/Oberndorfer (2007), S. 86.

Ausführungsgesetzgeber zur Grundversorgung verpflichtet. Daher lassen sich keine unmittelbaren Rechte und Pflichten von Marktteilnehmern ableiten. Aufgrund der einschlägigen österreichischen Regelungen werden Verbraucher (z.B. Haushaltskunden, KMU) berechtigt, jeden Haushaltslieferanten zu dessen Standardtarif in Anspruch zu nehmen. Somit sind Haushaltslieferanten von einem Kontrahierungszwang betroffen.[278]

Bei Betrachtung der Versorgungssicherheit sind auch die Verpflichtungen der Netzbetreiber zu berücksichtigen. Die Netzbetreiber sind gemäß § 4 (1) Z 2 ElWOG zum Abschluss von privatrechtlichen Verträgen mit Netzbenutzern über den Anschluss an ihr Netz verpflichtet.[279] Hierbei treffen die Übertragungs- bzw. Verteilernetzbetreiber unterschiedliche Verpflichtungen. So haben die Übertragungsnetzbetreiber gemäß § 23 Z 8 ElWOG einen Beitrag zur Versorgungssicherheit durch entsprechende Übertragungskapazität und Zuverlässigkeit des Netzes zu leisten. Hingegen müssen die Verteilernetzbetreiber lediglich den freien und fairen Netzzugang sicherstellen.

Durch die EBRL 2009 sollen die Mitgliedstaaten gewährleisten, dass die Grundversorgung von Haushaltskunden und wahlweise von Kleinunternehmen sichergestellt ist.

5.3.7. Regulierungsbehörde

Grundsätzlich wurden für den Stromsektor gemäß § 4 Energie-Regulierungsbehördengesetz (E-RBG) die Energie-Control GmbH (ECG) und die Energie-Control Kommission (ECK) mit der Funktion der Regulierungsbehörde betraut.

5.3.7.1. Aufbauorganisation

5.3.7.1.1. Energie-Control GmbH

Die Energie-Control GmbH wurde am 15. Dezember 2000 gegründet und mit 23. Februar 2001 im Firmenbuch mit dem ursprünglichen Firmenwortlaut *Elektrizitäts-Control Österreichische Gesellschaft für Regulierung in der Elektrizitätswirtschaft mit beschränkter Haftung* eingetragen. Erst nachträglich wurde der Firmenwortlaut im Firmenbuch auf *Energie-Control Österreichische Gesellschaft für Regulierung in der Elektrizitäts- und Gaswirtschaft mit beschränkter Haftung* umgeändert. Zu dieser Änderung kam es, da das Aufgabengebiet der Elektrizitäts-Control GmbH um den Erdgasbereich erweitert

---

[278] Vgl. Hauer/Oberndorfer (2007), S. 410 f.
[279] Vgl. Draxler/Regehr (2007), S. 132.

wurde. Die Gesellschaft ist zu 100 % im Eigentum der Republik Österreich. Die ECG ist mit hoheitlichen Aufgaben und Befugnissen ausgestattet und nicht gewinnorientiert.

5.3.7.1.2. Energie-Control Kommission

Die Kommission ist gemäß § 15 E-RBG bei der E-Control GmbH angesiedelt, wie auch die gesamte Organisation der Regulierungsbehörde am Aufbau der Telekommunikationsregulierungsbehörde orientiert ist. Dementsprechend ist die E-Control Kommission in der Rechtsform einer Kollegialbehörde mit richterlichem Einschlag eingerichtet.[280]

5.3.7.1.3. Kontroll- und Aufsichtsorgane

Der Aufsichtsrat der E-Control GmbH ist sowohl mit externen Vertretern als auch mit Vertretern des Betriebsrates der E-Control GmbH besetzt.

Aufsichtsrat

Der BMWFJ gilt als die oberste Elektrizitätsbehörde gemäß § 2 E-RBG. In dieser Funktion ist er vor allem zuständig für die grundsätzliche Vorgabe der Tätigkeit und Aufsicht der ECG, Verwaltung der staatlichen Anteilsrechte sowie Entscheidungen in Angelegenheiten des Starkstromwegerechts.

Bundesminister für Wirtschaft, Familie und Jugend (BMWFJ)

In einer beratenden Funktion für den Bundesminister für Wirtschaft, Familie und Jugend bzw. für die Regulierungsbehörde wurde ein Elektrizitäts- und Erdgasbeirat installiert. Der Beirat unterstützt bei folgenden Agenden:

Elektrizitäts- und Erdgasbeirat

- Allgemeine und grundsätzliche Angelegenheiten der Elektrizitätspolitik bzw. Erdgaswirtschaft;
- Angelegenheiten betreffend die Elektrizitätspolitik, in denen die ECG in erster Instanz entscheidet (Ausnahmen: §§ 13 und 20 (2) ElWOG).

5.3.7.1.4. Finanzierung und Budget

Die Energie-Control GmbH wurde gemäß § 5 (1) E-RBG mit einem Stammkapital von € 3.700.000,– gegründet. Sie hat das Recht, gemäß § 6 (1) E-RBG zur Finanzierung der Aufgaben ein Entgelt von den Betreibern der Höchstspannungsnetze in vier gleichen Teilbeträgen jeweils zu Beginn eines Quartals des Geschäftsjahres in Rechnung zu stellen bzw. individuell vorzuschreiben. Die Berechnung der Gesamthöhe der benötigten Finanzmittel erfolgt anhand von Forecast-Berechnungen. Die Vorschaurechnung ist gemäß § 6 (2) E-RBG von der E-Control GmbH zu erstellen und vom Aufsichtsrat vor Beginn des betreffenden Geschäftsjahres zu genehmigen.

---

[280] Vgl. Hauer/Oberndorfer (2007), S. 560.

Die Berechnung des jeweiligen Anteils eines betroffenen Betreibers erfolgt gemäß § 6 E-RBG abhängig vom Verhältnis zwischen der bundesweiten Gesamtabgabe an Endverbraucher und der Abgabe aller untergelagerten Netzebenen durch die ECG, welche durch Bescheid vorgeschrieben werden.

5.3.7.2. Ablauforganisation

5.3.7.2.1. Aufgaben

Die Aufgaben der E-Control GmbH und der E-Control Kommission werden für eine bessere Übersichtlichkeit getrennt dargestellt; die Ausführungen haben für den Elektrizitäts- und Erdgasbereich Gültigkeit.

Zu den schwerpunktmäßigen Aufgaben der E-Control GmbH gehören allgemeine Regulierungstätigkeiten, Überwachungs- und Aufsichtsfunktion für den Elektrizitäts- und Erdgasmarkt, Schlichtung von Streitigkeiten, Prüfung der Einhaltung der Bestimmungen über den Bezug von Ökostrom und elektrischer Energie von Kleinwasserkraftwerksanlagen, organisatorische Abwicklung von Ausgleichszahlungen zwischen Netzbetreibern, Vollziehung der Bestimmungen über Stranded Costs und statistische Arbeiten.[281]

Die E-Control Kommission ist vor allem für die Bestimmung der Tarife, Entscheidungen über Netzzugangsverweigerung und die Schlichtung von Streitigkeiten zuständig.[282]

5.3.7.2.2. Instanzenzug

Bei der Durchführung von Verwaltungsverfahren gemäß § 7 E-RBG haben die E-Control GmbH und E-Control Kommission gemäß § 8 E-RBG das Allgemeine Verwaltungsverfahrensgesetz (AVG, BGBl. Nr. 51/1991) anzuwenden, soweit nicht ausdrücklich etwas anderes bestimmt ist. In den Verfahren sind von der Regulierungsbehörde (ECG und ECK) unabhängige Sachverständige hinzuzuziehen. Diese Sachverständigen können auch dem eigenen Mitarbeiterstamm angehören.

Gegen Entscheidungen der ECG besteht die Möglichkeit der Berufung bei der ECK. Die E-Control Kommission muss jedoch von der die E-Control GmbH als erste Instanz angerufen werden. Hier hat sich die ECG an die Grundsätze eines geordneten rechtsstaatlichen Verwaltungsverfahrens gemäß § 39 Abs 2 AVG zu halten.[283]

---

[281] Vgl. http://www.e-control.at/de/econtrol/unternehmen/organe-der-e-control/energie-control-gmbh (12.08.2009).
[282] http://www.e-control.at/de/econtrol/unternehmen/organe-der-e-control/energie-control-kommission (12.08.2009).
[283] Vgl. Draxler/Regehr (2007), S. 109.

Gemäß § 20 E-RBG entscheidet die ECK in oberster Instanz. Somit können ECK-Entscheidungen nicht im Verwaltungsweg aufgehoben oder abgeändert werden. Die Anrufung des Verwaltungsgerichtshofes ist jedoch zulässig.

Streitigkeiten zwischen Netzbetreibern und Netzzugangsberechtigten liegen im Aufgabenbereich der E-Control Kommission, sofern nicht die Zuständigkeit der Gerichte betroffen ist. Hier gelten als nächste Instanzen gemäß § 21 Abs 2 ElWOG die Gerichte, allerdings erst nach Rechtskraft der Entscheidung der Regulierungsbehörde.

5.3.8. Zusammenfassung

Die gesellschaftsrechtliche Trennung der einzelnen Bereiche der Wertschöpfungskette (Erzeugung, [Groß-]Handel, Übertragung, Verteilung und Vertrieb) stellte eine wesentliche Komponente der Liberalisierung des Strommarktes dar. Die Kommission der Europäischen Union erkannte, dass nur dann Wettbewerb entstehen kann, wenn ein freier und fairer Zugang zum Bereich der Übertragung bzw. der Verteilung für alle Marktteilnehmer besteht. Deshalb hat der österreichische Gesetzgeber, den EU-Richtlinien folgend, die vorgenannten Bereiche der Regulierung unterworfen und die vor- und nachgelagerten Bereiche dem Wettbewerb zugeführt. Die österreichische Bundesregierung entschied sich für eine Beschleunigung der vollkommenen Marktöffnung, welche mit 1. Oktober 2001 für den Strommarkt erfolgte. Mit der Aufgabe der Regulierung wurden die Energie-Control GmbH und die Energie-Control Kommission beauftragt.

„Die Regulierungsart und -intensität ist in den einzelnen Ländern der EU naturgemäß sehr verschieden. Man darf nicht vergessen, dass Länder mit ehemals planwirtschaftlichen Strukturen einen ganz anderen Ausgangspunkt haben als Länder mit langer marktwirtschaftlicher Tradition. Österreich hat einerseits ein klar definiertes, durchaus engmaschiges Regime, das sich andererseits aber durch geringe Durchsetzungsmöglichkeiten auszeichnet. Während also in manchen Ländern die Vorgaben vage sind, kann dort die Behörde Regulierungsentscheidungen auch wirksam durchsetzen. In Österreich gibt es zwar in vielen Bereichen relativ genaue Vorgaben (Marktmodell, Pflichten der Marktteilnehmer und Netzbetreiber mit Ausnahme der Unbundlingbestimmungen), die Durchsetzungsmöglichkeiten stehen allerdings nicht in einem adäquaten Verhältnis zu den potenziellen wirtschaftlichen Vorteilen einer Nichtbefolgung der rechtlichen Pflichten."[284]

---
[284] Interview mit DI Walter Boltz.

Mittels des Drei-Kriterien-Tests der Europäischen Kommission und der Theorie der angreifbaren Märkte wurde die Regulierungswürdigkeit ex post analysiert. Beide Verfahren lieferten das Ergebnis, dass der Bereich Transport regulierungswürdig ist, um für Wettbewerb in den vor- und nachgelagerten Bereichen zu sorgen. Im Zuge der beiden Tests konnten sowohl strukturelle als auch rechtliche Zugangshindernisse für potenzielle Wettbewerber festgestellt werden. Die rechtlichen Zugangsbarrieren wurden mit der Liberalisierung des Marktes geschaffen, da die Bereiche Übertragung und Verteilung die Charakteristika eines monopolistischen Bottlenecks darstellen. Dies ist auch das wesentliche strukturelle Zugangshindernis für potenzielle Wettbewerber. Die Übertragungsnetz- bzw. Verteilernetzbetreiber können einerseits essentielle Skalenerträge erwirtschaften, andererseits hat die Errichtung eines Netzes irreversible Kosten für den neuen Mitbewerber zur Folge.

„Das Spannungsfeld besteht nicht nur zwischen neuen und alten Zielsetzungen, sondern auch zwischen mehreren neuen Zielsetzungen. Zieht man beispielsweise die relativ neuen ökologischen Zielsetzungen hinzu, so werden wir nicht von einer Abnahme der Regeln im Energiebereich ausgehen können, sondern von einem Regelwerk, das sehr verschiedene Zielsetzungen hat. Wie gesagt, es geht weniger um die Anzahl der Regeln als um die dahinterliegenden Ziele und die Qualität der Regeln, um diese Ziele zu erreichen. Dabei gilt es Widersprüchlichkeiten und Marktverzerrungen zu vermeiden und die Regeln zu einem sinnvollen Ganzen zusammenzuführen."[285]

Zur Erfüllung der Regulierungsschwerpunkte sind integrierte Unternehmen zur strikten vertikalen Separierung mittels der Entbündelungsbestimmungen gezwungen. Außerdem bestimmt die Regulierungsbehörde die Bedingungen für einen Netzzugang und die Systemnutzungstarife, welche die Netzbetreiber von den Marktteilnehmern fordern dürfen. Der Fokus der Regulierung liegt auf dem fairen und freien Netzzugang für alle Marktteilnehmer und der Preisregulierung durch Vorgabe der zu verlangenden Netztarife. Hingegen spielt die Überwachung des Universaldienstes eine weit weniger bedeutende Rolle, da auch vom Gesetzgeber im Stromsektor nur eine Verpflichtung zur Grundversorgung von Endverbrauchern statuiert wurde. Adressaten dieser Bestimmung sind hier vor allem die Stromlieferanten.

---

[285] Interview mit DI Walter Boltz.

5.4. Eisenbahn

5.4.1. Marktdefinition

Zu den wichtigsten netzbasierten Infrastrukturbranchen unserer Wirtschaft zählt die Eisenbahn. Die europäischen Eisenbahnnetze entstanden in der ersten Hälfte des 19. Jahrhunderts. Seitdem sind sie einem ständigen Veränderungsprozess unterworfen, der von privaten Investitionsvorhaben über Verstaatlichung während der Nachkriegszeit bis hin zu den gegenwärtigen Liberalisierungen bzw. Privatisierungen reicht.[286]

Schienenverkehr als einer der wichtigsten Netzsektoren

Die Schienenverkehrsbranche ist durch eine vertikale Struktur charakterisiert, die in den Upstream-Bereich und den Downstream-Bereich aufgeteilt ist. Die Upstream-Ebene stellt den vorgelagerten Infrastrukturbereich dar, der wiederum aus den Teilbereichen Schieneninfrastruktur und Zugüberwachungssysteme besteht. Die Upstream-Ebene kann für mehrere Produkte bzw. Märkte genutzt werden. So kann etwa die Schieneninfrastruktur sowohl für den Güter- als auch für den Personentransport verwendet werden. Der eigentliche Zugverkehr bzw. Transport findet hingegen auf der Downstream-Ebene (nachgelagerter Bereich bzw. Eisenbahndienstleistungen) statt. Die in diesem Bereich tätigen Unternehmen stehen im Wettbewerb zueinander und bedienen die Endnachfrage.[287]

Laut *Knieps*[288] können im Leistungserstellungsprozess der Eisenbahn die folgenden drei Netzebenen unterschieden werden:

Schienenverkehr besteht aus drei Netzebenen

1. Angebot von Eisenbahnverkehr (Ebene I): Zu Ebene I zählen primär Eisenbahntransportleistungen von Gütern und Personen und auch zu diesen Leistungen gehörige Tätigkeiten wie etwa Produkt- und Tarifgestaltung, Marketing oder die Erfüllung von (intermodalen) Spediteuraufgaben.
2. Aufbau und Betrieb von Zugüberwachungssystemen (Ebene II): Hauptaufgabe dieser Ebene ist die Sicherstellung der Verkehrssicherheit. Unter den Begriff Zugüberwachungssysteme werden aber auch die Fahrplanvorbereitung, die Bedienung der Eisenbahnsignalanlagen sowie die Regelung der Zugfolge subsumiert. Diese Systeme fungieren als Bindeglied zwischen Ebene I und Ebene II.
3. Aufbau und Betrieb von Schieneninfrastrukturen (Ebene III): Teilfunktionen der Schieneninfrastruktur stellen der Neu-, der Aus- und Umbau von Schienentrassen, Gleisanlagen, Umladeter-

---
[286] Vgl. Schienen-Control GmbH (2007), S. 30.
[287] Vgl. Knieps/Brunekreeft (2003), S. 27.
[288] Vgl. Knieps (1996), S. 14 f.

minals sowie Bahnhöfen dar. Unter den Betrieb fällt auf der einen Seite die Wartung der Schieneninfrastrukturen, auf der anderen Seite der Betrieb von Bahnhöfen.

„In der Praxis spielt die Ebene II keine von der Ebene III getrennte Rolle. So wurden etwa im Zuge der letzten ÖBB-Reform auch die beiden Gesellschaften ÖBB-Infrastruktur Bau AG und ÖBB-Infrastruktur Betrieb AG wieder zusammengelegt. Von Wettbewerb in nennenswertem Umfang kann gar keine Rede sein, obwohl er theoretisch durchaus machbar wäre. Die auch in Österreich vorhandenen Fälle, in denen die Infrastruktur nicht vom Eigentümer betrieben wird, sind auch keineswegs im Wettbewerb entstanden." [289]

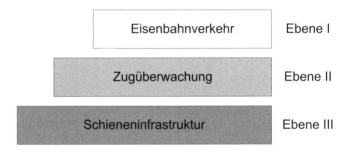

Abbildung 8: Schienenverkehr in Netzebenen

In einem vertikal integrierten Eisenbahnverkehrsunternehmen besteht die Möglichkeit zur Diskriminierung im Bereich des Zuganges zur Schieneninfrastruktur. Einerseits können im Rahmen der preislichen Diskriminierung beispielsweise Monopolpreise als Zugangsgebühren für die Nutzung der Infrastruktur, angefangen bei Trassensystemen bis hin zu Bahnhöfen, festgelegt werden. Dies würde in der Folge zu einem ineffizienten Marktergebnis führen. Andererseits besteht im Bereich der nichtpreislichen Diskriminierung die Möglichkeit der Wettbewerbsverzerrung durch technische, betriebliche, organisatorische oder kommunikative Erschwernisse (z.B. Vorzugsregeln bei der Trassenvergabe oder technische Anforderungen an die potenziellen Mitbewerber).[290]

„Die marktbeherrschende Stellung des ehemaligen Monopolisten zeigt sich in der Praxis auch in Bezug auf die Verwendung alter Lokomotiven. Die Zulassungsverfahren für Fahrzeuge können zeitaufwendig sein und somit ein Zugangshindernis für neu auf den Markt

---

[289] Interview mit Georg Fürnkranz, Geschäftsführer der Schienen-Control GmbH.
[290] Vgl. Aberle/Eisenkopf (2002), S. 36 ff.

eintretende Eisenbahnverkehrsunternehmen darstellen. Dadurch, dass der Incumbent ÖBB alte Lokomotiven ausschließlich verschrottet oder im Ausland mit Wiederverkaufsverbot nach Österreich verkauft, haben vor allem kleine Eisenbahnverkehrsunternehmen den Nachteil, keinen Zugang zu in Österreich zugelassenen, kostengünstigen Fahrzeugen zu bekommen. Hier befindet man sich wettbewerbsrechtlich auf dünnem Eis."[291]

Im Teilbereich Eisenbahnverkehr finden sich als Assets vor allem physische Vermögensgegenstände wie Lokomotiven oder Waggons. Know-how zur Produkt- und Tarifgestaltung sowie zur Erstellung von Fahrplänen gehört ebenfalls dazu. Der Bereich Zugüberwachungssysteme besteht im Wesentlichen aus software-orientierten technischen Systemen zur Bedienung von Eisenbahnsignalanlagen und ebenso aus Know-how zur Bedienung selbiger. Den Großteil der Assets im Bereich Schieneninfrastruktur machen wiederum physische Vermögensgegenstände wie Gleisanlagen, Trassen und Bahnhöfe aus.

Assets des marktbeherrschenden Unternehmens im Schienenverkehr

5.4.2. Regulierung der Branche

Um funktionierenden Wettbewerb sicherzustellen, sind daher entsprechende wettbewerbs- und regulierungspolitische Rahmenbedingungen notwendig.

Die Einleitung der Eisenbahnreformen lässt sich jedoch auch auf die immer schlechtere Auslastung des Schienenverkehrs im Vergleich zu anderen Verkehrsmitteln, vor allem dem Autoverkehr, zurückführen.[292] So ist der Schienenverkehrsmarkt von einem kontinuierlichen Verlust von Marktanteilen sowohl im Güter- als auch im Personenverkehr an andere Verkehrsträger gekennzeichnet. Aus ökologischen und verkehrspolitischen Gründen ist es jedoch Ziel der europäischen Bahnpolitik, den Prozentanteil des Schienenverkehrs am Verkehrsaufkommen zu heben. Dieses Ziel sollte erreicht werden, indem die Effizienz durch das Ermöglichen des Eintritts neuer Unternehmen auf dem vorhandenen (staatlichen) Netz erhöht wird. Aus diesem Grund wurde die Umstrukturierung der Staatsbahnen angestrebt, welche die Trennung von Eisenbahninfrastruktur und Erbringung der Verkehrsleistung vorsah, um einen diskriminierungsfreien Zugang allen Eisenbahnverkehrsunternehmen zur Verfügung zu stellen.[293]

---

[291] Interview mit Georg Fürnkranz.
[292] Vgl. Vaterlaus/Worm/Wild/Telser (2003), S. XXIX.
[293] Vgl. Schienen-Control GmbH (2007), S. 30 f.

Durchsetzung der europäischen Eisenbahnpolitik durch Richtlinienpakete	Gemeinschaftsrechtliche Vorschriften im Bereich Schienenverkehr bestehen schon seit langem. Die eigentliche Reform des Schienenverkehrsmarktes begann in Europa jedoch mit Inkrafttreten der Richtlinie 91/440/EWG[294]. Die Richtlinie 91/440/EWG stellte den ersten entscheidenden Schritt in Richtung Revitalisierung und Öffnung des Schienenverkehrs dar, da sie Bestimmungen zur Trennung zwischen dem Betrieb der Infrastruktur und der Erbringung von Verkehrsleistungen sowie zu einem freien Marktzugang im grenzüberschreitenden Schienenverkehr enthält.

Ergänzt bzw. konkretisiert wurde die Richtlinie durch die zwei weiteren Richtlinien 95/18/EG[295] sowie 95/19/EG[296], welche die Genehmigung von Eisenbahnunternehmen sowie das Trassenmanagement regeln.

Beginn der Reform: Erstes Eisenbahnpaket	Um die Maßnahmen der gemeinsamen europäischen Eisenbahnpolitik durchzusetzen, wurden die folgenden Reformen zu sogenannten Eisenbahnpaketen zusammengefasst. Das „Erste Eisenbahnpaket" umfasst die Richtlinien 2001/12/EG[297], 2001/13/EG[298] und 2001/14/EG[299]. Das erste Paket regelt die Trennung von Eisenbahninfrastruktur und operativem Betrieb, die Öffnung des Marktes für grenzüberschreitende Güterverkehrsdienste, die Unabhängigkeit des Infrastrukturbetreibers sowie die getrennte Rechnungsführung für Personenverkehrsleistungen und Güterverkehr. Weiters sind Bestimmungen zur Konzessionsvergabe und Trassenvergabe enthalten. Regeln für die Verfahren zur Zuweisung der Fahrwegkapazitäten und zur Berechnung des Wegeentgelts werden festgesetzt, um einen transparenten und diskriminierungsfreien Zugang zur Eisenbahninfrastruktur zu gewährleisten. In allen Mitglieds-

---

[294] Richtlinie 91/440/EWG des Rates vom 29. Juli 1991 zur Entwicklung der Eisenbahnunternehmen der Gemeinschaft: ABl. L 237 vom 24.08.1991, S. 25–28.
[295] Richtlinie 95/18/EG des Rates vom 19. Juni 1995 über die Erteilung von Genehmigungen an Eisenbahnunternehmen: ABl. L 143 vom 27.06.1995, S. 70.
[296] Richtlinie 95/19/EG des Rates vom 19. Juni 1995 über die Zuweisung von Fahrwegkapazität der Eisenbahn und die Berechnung von Wegeentgelten: ABl. L 143 vom 27.06.1995, S. 75–78.
[297] Richtlinie 2001/12/EG des Europäischen Parlaments und des Rates vom 26. Februar 2001 zur Änderung der Richtlinie 91/440/EWG des Rates zur Entwicklung der Eisenbahnunternehmen der Gemeinschaft: ABl. L 075 vom 15.03.2001, S. 1–25.
[298] Richtlinie 2001/13/EG des Europäischen Parlaments und des Rates vom 26. Februar 2001 zur Änderung der Richtlinie 95/18/EG des Rates über die Erteilung von Genehmigungen an Eisenbahnunternehmen: ABl. L 075 vom 15.03.2001, S. 26–28.
[299] Richtlinie 2001/14/EG des Europäischen Parlaments und des Rates vom 26. Februar 2001 über die Zuweisung von Fahrwegkapazität der Eisenbahn, die Erhebung von Entgelten für die Nutzung von Eisenbahninfrastruktur und die Sicherheitsbescheinigung: ABl. L 075 vom 15.3.2001, S. 29-46.

staaten der EU ist eine unabhängige Regulierungsbehörde für den Bereich Schienenverkehr einzurichten, die vor allem die Einhaltung der Zugangsrechte überwacht.

Das Zweite Eisenbahnpaket stellt eine Ergänzung zu den Bestimmungen des ersten Paketes dar. Es enthält die Richtlinien 2004/49/EG[300], 2004/50/EG[301] sowie 2004/51/EG[302] und legt seinen Fokus auf die Vereinheitlichung der Sicherheitsbestimmungen. Die Interoperabilität soll verbessert sowie die Öffnung des Güterverkehrsmarktes vorangetrieben werden. Die Verordnung (EG) 881/2004[303] sieht des Weiteren die Gründung einer Europäischen Eisenbahnagentur vor, die als zentrale Koordinierungsinstanz tätig werden soll und technische Unterstützung hinsichtlich der Interoperabilität[304] und Sicherheit des europäischen Eisenbahnsystems leisten soll.

Zweites Eisenbahnpaket

Die Integration des europäischen Eisenbahnsystems wird mit dem dritten Eisenbahnpaket fortgesetzt. Das Dritte Eisenbahnpaket (Richtlinien 2007/58/EG[305], 2007/59/EG[306], Verordnung [EG] Nr.

Drittes Eisenbahnpaket

---

[300] Richtlinie 2004/49/EG des Europäischen Parlaments und des Rates vom 29. April 2004 über Eisenbahnsicherheit in der Gemeinschaft und zur Änderung der Richtlinie 95/18/EG des Rates über die Erteilung von Genehmigungen an Eisenbahnunternehmen und der Richtlinie 2001/14/EG über die Zuweisung von Fahrwegkapazität der Eisenbahn, die Erhebung von Entgelten für die Nutzung von Eisenbahninfrastruktur und die Sicherheitsbescheinigung: ABl. L 220 vom 21.06.2004, S. 16.

[301] Richtlinie 2004/50/EG des Europäischen Parlaments und des Rates vom 29. April 2004 zur Änderung der Richtlinie 96/48/EG des Rates über die Interoperabilität des transeuropäischen Hochgeschwindigkeitsbahnsystems und der Richtlinie 2001/16/EG des Europäischen Parlaments und des Rates über die Interoperabilität des konventionellen transeuropäischen Eisenbahnsystems: ABl. L 164 vom 30.04.2004, S. 114–163.

[302] Richtlinie 2004/51/EG des Europäischen Parlaments und des Rates vom 29. April 2004 zur Änderung der Richtlinie 91/440/EWG des Rates zur Entwicklung der Eisenbahnunternehmen der Gemeinschaft: ABl. L 164 vom 30.04.2004, S. 164–172.

[303] Verordnung (EG) Nr. 881/2004 des Europäischen Parlaments und des Rates vom 29. April 2004 zur Errichtung einer Europäischen Eisenbahnagentur (Agenturverordnung): ABl. L 164 vom 30.04.2004, S. 1–43.

[304] Interoperabilität bedeutet, dass Schienenfahrzeuge ohne Hindernisse auf verschiedenen Schienennetzen (insbesondere zwischen verschiedenen Ländern) verkehren können. Ein Problem dabei stellen z.B. unterschiedliche Spurweiten dar.

[305] Richtlinie 2007/58/EG des Europäischen Parlaments und des Rates vom 23. Oktober 2007 zur Änderung der Richtlinie 91/440/EWG des Rates zur Entwicklung der Eisenbahnunternehmen der Gemeinschaft sowie der Richtlinie 2001/14/EG über die Zuweisung von Fahrwegkapazität der Eisenbahn und die Erhebung von Entgelten für die Nutzung von Eisenbahninfrastruktur: ABl. L 315 vom 03.12.2007, S. 44–50.

[306] Richtlinie 2007/59/EG des Europäischen Parlaments und des Rates vom 23. Oktober 2007 über die Zertifizierung von Triebfahrzeugführern, die Lokomotiven und Züge im Eisenbahnsystem in der Gemeinschaft führen: ABl. L 315 vom 03.12.2007, S. 51–78.

1370/2007[307], Verordnung [EG] Nr. 1371/2007[308]) fokussiert auf die Themenschwerpunkte grenzüberschreitende Personenverkehrsliberalisierung, die europaweit einheitliche Zertifizierung von Triebfahrzeugführern („Lokführerschein"), Maßnahmen zur Ausübung öffentlicher Personenverkehrsdienste sowie Fahrgastrechte und -pflichten im Güter- und Personenverkehr.

„Mit der Fahrgastrechtverordnung werden unter anderem Verspätungsentschädigungen oder Haftungsbestimmungen geregelt. Bezüglich der Passagierrechte sind die Fahrgäste in Österreich noch wenig informiert. Da die Regulierungsbehörde mittlerweile auch für die Behandlung von Konsumentenbeschwerden zuständig ist, werden hier neue Aufgaben auf die Behörde zukommen."[309]

In Österreich wurde ein Großteil der Bestimmungen durch das Eisenbahngesetz 1957 umgesetzt. Im Vergleich zu anderen Netzindustrien wie z.B. Telekommunikation oder Strom entwickelt sich die Liberalisierung der Schienenverkehrsmärkte in Europa jedoch nur langsam weiter.[310]

Ziel der Regulierung ist im Schienenverkehr vor allem die Sicherstellung eines gesamtwirtschaftlich effizienten Marktergebnisses, das durch die Regelungen des symmetrischen und diskriminierungsfreien Zugangs zum Netz für alle Unternehmen gewährleistet werden soll. Weitere Motive für Regulierung stellen besonders im Strom- wie auch im Eisenbahnsektor Anliegen im Umweltbereich dar.[311] Dadurch ergeben sich auch die Regulierungsschwerpunkte im Eisenbahnsektor, nämlich die vertikale Desintegration und Regulierung des Netzzuganges.

Gemäß Artikel 30 EU-Richtlinie 2001/14/EG ist eine Regulierungsbehörde einzurichten. Als Regulierungsbehörde, die 1999 gegründet wurde, fungieren die Schienen-Control Kommission (SCK), die eine Kollegialbehörde mit richterlichem Einschlag darstellt, sowie die Schienen-Control GmbH (SCG). Die Regulierungsbehörde im Schienenverkehr orientiert sich bei ihrem Aufbau an der Regulierungsbehörde im Bereich der Telekommunikation. Detaillierte Informationen zur Funktionsweise und Aufbauorganisation der Behörden sind in Kapitel 5.4.7 „Regulierungsbehörde" zu finden.

---

[307] Verordnung (EG) Nr. 1370/2007 des Europäischen Parlaments und des Rates vom 23. Oktober 2007 über öffentliche Personenverkehrsdienste auf Schiene und Straße und zur Aufhebung der Verordnungen (EWG) Nr. 1191/69 und (EWG) Nr. 1107/70 des Rates: ABl. L 315 vom 03.12.2007, S. 1–13.

[308] Verordnung (EG) Nr. 1371/2007 des Europäischen Parlaments und des Rates vom 23. Oktober 2007 über die Rechte und Pflichten der Fahrgäste im Eisenbahnverkehr: ABl. L 315 vom 03.12.2007, S. 14–41.

[309] Interview mit Georg Fürnkranz.

[310] Vgl. Schienen-Control GmbH (2007), S. 31.

[311] Vgl. Vaterlaus/Worm/Wild/Telser (2003), S. 31.

"Auf EU-Ebene erfolgt bereits eine institutionalisierte Zusammenarbeit von 25 Ländern. Die österreichische Regulierungsbehörde, die 2009 ihr zehnjähriges Bestehen feiert, gilt als Vorreiter in Europa. Der österreichische Regulator gehört gemeinsam mit den Behörden aus Deutschland, Holland, Großbritannien, der Schweiz und bis 2008 auch Ungarn zu den aktivsten Regulierungsbehörden in Europa."[312]

Regulierung im Markt des Schienenverkehrs erfolgt anders als etwa im Fall des Postsektors nicht auf allen Wertschöpfungsstufen, sondern ist auf Ebene III – Aufbau und Betrieb von Schieneninfrastrukturen – beschränkt, welche das monopolistische Bottleneck darstellt.

5.4.3. Regulierungswürdigkeit aufgrund des Drei-Kriterien-Tests

Wie in den bereits vorgestellten Branchen wird auch der Markt des Schienenverkehrs einer Ex-post-Untersuchung hinsichtlich der Regulierungswürdigkeit unterzogen.

5.4.3.1. Kriterium 1: Bestehen von Zugangshindernissen

Ebenso wie in den vorigen Branchen besteht auch im Eisenbahnschienenverkehr das strukturelle Zugangshindernis der Bereitstellung der Eisenbahninfrastruktur (z.B. Gleisanlagen, Zugtrassen, Signalinfrastruktur, Bahnhöfe). Der Bau der Infrastruktur stellt hohe und irreversible Kosten mit sehr langer Abschreibungsdauer dar.

Strukturelle Zugangshindernisse in Eisenbahninfrastruktur

Zu einem Ungleichgewicht zwischen etablierten Betreibern und Einsteigern führen jedoch auch Hindernisse im technischen Bereich. Damit Züge auf unterschiedlichen Schienennetzen verkehren können, ist eine einheitliche Spurweite die wichtigste Voraussetzung. Jedoch behindern auch unterschiedliche Stromsysteme, Sicherungssysteme, Lichtraumprofile, Radsatzlasten oder Zugbeeinflussungssysteme Wettbewerber, die in den Markt eintreten wollen, sodass die Bereitstellung des Dienstes nur unter hohen Investitionen möglich wäre und daher für den Wettbewerber unrentabel würde.[313]

Es gibt daher Bestrebungen seitens der Europäischen Union, Bestimmungen zur Interoperabilität zu erlassen. In den europäischen Richtlinien werden sowohl die Interoperabilität des transeuropäischen Hochgeschwindigkeitsbahnsystems als auch die Interoperabilität des konventionellen transeuropäischen Eisenbahnsystems geregelt.[314]

---

[312] Interview mit Georg Fürnkranz.
[313] Vgl. Fischer (2008), S. 25 ff.
[314] Richtlinie 2004/50/EG des Europäischen Parlaments und des Rates vom 29. April 2004 zur Änderung der Richtlinie 96/48/EG des Rates über die Interoperabilität

In Österreich erfolgte die Umsetzung dieser europäischen Vorgaben im achten Teil des Eisenbahngesetzes 1957, wobei sich das erste Hauptstück den Regelungen von Hochgeschwindigkeitsbahnsystemen[315] und das zweite Hauptstück der Interoperabilität des konventionellen transeuropäischen Eisenbahnsystems[316] widmet.

Vorschläge zur Harmonisierung der unterschiedlichen Systeme in den einzelnen Staaten gehen von der Europäischen Eisenbahnagentur (ERA) aus, die als neutrale Agentur gegründet wurde, um die Interoperabilität des Schienenverkehrsmarktes in Europa zu verbessern und somit die Wettbewerbsfähigkeit im Eisenbahnsektor zu erhöhen.[317]

Rechtliche Markteintrittsbarrieren bestehen, wenn der Zugang zum Markt bzw. die Marktposition des Eisenbahnverkehrsunternehmen durch legislative, administrative oder sonstige staatliche Maßnahmen beeinflusst wird.[318] In Österreich sind zum Bau und Betrieb[319] bzw. für die Erbringung von Eisenbahnverkehrsleistungen auf in Österreich liegenden Hauptbahnen und vernetzten Nebenbahnen[320] zahlreiche Genehmigungen bzw. Konzessionen erforderlich. Diese werden durch die jeweils zuständige Behörde vergeben. Oben angeführte Genehmigungen, Konzessionen bzw. Bescheinigungen werden jedoch nicht nur ausschließlich für eine begrenzte Anzahl von Unternehmen vergeben und stellen somit keine Barriere dar.

Rechtliche Zugangshindernisse

Wie im Stromsektor können jedoch forstrechtliche Rodungsbewilligungen, Baurechtsvorschriften der Bundesländer oder eine Umweltverträglichkeitsprüfung rechtliche Zugangshindernisse darstellen.

---

des transeuropäischen Hochgeschwindigkeitsbahnsystems und der Richtlinie 2001/16/EG des Europäischen Parlaments und des Rates über die Interoperabilität des konventionellen transeuropäischen Eisenbahnsystems: ABl. L 164 vom 30.04.2004, S. 114–163.

[315] EisbG (1957), §§ 86 ff.
[316] EisbG (1957), §§ 103 ff.
[317] http://europa.eu/agencies/community_agencies/era/index_de.htm (25.06.2009).
[318] Empfehlung der Kommission vom 11. Februar 2003 über relevante Produkt- und Dienstmärkte des elektronischen Kommunikationssektors, die aufgrund der Richtlinie 2002/21/EG des Europäischen Parlaments und des Rates über einen gemeinsamen Rechtsrahmen für elektronische Kommunikationsnetze und -dienste für eine Vorabregulierung in Betracht kommen (2003/311/EG).
[319] Für den Bau und Betrieb von Haupt- und vernetzten Nebenbahnen gelten etwa insbesondere folgende Genehmigungserfordernisse des Eisenbahngesetzes 1957: Die Verleihung einer Konzession gemäß §§ 14 ff., Sicherheitsgenehmigung § 38b, Eisenbahnrechtliche Baugenehmigung § 31, Betriebsbewilligung gemäß § 34.
[320] Für die Erbringung von Eisenbahnverkehrsleistungen auf in Österreich liegenden Hauptbahnen und vernetzten Nebenbahnen sind der Antrag sowie die Voraussetzungen für eine Verkehrsgenehmigung in §§ 15 ff. Eisenbahngesetz 1957 geregelt.

Preisspezifische Maßnahmen, die den Eisenbahnverkehrsunternehmen auferlegt werden und somit ihre Stellung am Markt beeinflussen, bestehen auch im Schienenverkehr. Gemäß § 22 (1) EisbG haben Eisenbahnverkehrsunternehmen Eisenbahnverkehrsleistungen im Personenverkehr auf öffentlichen Eisenbahnen bedarfsgerecht und wirtschaftlich zumutbar auf Grund von Tarifen anzubieten.

Zusammenfassend kann somit festgestellt werden, dass Kriterium 1 sowohl aufgrund struktureller als auch rechtlicher Hindernisse erfüllt ist.

5.4.3.2. Kriterium 2: Keine Tendenz zu wirksamem Wettbewerb

In weiten Teilen Österreichs waren die Österreichischen Bundesbahnen (ÖBB)[321] der Monopolanbieter, einige Gebietsmonopole wurden durch Privatbahnen gebildet. Der Schienenverkehrsmarkt ist durch geringe Flexibilität aufgrund der Organisation als Staatsbahn mit beamtenähnlichen Strukturen im Vergleich zu Straßen- oder Luftverkehr gekennzeichnet. Somit erfolgen Änderungen der Strukturen nur langsam.[322]

Keine Tendenz zu wirksamem Wettbewerb vorhanden

Die Änderung der Schienenmarktstruktur wurde vor allem durch die nationale Umsetzung der EU-Richtlinien in Gang gesetzt. Der Incumbent ÖBB hat nach wie vor in beiden Segmenten – Personen- und Güterverkehr – eine marktbeherrschende Stellung. Der Marktanteil im Personenverkehr beträgt etwa 91 % gemessen an der Anzahl der beförderten Personen pro Jahr sowie ca. 98 % gemessen an absolvierten Personenkilometern pro Jahr.[323] Durch die Öffnung des Schienenverkehrsmarktes wurden im Segment Personenverkehr bezüglich der Anzahl der Eisenbahnverkehrsunternehmen kaum Veränderungen herbeigeführt. Private Eisenbahnverkehrsunternehmen erbringen ihre Leistungen in diesem Bereich meist auf eigenen Netzen und sind daher im jeweiligen Tätigkeitsbereich Monopolisten. Auch im Segment Güterverkehr besitzt der Incumbent nach wie vor sehr hohe Marktanteile – knapp 92 % gemessen an absolvierten Zugkilometern pro Jahr sowie 90 % in Bezug auf die Anzahl der Bruttotonnenkilometer.[324] Die ÖBB verlieren allerdings zunehmend an Marktanteilen, während jener der privaten Bahnen kontinuierlich steigt. So waren 2007 bereits 29 Eisenbahnverkehrsunternehmen

---

[321] Der Begriff „Österreichische Bundesbahnen (ÖBB)" wird aus Gründen der Lesbarkeit in der Folge synonym für den Konzern oder auch einzelne Gesellschaften des Konzerns verwendet.
[322] Vgl. Schienen-Control GmbH (2004), S. 6.
[323] Vgl. Schienen-Control GmbH (2007), S. 41.
[324] Vgl. Schienen-Control GmbH (2007), S. 42.

(sechs Unternehmen davon waren ausländische Eisenbahnverkehrsunternehmen) in Österreich lizenziert.[325] Abgesehen von den Österreichischen Bundesbahnen findet man im Segment Güterverkehr nunmehr Unternehmen wie LogServ, das als erstes privates Eisenbahnverkehrsunternehmen auf öffentlichem Netz Ganzzugs-Gütertransporte in Österreich durchgeführt hat.[326] Vor allem in den Bereichen Brenner-Korridor, Donauachse und auf der Tauernroute besteht Mitbewerb durch die Unternehmen TX-Logistik, Lokomotion, LTE, WLB, SLB sowie LogServ.[327]

Kriterium 2 ist jedoch unter dem Aspekt zu betrachten, ob die Tendenz zu wirksamem Wettbewerb auch nach dem Wegfall der Regulierung bestehen wird. Bei einem vollkommenen Verzicht auf Regulierung zum aktuellen Zeitpunkt ist eine Remonopolisierung als wahrscheinlich anzunehmen, da der Incumbent ÖBB, der über die österreichweite Infrastruktur verfügt, durch seine nach wie vor erhebliche Marktmacht Mitbewerber erheblich diskriminieren könnte. Darüber hinaus wurden in den ÖBB zwar die Bereiche Infrastruktur vom Bereich Betrieb getrennt, in der Praxis besteht jedoch nach wie vor eine Vereinigung der Gesellschaften unter der ÖBB-Holding AG. Diese vertikale Struktur kann die Bildung von wirksamem Wettbewerb ebenfalls erheblich behindern. Kriterium 2 kann daher ebenso als erfüllt betrachtet werden.

5.4.3.3. Kriterium 3: Wettbewerbsrechtliche Mittel nicht ausreichend

Ebenso wie in den bereits behandelten Branchen sollte das dritte Kriterium einer eingehenden juristischen Betrachtung unterzogen werden, um festzustellen, ob das österreichische Wettbewerbsrecht gegen Marktversagen ausreichend ist. Da der Engpassbereich „Scheneninfrastruktur" viele Jahre ausschließlich von staatlichen Unternehmen mit zumindest faktischem Monopol bewirtschaftet wurde, ist tendenziell davon auszugehen, dass das allgemeine Wettbewerbsrecht nicht ausreicht, um Marktversagen entgegenzuwirken.

Kriterium 3 ist daher ebenso erfüllt.

5.4.3.4. Gesamtbewertung des Drei-Kriterien-Tests

Die Regulierungswürdigkeit des Schienenverkehrs kann ex post festgestellt werden, da alle drei Kriterien des vorliegenden Test kumulativ erfüllt sind.

---

[325] Telefonische Auskunft Statistik Austria (02.07.2009).
[326] http://www.logserv.at (24.06.2009).
[327] http://www.scg.gv.at/SCG/SCG-PUBLIKATIONEN/TEXTE/08_04_04-WKO.pdf (23.06.2009).

5.4.4. Regulierungswürdigkeit aufgrund anderer Indikatoren: Theorie der angreifbaren Märkte

5.4.4.1. Kriterium 1: Freier Markteintritt

Wie bereits in Kapitel 5.4.3.1 erwähnt, bestanden vor der Regulierung zahlreiche Zutrittsbarrieren zum Netz sowohl struktureller als auch rechtlicher Natur. Diese verhinderten einen freien Markteintritt und somit den Wettbewerb zwischen Eisenbahnverkehrsunternehmen. Daher war das Kriterium des freien Markteintrittes im Bereich der Eisenbahninfrastruktur vor Inkrafttreten der Regulierung nicht erfüllt. Da diese Barrieren abgebaut wurden, können Eisenbahnverkehrsunternehmen nunmehr ohne Zeitverlust unbeschränkten Zugang zur Infrastruktur haben.[328]

5.4.4.2. Kriterium 2: Abwesenheit irreversibler Kosten

In Ebene I (Erbringung der Eisenbahntransportleistungen) ist laut *Knieps*[329] eine Abwesenheit von irreversiblen Kosten festzustellen, da sich die notwendigen Investitionen vollständig wiederverwenden lassen, indem etwa Züge auf anderen geografischen Teilmärkten eingesetzt werden. Beinahe alle Fahrzeuge können darüber hinaus auf Sekundärmärkten gehandelt werden.[330] In Ebene II (Aufbau und Betrieb von Zugüberwachungssystemen), die, wie eingangs erwähnt, hauptsächlich aus Software bzw. Know-how zu deren Einsatz besteht, sind keine irreversiblen Kosten feststellbar, da diese Vermögensgegenstände durchaus in anderen Bereichen einsetzbar sowie nicht an einen geografischen Ort gebunden sind.[331] Anders als die vorangegangenen Wertschöpfungsstufen ist Ebene III (Schieneninfrastruktur) hingegen durch hohe irreversible Kosten gekennzeichnet, die aufgrund des Bestehens der Erdverbundenheit der Gleisanlagen oder Bahnhöfe bestehen und für die es kein potenzielles Substitut gibt.[332]

Zusammenfassend kann daher festgehalten werden, dass im Bereich Schieneninfrastruktur irreversible Kosten bestehen und daher auch Kriterium 2 nicht erfüllt ist.

„Irreversible Kosten können in der Praxis durchaus auch in den übrigen Ebenen in erheblichem Ausmaß (wenn auch bedeutend geringer als in Ebene III) entstehen, weil weder Fahrzeuge noch Zugsteuerung

---

[328] Vgl. Knieps (1996), S. 20.
[329] Vgl. Knieps (1996), S. 20.
[330] Vgl. Aberle/Eisenkopf (2002), S. 12.
[331] Vgl. Knieps (1996), S. 27.
[332] Vgl. Knieps (1996), S. 28.

100 % austauschbar sind. Deswegen existieren europaweit Bemühungen zur Vereinheitlichung (Interoperabilität)."[333]

5.4.4.3. Kriterium 3: Bertrand-Nash-Verhalten

Die vollständige Information der Marktteilnehmer und Transparenz der Preise vorausgesetzt, erscheint die Annahme von Bertrand-Nash-Verhalten erfüllt. Angebote des Eisenbahnverkehrs sind wenig diversifiziert und verfügen über Charakteristika eines Massengutes, daher sind Preisvergleiche und in der Folge eine Wanderung zum Anbieter mit niedrigeren Preisen wahrscheinlich.[334]

5.4.4.4. Gesamtbetrachtung der Contestable Markets Theory

Kriterium 1 „Freier Marktzutritt" war vor Inkrafttreten der Eisenbahnregulierung nicht erfüllt. Ebenso wenig kann Kriterium 2 als erfüllt betrachtet werden, da der Bereich der Schieneninfrastruktur durch hohe irreversible Kosten gekennzeichnet ist. Kriterium 3 ist als erfüllt zu betrachten. Insgesamt kann konstatiert werden, dass der Schienenverkehrsmarkt in Ebene III – dem Aufbau und Betrieb von Schieneninfrastruktur – weit vom Idealtypus eines angreifbaren Marktes entfernt ist und somit die Regulierungswürdigkeit anhand der Contestable Markets Theory bestätigt werden kann.

5.4.5. Identifizierung des monopolistischen Bottlenecks

Zur Lokalisierung des monopolistischen Bottlenecks wird – wie bereits bei den anderen Branchen – nicht der Schienenverkehr als Ganzes betrachtet. Es wird vielmehr eine disaggregierte Untersuchung der drei Wertschöpfungsebenen vorgenommen.

Economies of scope entstehen in allen drei Ebenen des Schienenverkehrs. Sie ergeben sich etwa aus Kostenersparnissen in der Administration, einer effizienteren Organisation der Informations- und Kommunikationssysteme oder aus Kostenvorteilen in der Beschaffung bzw. gemeinsamen Nutzung von Ressourcen (z.B. gemeinsamer Einkauf und Verwendung von Lokomotiven und Waggons).[335]

Das Bestehen von irreversiblen Kosten wurde bereits in Kapitel 5.4.4.2 ausführlich erörtert. Ein natürliches Monopol mit hohen sunk costs ist in den drei Ebenen nur im Teilbereich Schieneninfrastruktur

---

[333] Interview mit Georg Fürnkranz.
[334] Vgl. Knieps (1996), S. 20.
[335] Vgl. Aberle/Eisenkopf (2002), S. 17.

vorhanden. Die Lokalisierung von Marktmacht in bestimmten Teilen des Netzes wird in untenstehender Tabelle ersichtlich.

		Economies of Scope	Irreversible Kosten
	Eisenbahnverkehr (Ebene I)	vorhanden	nicht vorhanden
	Zugüberwachung (Ebene II)	vorhanden	nicht vorhanden
Monopolistisches Bottleneck {	Schieneninfrastruktur (Ebene III)	vorhanden	nicht vorhanden

Tabelle 5: Lokalisierung des monopolistischen Bottlenecks im Schienenverkehr

Im Teilbereich „Schieneninfrastruktur" sind sowohl economies of scope als auch irreversible Kosten vorhanden. Im Schienenverkehr kann man somit ausschließlich im Bereich des Aufbaus und Betriebs von Schieneninfrastruktur ein monopolistisches Bottleneck identifizieren. Aus der disaggregierten Betrachtung der drei Netzebenen des Schienenverkehrs wird daher ersichtlich, dass der Betreiber der Schieneninfrastruktur aufgrund des Engpassfaktors „Schienenzugang" Marktmacht besitzt. Regulierungsbedarf besteht deshalb nur in diesem Bereich.[336]

Monopolistisches Bottleneck im Bereich Schieneninfrastruktur

5.4.6. Regulierungsschwerpunkte

5.4.6.1. Wettbewerb

5.4.6.1.1. Netzzugang

Der Schienenverkehrsmarkt war charakterisiert durch das Bestehen eines natürlichen Monopols, das alternative Eisenbahnverkehrsunternehmen beim Zugang zur Infrastruktur (Netzzugang) behinderte, bzw. war ein solcher gar nicht vorgesehen. Aufgrund der Monopolstellung der Infrastrukturbetreiber war eine Diskriminierung bei der Vergabe der Infrastruktur nicht auszuschließen.

Ziel der europäischen Eisenbahnrichtlinienpakete war somit die Regulierung des vorgelagerten Infrastrukturbereiches, um am nachgelagerten Bereich der Eisenbahnverkehrsleitungen Wettbewerb zu ermöglichen. Die Rahmenbedingungen, zu denen der Netzbetreiber Dritten Zugang zur Infrastruktur gewähren muss, werden damit vor-

---
[336] Vgl. Knieps (1996), S. 61.

gegeben. Die wichtigsten Regelungen für einen offenen Zugang zum Netz sind im Folgenden ausgeführt.

Marktzugangsregulierung mithilfe der Separation von Netz und Betrieb

Eine unabdingbare Voraussetzung für offenen Netzzugang ist vertikale Desintegration, welche die vollständige eigentumsrechtliche bzw. institutionelle Trennung von Netz und Betrieb umfasst.[337] Diese wurde das erste Mal 1991 durch die EU-Richtlinie 91/440/EWG[338] gefordert. Daraufhin erfolgte die Umorganisation der ÖBB in die Unternehmensbereiche „Absatz" und „Infrastruktur", um die organisatorische, rechnerische und rechtliche Trennung in Absatz und Infrastruktur durchzuführen.[339] Der Bereich „Absatz" wurde wiederum in die eigenständigen Aktiengesellschaften ÖBB-Personenverkehr AG und Rail Cargo Austria AG geteilt, die den Personen- bzw. Güterverkehr abwickeln. Der Unternehmensbereich „Infrastruktur" wurde bei der Reform 2003 in die ÖBB-Infrastruktur Bau AG und ÖBB-Infrastruktur Betrieb AG separiert. Im Zuge der letzten ÖBB-Reform 2009 wurden diese beiden Aktiengesellschaften wieder in eine Gesellschaft (ÖBB-Infrastruktur AG) zusammengeführt. Die Aufspaltung von Netz und Betrieb in eigene Aktiengesellschaften wurde damit zwar vollzogen, allerdings sind die Gesellschaften weiterhin unter der ÖBB-Holding AG vereint.

Gleiche Zugangsbedingungen zu den Schienenwegen und den Zugüberwachungssystemen

Schon die EU-Richtlinie 95/19/EG sieht gemeinsame Regeln für die Zuweisung von Fahrwegkapazität vor. Damit Fahrwegkapazität in nichtdiskriminierender Weise zugeteilt wird, soll eine Zuweisungsstelle mit dieser Aufgabe betraut sein. In Österreich erfolgte die Umsetzung dieser Vorgaben durch die Regelungen des zweiten Abschnittes im Eisenbahngesetz zur Zuweisung von Zugtrassen[340], welche die Markteintrittsbarrieren für alternative Eisenbahnverkehrsunternehmen weiter vermindern sollen. Diese Richtlinie stellt somit gemeinsam mit der Richtlinie 91/440/EWG (der Trennung zwischen dem Betrieb der Infrastruktur und der Erbringung von Verkehrsleistungen) die wichtigste Bestimmung für einen diskriminierungsfreien Netzzugang dar. So hat die Zuweisung von Zugtrassen an Zugangsberechtigte „*den Grundsätzen der Gleichbehandlung und einer effizienten Nutzung der Schieneninfrastruktur*"[341] zu folgen.

„*Für das typische neu eintretende Eisenbahnverkehrsunternehmen mit unter zehn Lokomotiven und wenig Personal stellen langwierige Streitereien leere Kilometer dar. In der Praxis übernimmt die Regu-*

---

[337] Vgl. Aberle/Eisenkopf (2002), S. 20.
[338] Richtlinie 91/440/EWG, Artikel 6.
[339] Vgl. ÖBB (2003), S. 6, 14 f.
[340] EisbG (1957), §§ 63 ff.
[341] EisbG (1957), § 63 (1).

lierungsbehörde daher die Aufgabe, etwaige diskriminierende und wettbewerbsbehindernde Tatbestände amtswegig zu überprüfen. Der Beschwerdeführer verlangt oftmals, gar nicht genannt zu werden, um nicht in der Folge am kleinen österreichischen Schienenverkehrsmarkt diskriminiert zu werden."[342]

Eine weitere Voraussetzung für offenen Netzzugang sah die EU-Richtlinie 91/440/EWG mit den Zugangs- und Transitrechten zur Eisenbahninfrastruktur im grenzüberschreitenden Eisenbahnverkehr für Eisenbahnunternehmen und internationale Gruppierungen von Eisenbahnunternehmen vor.[343] Diese wurden durch die darauf folgende Richtlinie 2001/12/EG noch erweitert – Eisenbahnverkehrsunternehmen erhielten mit dieser Bestimmung „*für das Erbringen von Verkehrsleistungen im grenzüberschreitenden Frachtverkehr [...] Zugang zu dem Transeuropäischen Schienengüternetz [...] und auf jeden Fall nach dem 15. März 2008 Zugang zu dem gesamten Netz*".[344] Schlussendlich wurde das Datum für die Öffnung zum gesamten europäischen Schienengüterverkehrsnetz für das Erbringen von Verkehrsleistungen im grenzüberschreitenden Frachtverkehr auf den 1. Januar 2006 vorverlegt. Für die Erbringung aller Arten von Schienenfrachtdiensten erhielten Eisenbahnverkehrsunternehmen spätestens zum 1. Januar 2007 Zugang zur Infrastruktur aller Mitgliedstaaten.[345]

Zugangs- und Transitrechte im grenzüberschreitenden Eisenbahnverkehr

„*Im grenzüberschreitenden Schienenverkehr gilt de facto ein sogenannter ‚Nicht-Angriffs-Pakt' der Staatsbahnen, dieser wird daher beinahe ausschließlich in Kooperation abgewickelt. Aber auch die Privatbahnen setzen nur selten auf direkten internationalen Verkehr. Zu diesem Zweck existiert z.B. auch die Privatbahnallianz ‚European Bulls'. Das Faktum der überwiegenden grenzüberschreitenden Kooperationen beruht darauf, dass sich trotz aller Bemühungen zu einer vollständigen Marktöffnung der Markteintritt dennoch schwierig gestaltet. So müssen die Unternehmen europaweit noch immer mit technischen oder administrativen (z.B. die sprachliche Verständigung, die Kommunikation mit Behörden und Einrichtungen anderer Länder) Hindernissen leben, die einen Markteintritt oft wirtschaftlich unattraktiv gestalten.*"[346]

Da ursprünglich durch die Monopolstellung des Incumbents im Netzbereich sehr restriktive Zugangsbedingungen bestanden, wurde dieser, in Umsetzung der europäischen Vorgaben, einer Regulierung un-

---

[342] Interview mit Georg Fürnkranz.
[343] Vgl. Richtlinie 91/440/EWG, Artikel 10.
[344] Richtlinie 2001/12/EG, Artikel 10.
[345] Vgl. Richtlinie 2004/51/EG, Artikel 10.
[346] Interview mit Georg Fürnkranz.

terworfen. § 22 (3) EisbG sieht vor, dass Eisenbahninfrastrukturunternehmen „*die Schieneninfrastruktur Eisenbahnverkehrsunternehmen zwecks Zuganges anzubieten und zur Verfügung zu stellen*" haben. Der sechste Teil des Eisenbahngesetzes widmet sich darüber hinaus vollkommen der Regulierung des Schienenverkehrsmarktes, damit auf dem nachgelagerten Bereich Wettbewerb zwischen den einzelnen Betreibern entstehen kann.

„*Der Zugang zum öffentlichen Netz erweist sich bislang als relativ unproblematisch. Absolute Dominanz bei Verfahren der Regulierungsbehörde hatten bislang im Gegensatz dazu Anschlussbahnprobleme.*"[347]

5.4.6.1.2. Vermeidung von Quersubventionierung

Vermeidung von Quersubventionierung durch Abtrennung des Bereiches Schieneninfrastruktur

Bereits die Richtlinie 91/440/EWG enthält Bestimmungen, die Quersubventionen verbieten. Es wird hier gefordert, dass die Mitgliedsstaaten der EU Maßnahmen treffen, „*um in der Rechnungsführung das Erbringen von Verkehrsleistungen von dem Betrieb der Eisenbahninfrastruktur zu trennen. Ein Transfer von Subventionen von einem Bereich zum anderen ist nicht gestattet. Dieses Verbot muss auch in der Rechnungsführung der beiden Bereiche zum Ausdruck kommen.*"[348]

Diesem Verbot wird in Österreich durch die Regelungen des § 55 EisbG Rechnung getragen, die besagen, dass integrierte Eisenbahnunternehmen in ihrer Rechnungsführung den Bereich Schieneninfrastruktur getrennt von anderen Unternehmensbereichen auszuweisen haben. Weiters sind getrennte Gewinn- und Verlustrechnungen und Bilanzen zu erstellen bzw. zu veröffentlichen. Die Subvention anderer Unternehmensbereiche durch den Bereich Schieneninfrastruktur wird ausdrücklich untersagt.[349] Durch die Trennung der Aktivitäten der Bereiche kann die Gefahr von Quersubventionierung vermieden werden.

5.4.6.1.3. Access Pricing

Die Höhe der Zugangsgebühr, welche für die Benutzung des monopolistischen Bottlenecks verlangt wird, soll reguliert werden, um nicht Monopolpreisen zu entsprechen. Gemäß europäischen Vorschriften muss der Infrastrukturbetreiber bei der Festsetzung, Berechnung und Erhebung von Wegeentgelten dafür Sorge tragen, „*dass die Anwendung der Entgeltregelung zu gleichwertigen und nichtdiskriminierenden Entgelten für unterschiedliche Eisenbahnunternehmen*

---

[347] Interview mit Georg Fürnkranz.
[348] Richtlinie 91/440/EWG, Artikel 6 (1).
[349] Vgl. EisbG (1957), § 55 (2).

führen, die Dienste gleichwertiger Art in ähnlichen Teilen des Markts erbringen und dass die tatsächlich erhobenen Entgelte den in den Schienennetz-Nutzungsbedingungen vorgesehenen Regeln entsprechen".[350] Darüber hinaus ist vorgesehen, dass die Festsetzung der Infrastrukturbenützungsentgelte (IBE) in der Höhe der Kosten, die unmittelbar aufgrund des Zugbetriebes anfallen, erfolgt. Das Entgelt kann weiters Bestandteile enthalten, die die Knappheit der Fahrwegkapazität in Zeiten der Überlastung berücksichtigen.[351] Es besteht die Möglichkeit, Aufschläge, die wiederum den effizienten, transparenten und nichtdiskriminierenden Grundsätzen folgen, zu erheben, um die volle Kostendeckung beim Infrastrukturbetreiber zu gewährleisten.[352]

In Österreich erfolgt die Festlegung der Infrastrukturbenützungsentgelte durch die Zuweisungsstelle, die ÖBB-Infrastruktur Betrieb AG.[353] Verhandlungen zwischen Zugangsberechtigten sowie der Zuweisungsstelle bezüglich der Höhe des IBE sind nur unter Aufsicht der Schienen-Control GmbH zu führen.[354] Die Regulierungsbehörde muss weiters sicherstellen, dass die Tarife keine diskriminierenden Elemente enthalten.

Festsetzung der Benützungsentgelte ohne diskriminierende Elemente

Das Infrastrukturbenützungsentgelt muss die folgenden Inhalte berücksichtigen:[355]

- Nutzung von Weichen und Abzweigungen;
- Zugsteuerung inkl. Signalisierung, Regelung, Abfertigung;
- Bereitstellung der betriebsnotwendigen Kommunikations- und Informationseinrichtungen.

Die Berechnung der IBE erfolgt in Abhängigkeit von der Kilometeranzahl und berücksichtigt weitere technische Parameter (mit unterschiedlicher Gewichtung) wie etwa die Engpasszuschläge, Abnützung der Gleise oder Marktsegment.[356] Die letzte Entwicklung im Bereich Infrastrukturtarife stellt die Aufnahme von pünktlichkeitsabhängigen Komponenten dar. Mit dem „Performance Regime" soll die Pünktlichkeit der Betriebsabwicklung verbessert werden – so muss der Verursacher einer Verspätung pro Minute ein bestimmtes Pönale zahlen. Dieses System ist im Moment nur für Personenzüge im Fernverkehr im Einsatz.[357]

---

[350] Richtlinie 2001/14/EG, Artikel 4 (5).
[351] Richtlinie 2001/14/EG, Artikel 7 (3) und (4).
[352] Richtlinie 2001/14/EG, Artikel 8 (1).
[353] Vgl. EisbG (1957), § 68 (1).
[354] Vgl. EisbG (1957), § 68a.
[355] Schienen-Control GmbH (2007), S. 77.
[356] Vgl. Schienen-Control GmbH (2007), S. 78 ff.
[357] Vgl. Schienen-Control GmbH (2007), S. 60.

5.4.6.2. Universaldienst

Keine Universaldienstverpflichtung im Schienenverkehr

Während in der Telekommunikation oder der Post der Universaldienst präzise als flächendeckendes Mindestangebot an Diensten bestimmter Qualität und zu erschwinglichen Preisen definiert ist, gibt es im Bereich des Schienenverkehrs keinen Universaldienst per se. Vielmehr wird die Gemeinnützigkeit der Eisenbahn, d.h. das öffentliche Interesse am Bau und dem Betrieb einer Eisenbahn, mehrmals betont.[358]

Eine Regelung bezüglich der Tarife findet sich in § 22 (1) EisbG, der besagt, dass Eisenbahnverkehrsleistungen im Personenverkehr auf öffentlichen Eisenbahnen „*bedarfsgerecht und wirtschaftlich zumutbar auf Grund von Tarifen und Fahrplänen anzubieten*" sind.

Im Gegensatz zu anderen Branchen wie etwa der Post, wo Schließungen von Postämtern nur vollzogen werden können, wenn erstens die „*kostendeckende Führung eines Postamtes dauerhaft ausgeschlossen ist*" und zweitens „*die Erbringung des Universaldienstes durch eine alternative Lösung gewährleistet ist*"[359], ist die Einstellung des Betriebes einer öffentlichen Eisenbahn oder eines Streckenteiles einer öffentlichen Eisenbahn möglich, wenn dieser nicht mehr wirtschaftlich zumutbar ist.[360]

5.4.7. Regulierungsbehörde

Im Bereich Schienenverkehr wurde die Forderung, eine Regulierungsbehörde zu installieren, ursprünglich durch Artikel 30 der EU-Richtlinie 2001/14/EG begründet. Es kann sich bei dieser Behörde um das für Verkehrsfragen zuständige Ministerium oder eine andere Behörde handeln. Die Richtlinie schreibt weiters vor, dass die Stelle „*organisatorisch, bei ihren Finanzierungsbeschlüssen, rechtlich und in ihrer Entscheidungsfindung von Betreibern der Infrastruktur, entgelterhebenden Stellen, Zuweisungsstellen und Antragstellern unabhängig*" zu sein hat.[361]

In Umsetzung der Richtlinie wurde daher in Österreich eine Eisenbahnregulierungsbehörde gegründet.[362] Wie bei anderen Regulierungsbehörden in Österreich ist auch die Eisenbahnregulierungsbehörde als Doppelorganisation aufgebaut: die Schienen-Control Kommission (SCK) und die Schienen-Control GmbH (SCG) wurden 1999 eingerichtet. Die Schienen-Control Kommission stellt eine Kol-

---
[358] Vgl. EisbG (1957), § 14a, § 17a.
[359] Stratil (2007), § 4 (5).
[360] Vgl. EisbG (1957), § 28 (1).
[361] Richtlinie 2001/14/EG, Artikel 30 (1).
[362] Vgl. EisbG (1957), § 76.

legialbehörde mit richterlichem Einschlag dar und ist die oberste Verwaltungsbehörde der Eisenbahnregulierung in Österreich.[363] Die Schienen-Control GmbH ist als Geschäftsstelle der Schienen-Control Kommission eingerichtet.

Im Markt des Schienenverkehrs fungieren in Österreich neben den Eisenbahn-, Verkehrs- und Infrastrukturunternehmen und verschiedenen Dienstleistungsunternehmen vor allem die folgenden Behörden: Das Bundesministerium für Verkehr, Innovation und Technologie (BMVIT) ist für die Konzessionserteilung, Zulassung von Fahrzeugen, Genehmigung von Vorschriften, Bestellung von Betriebsleitern, die Sicherheitsbehörde sowie das Verkehrsarbeitsinspektorat verantwortlich. Die Zuständigkeit der Schieneninfrastruktur-Dienstleistungsgesellschaft mbH (SCHIG) liegt in der Führung der Fahrzeugregister. Unter der Organisation VERSA sind verschiedene Bereiche der Verkehrssicherheitsarbeit in der Bundesanstalt für Verkehr zusammengefasst – diese fungiert als Unfalluntersuchungsstelle im Schienenverkehr.[364]

5.4.7.1. Aufbauorganisation

Die Regulierungsbehörde im Schienenverkehr orientiert sich in ihrem Aufbau an dem der Regulierungsbehörde im Bereich der Telekommunikation (siehe Kapitel 5.1.7.1).

5.4.7.1.1. Aufbauorganisation der Schienen-Control GmbH

Die Schienen-Control GmbH ist organisatorisch zu 100 % im Eigentum des Staates – sie wurde mit einem Stammkapital von € 726.728 gegründet. Die Anteilsrechte werden vom Bundesminister für Verkehr, Innovation und Technologie verwaltet. Die Schienen-Control GmbH ist in sechs Fachbereiche aufgeteilt, um durch die Aufgabenteilung eine optimale Abwicklung aller Aufgaben zu ermöglichen.[365]

5.4.7.1.2. Aufbauorganisation der Schienen-Control Kommission

Die Schienen-Control Kommission wird gemäß § 81 (1) EisbG bei der SCG eingerichtet. Die Zusammensetzung der Schienen-Control Kommission wird ebenso gesetzlich geregelt – so sieht das Eisenbahngesetz vor, dass die Kommission aus einem Vorsitzenden und zwei weiteren Mitgliedern zu bestehen hat. Darüber hinaus muss für jedes Mitglied ein Ersatzmitglied bestellt werden.[366]

---
[363] Vgl. Schienen-Control GmbH (2007), S. 16.
[364] Vgl. Schienen-Control GmbH (2007), S. 36.
[365] Vgl. Schienen-Control GmbH (2007), S. 18 f.
[366] Vgl. EisbG (1957), § 82 (1).

Die Mitglieder der Schienen-Control Kommission werden von der Bundesregierung bestellt und sind „*in Ausübung ihres Amtes unabhängig und an keine Weisungen gebunden*".[367] Die Entscheidungen der Schienen-Control Kommission werden mit Stimmenmehrheit gefasst.

5.4.7.1.3. Kontroll- und Aufsichtsorgane

Gemäß § 79 (1) EisbG unterliegt die Tätigkeit der Schienen-Control GmbH der Aufsicht des Bundesministers für Verkehr, Innovation und Technologie (unbeschadet der Rechte der Generalversammlung gemäß dem Gesetz über die Gesellschaften mit beschränkter Haftung, RGBl. Nr. 58/1906). Der Bundesminister kann in Erfüllung seines Aufsichtsrechtes der Schienen-Control GmbH begründete Weisungen in schriftlicher Form erteilen. Weiters sind dem Bundesminister für Verkehr, Innovation und Technologie alle zur Erfüllung seiner Aufgaben erforderlichen Auskünfte zu erteilen und die entsprechenden Unterlagen zu übermitteln.

Der Aufsichtsrat der Schienen-Control GmbH, dem gemäß § 76 (4) EisbG ein Vertreter des Bundesministers für Finanzen angehören muss, besteht aus mindestens vier Mitgliedern.

5.4.7.1.4. Finanzierung, Budget

Die Schienen-Control GmbH gehört zu 100 % dem österreichischen Staat und ist nicht gewinnorientiert.[368] Ihre Aufwendungen betragen laut Tätigkeitsbericht 2007 € 0,85 Mio., die von den Eisenbahnverkehrsunternehmen getragen werden.[369]

5.4.7.2. Ablauforganisation

5.4.7.2.1. Aufgaben der Regulierungsbehörde

Abgesehen von ihrer Haupttätigkeit – der Sicherstellung eines diskriminierungsfreien Zuganges zur Schienennetzinfrastruktur – kommen der Regulierungsbehörde vor allem Überwachungstätigkeiten zu. So werden etwa Schienennetznutzungsbedingungen, Infrastrukturnutzungsverträge oder Infrastrukturverknüpfungsverträge überprüft. Weiters kommen der Behörde auch die Aufgaben der Marktbeobachtung sowie des Informationsaustausches über Entscheidungen mit ausländischen Regulierungsstellen zu.

---

[367] EisbG (1957), § 83.
[368] Vgl. EisbG (1957), § 76.
[369] Vgl. Schienen-Control GmbH (2006), S. 32.

Fokus der SCK ist einerseits die Wettbewerbsaufsicht bezüglich des Zugangs zur Schieneninfrastruktur, andererseits die Behandlung von Beschwerden gegen Eisenbahnunternehmen und die Zuweisungsstelle aus Gründen der Diskriminierung.

Die Schwerpunkte des Tätigkeitsbereiches der SCG liegen in der Geschäftsführung für die Schienen-Control Kommission, der Aufgabe als Schlichtungsstelle und in der Marktbeobachtung des Schienenverkehrsmarktes.

„Seit 2006 ist eine weitere Aufgabe zum Tätigkeitsbereich der Regulierungsbehörde hinzugekommen. So sind nunmehr auch statistische Aufgaben zu wahrzunehmen. Während die Statistik Austria großteils aggregierte Daten liefert, erfolgen die Erhebungen der Behörde auf einem höheren Detaillierungsgrad. Die Schlichtungsstelle hingegen führt derzeit noch ein Schattendasein, da das Dritte Eisenbahnpaket erst mit Verzögerung in Kraft tritt. Bis dato wurden Streitfälle typischerweise mit Kulanz gelöst. In der Praxis ist der Hauptbereich der Alltagsarbeit der Behörde SCG die Kontrolle meldepflichtiger Unterlagen. Diese werden sodann der SCK vorgelegt, und als erster Schritt wird bei Beanstandungen ein runder Tisch mit dem/den betroffenen Eisenbahnunternehmen veranstaltet. Häufigste Kritikpunkte stellen hierbei Probleme mit Schienennetznutzungsbedingungen oder Infrastrukturbenützungsentgelten dar."[370]

5.4.7.2.2. Instanzenzug

Für die Tätigkeit der Schienen-Control Kommission ist die Geschäftsordnung (gemäß § 83 EisbG) maßgeblich. Im Übrigen kommt das AVG – insbesondere auch dessen Bestimmungen für das Verfahren vor den unabhängigen Verwaltungssenaten – für die Schienen-Control Kommission zur Anwendung, sofern im Eisenbahngesetz nichts anderes bestimmt ist (§ 84 EisbG). Entscheidungen der Schienen-Control Kommission unterliegen nicht der Aufhebung oder Abänderung im Verwaltungsweg. Berufungen gegen die SCK sind beim Verwaltungsgerichtshof einzulegen.

Gemäß § 78 (1) EisbG wendet die Schienen-Control GmbH im Verwaltungsverfahren ebenso das AVG an, sofern das Eisenbahngesetz nichts anderes bestimmt. Die Schienen-Control Kommission ist gemäß § 78 (2) EisbG die Berufungsinstanz gegen Bescheide der Schienen-Control GmbH.

---

[370] Interview mit Georg Fürnkranz.

5.4.8. Zusammenfassung

Im Kapitel Schienenverkehr wurde der Aufbau des Marktes in drei Ebenen beleuchtet. Außer auf die Sicherstellung eines fairen Wettbewerbs wurde auch auf andere Gründe für die Regulierung des Schienenverkehrs (z.B. ökologische und verkehrspolitische Gründe) eingegangen. Ebenso wurden die rechtlichen Grundlagen der Schienenverkehr-Regulierung näher dargestellt.

Die Regulierungswürdigkeit des Eisenbahnsektors ist ex post anhand des Drei-Kriterien-Tests sowie der Theorie der angreifbaren Märkte bestätigt worden.

Anschließend wurden die Schwerpunkte der Regulierung im Bereich des Schienenverkehrs näher ausgeführt. Der Fokus liegt hier auf dem symmetrischen und diskriminierungsfreien Zugang zur Schieneninfrastruktur, um auf den nachgelagerten Ebenen Wettbewerb zu ermöglichen.

Als Regulierungsbehörde des Eisenbahnsektors wurden abschließend die Schienen-Control Kommission und die Schienen-Control GmbH vorgestellt. Wie in den übrigen Branchen wurde auf die Aufbau- und Ablauforganisation eingegangen. Es konnte festgestellt werden, dass zum Interessenausgleich zwischen Eisenbahnunternehmen konsensorientierte Maßnahmen vor formalrechtlichen Schritten von der Regulierungsbehörde eingesetzt werden.

Für die Sicherstellung des diskriminierungsfreien Zugangs jedes Eisenbahnverkehrsunternehmens zur Schieneninfrastruktur ist die Regulierungsbehörde auch in Zukunft zuständig. Zweck der Regulierung ist *„die wirtschaftliche und effiziente Nutzung der Schienenbahnen in Österreich"*[371], die durch einen funktionierenden Wettbewerb zwischen Eisenbahnverkehrsunternehmen und die Sicherstellung des Zuganges zur Schieneninfrastruktur gewährleistet sein soll.

5.5. Verpackungsentsorgung

Bei den bisher untersuchten Branchen handelt es sich um netzbasierte Infrastrukturindustrien, für welche Regulierungsbehörden eingerichtet wurden. Die Untersuchung hat gezeigt, dass diese Branchen zumindest in Teilbereichen auch nach Anwendung regulierungstheoretischer Ansätze zu regulieren sind.

Es gibt jedoch eine Vielzahl anderer netzbasierter Infrastrukturindustrien, bei denen sich sowohl aus theoretischer als auch prak-

---

[371] EisbG (1957), § 54.

tischer Sicht die Frage stellt, warum sie derzeit keiner Regulierung unterworfen bzw. ob sie zu regulieren sind. In der Praxis stellt sich die Frage vor allem in Branchen, in denen einzelne Unternehmen über erhebliche Marktanteile verfügen und sich potenzielle Konkurrenten von einer Regulierung eine Senkung der Markteintrittsbarrieren versprechen. Beispiele für solche Branchen sind z.B. Abwicklung des elektronischen Zahlungsverkehrs über Kreditkarten- und Bankomatkassen, Altkleidersammlung durch Container, Zeitungszustellung, Restmüllentsorgung oder der Verpackungsentsorgungsmarkt.

In der vorliegenden Analyse wird der Verpackungsentsorgungsmarkt beispielhaft für alle nicht regulierten Infrastrukturbranchen untersucht. Dieser ist in Österreich die Voraussetzung für den Eintritt in den nachgelagerten Markt der Verpackungsentpflichtung, flächendeckend organisiert und unterliegt klaren gesetzlichen Bestimmungen. Der Verpackungsentpflichtungsmarkt wurde darüber hinaus in Deutschland durch Mitbenutzungsmodelle der Verpackungsentsorgungsinfrastruktur bereits weitreichend geöffnet, was in den Bereichen Infrastrukturqualität, Preisniveau und Legal Compliance zu negativen Folgen für den Markt geführt hat. Es ist also naheliegend, zu untersuchen, ob der Verpackungsentsorgungsmarkt aus regulierungstheoretischer Sicht als regulierungswürdig zu qualifizieren ist.

5.5.1. Marktdefinition

Die Verpackungsverordnung verpflichtet Inverkehrsetzer von Verpackungen und bestimmten Warenresten (Einweggeschirr) zur unentgeltlichen Rücknahme dieser Erzeugnisse von den nachgelagerten Handelsstufen oder von Letztverbrauchern, sofern diese Verpflichtung nicht auf ein gemäß § 29 Abfallwirtschaftsgesetz (AWG) genehmigtes Sammel- und Verwertungssystem (SVS) übertragen wird (Entpflichtung). Die Leistungen der SVS sind im AWG[372], in der VerpackVO und in den jeweiligen Genehmigungsbescheiden klar spezifiziert und umfassen an zentraler Stelle den Betrieb eines bun-

---

[372] Die folgenden Ausführungen über den Verpackungsentsorgungsmarkt beziehen sich auf die geltende Rechtslage. Eine Novelle des Abfallwirtschaftsgesetzes soll mit 1. Juli 2010 in Kraft treten und mit 1. Jänner 2012 für den Haushaltsbereich eine funktionale Entbündelung im Bereich der Lizenzierung vorsehen. Nach aktuellem Diskussionsstand soll jeweils ein bundesweit agierender Sammelprovider je Sammelkategorie bescheidmäßig zugelassen werden. Dieser Provider soll die Sammlung organisieren, dimensionieren und exklusiv direkt Leistungsverträge mit den Kommunen und Entsorgungsunternehmern als Sammlern abschließen. Für die Entpflichtung, Sortierung und Verwertung sollen mehrere Entpflichtungssysteme möglich sein und zueinander im Wettbewerb stehen, die jeweils für zumindest eine Sammelkategorie per Bescheid genehmigt werden. Außerdem soll

desweit flächendeckenden Sammelsystems mit definiertem Ausbau- und Servicegrad. Dieser Verpackungsentsorgungsmarkt ist Voraussetzung, um die Leistung der Entpflichtung im Verpackungsentpflichtungsmarkt anbieten zu können. Dazu und um die ebenfalls vorgeschriebenen Quoten für die Erfassung und die stoffliche Verwertung der entpflichteten Verpackungen zu erfüllen, bedienen sich die SVS eines Netzes an beauftragten Entsorgungsunternehmen. Behälter und Säcke für die konsumentennahe Verpackungssammlung werden im Auftrag der SVS auch von Kommunen beigestellt.

Grundsätzlich ist der Verpackungsentsorgungsmarkt in einen Haushalts- und Gewerbebereich zu unterscheiden. Im Gewerbebereich besteht reger Wettbewerb, während das ARA-System im Haushaltsbereich österreichweit bei allen Packstoffen[373] der einzige Anbieter einer flächendeckenden Infrastruktur ist.[374] Das ARA-System stellt eines von mehreren gemäß Abfallwirtschaftsgesetz[375] zugelassenen Sammel- und Verwertungssystemen dar. Dieses SVS beschäftigt sich mit der Entsorgung von Verpackungsabfällen im Haushalts- und Gewerbebereich für insgesamt neun Arten von Packstoffen (vgl. hierzu die Verpackungsverordnung 1996). Die Untersuchung beschränkt sich ausschließlich auf den Bereich der Haushaltssysteme.

Die Wertschöpfungskette im Abfallwirtschaftssystem erstreckt sich von der Lizenzierung (= Nachfrage nach Entpflichtungsleistungen) bis zur Verwertung der gesammelten und sortierten Altstoffe und hat, vereinfacht dargestellt, folgendes Aussehen:

---

eine Schiedsstelle im Bundesministerium für Land- und Forstwirtschaft, Umwelt und Wasserwirtschaft eingerichtet werden.

[373] Eine Ausnahme stellt das Öko-Box-Sammelsystem dar (Getränkeverbundkartons).
[374] Das ist nicht gleichbedeutend damit, dass ARA bei der „Entpflichtung" von Verpackungen, die üblicherweise (auch) von privaten Haushalten gekauft werden, keinem Wettbewerb unterliegt. Im gegenwärtigen gesetzlichen Rahmen der VerpackVO ist es möglich, dass Gewerbesysteme Haushaltsverpackungen unter Vertrag nehmen, solange diese Verpackungen ihrer Art nach auch bei gewerblichen Sammelstellen anfallen. Das führt im Ergebnis zu einer Verzerrung des Wettbewerbs in der Form, dass Gewerbesysteme Haushaltsverpackungen über ihre kostengünstigeren Sammelschienen entsorgen können, während Haushaltssysteme zur Aufrechterhaltung einer bundesweit flächendeckenden Struktur zur getrennten Sammlung bei Verbrauchern verpflichtet sind. Im Ergebnis trägt das Haushaltssystem auch die Kosten für die zwar als gewerblich entpflichteten, in der Praxis aber vielfach mit der haushaltsnahen oder kleingewerblichen Sammellogistik erfassten Verpackungen.
[375] Vgl. AWG (2002), § 29.

Verpackungsentsorgung

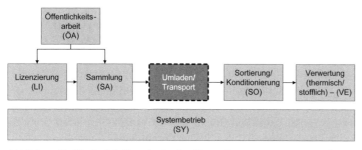

Abbildung 9: Wertschöpfungskette des Verpackungsentsorgungsmarktes

Ausgangspunkt der Wertschöpfungskette ist die Entpflichtung eines gemäß Verpackungsverordnung verpflichteten Unternehmens im Lizenzierungsprozess. Gegen Bezahlung eines Lizenzentgeltes[376] übernimmt das entpflichtende Sammel- und Verwertungssystem vom Lizenznehmer dessen Rücknahme- und Verwertungspflichten gemäß der VerpackVO (1996). Der nächste Schritt ist die Sammlung von in Umlauf gebrachten und lizenzierten Verpackungen. Die Sammelinfrastruktur wird dabei einerseits durch den Systembetrieb weiterentwickelt und betreut, andererseits erfolgt die Information und „Schulung" der Öffentlichkeit und der Lizenzpartner durch die Systeme (z.B. mittels Plakatwerbung, TV-Spots, Broschüren). Die Sammlung selbst erfolgt im Haushaltssystem durch Entsorgungsunternehmen nach Ausschreibung durch die SVS. Die Stufe Transport/Umladen ist optional und kommt nur zum Tragen, wenn gesammelte Altstoffe über längere Distanzen zur weiteren Verwertung transportiert werden müssen. Normaler Sammeltransport ist in der Stufe Sammlung enthalten und wird in der Regel durch Entsorgungsunternehmen wahrgenommen. Der Transport der gesammelten Stoffe erfolgt im Anschluss entweder zu einer regionalen Übernahmestelle (wenn die Altstoffe den nötigen Reinheitsgrad aufweisen) oder zu einer Sortier- oder Aufbereitungsanlage, was im Haushaltsbereich die Regel ist. In beiden Fällen werden die Altstoffe konditioniert und im Anschluss der Verwertung zugeführt. Diese kann entweder stofflich (Wiederverwertung der aufbereiteten Altstoffe) oder thermisch (Verbrennung und Nutzung zur Energiegewinnung) erfolgen. Auf jeder Stufe der Wertschöpfungskette kann ein Wettbewerber eintreten oder auch das gesamte System duplizieren.

---

[376] Der Begriff „Lizenzierung" leitet sich vom Recht zur Nutzung des „Punktes" als Entpflichtungszeichen ab (vgl. „Grüner Punkt" als Synonym für das Vorläufermodell „Duales System Deutschland DSD").

ARA-System im Eigentum der verpflichteten Unternehmen und nicht gewinnorientiert	Das ARA-System[377] ist in Form einer Selbstorganisation der durch das AWG und die VerpackVO verpflichteten Unternehmen – das sind sämtliche „Inverkehrsetzer" von Verpackungen (Verpackungswirtschaft, Verpacker, Abfüller, Importeure und der Handel) – als genossenschaftsähnliches System[378] entstanden. Da dieses System indirekt im Eigentum der verpflichteten Unternehmen steht, ist das ARA-System als nicht gewinnorientiert konzipiert und soll die übertragenen Aufgaben mit möglichst niedrigen Preisen (= möglichst geringen Kosten des Systems) erfüllen.
Assets des ARA-Systems	Vor Anwendung des Drei-Kriterien-Tests oder anderer Kriterien ist noch auf die Struktur des ARA-Systems einzugehen: Das ARA-System ist durch Bescheid als flächendeckendes SVS gemäß § 29 (5) AWG anerkannt. Aus Wirtschaftlichkeitsüberlegungen lässt das ARA-System große Teile des Betriebes (insbesondere Sammlung, Sortierung und Verwertung) durch Dritte erbringen. Das ARA-System besteht daher nicht nur aus physischen Vermögensgegenständen, sondern wesentlich auch aus dem Know-how über Aufbau und Betrieb eines flächendeckenden SVS, Monitoring und Analytik von Massenströmen, Know-how über Partnermanagement und Outsourcing, Ausschreibungsmanagement sowie Vertragsmanagement mit Gebietskörperschaften. Die Outsourcingpartner und auch die Gebietskörperschaften sind nicht durch Exklusivverträge an das System gebunden, sondern können ihre Leistungen auch Dritten anbieten, selbst wenn diese in direkter Konkurrenz zum ARA-System stehen.[379] Dieser Umstand ist auch von Bedeutung in der weiteren Analyse.
Tätigkeiten strukturell mit anderen Netzindustrien vergleichbar (z.B. Telekom, Post)	Die Tätigkeit eines flächendeckenden SVS ist als „reverse logistics" strukturell zweifelsohne mit anderen Netzindustrien wie Telekommunikation, Post, Strom oder Eisenbahn vergleichbar. Dabei handelt es sich weniger um ein physisches Netz (wie z.B. bei Telekommunikationsunternehmen durch Kabel, Vermittlungsstellen charakterisiert), sondern um ein Netz, das ähnlich wie ein Postnetz aus physischen Knotenpunkten (Post: Verteilzentren; SVS: Umladestellen, Sortieranlagen) und „virtuellen" Strecken zwischen diesen Knoten (Post: Briefträgertouren; SVS: Sammeltouren) besteht, welche natürlich durch den Netzbetreiber zu planen, aufzubauen und zu koordinieren sind.

---

[377] Seit einer Fusion im Jahr 2008 besteht das ehemals neun Unternehmen umfassende ARA-System nur noch aus der ARA AG und der Glasgesellschaft AGR GmbH (vgl. ARA Leistungsreport 2008, S. 10).
[378] IHS (2006), S. 4.
[379] Vgl. Aicher (2007), S. 10.

Daher stellen sich auch im Verpackungsentsorgungsmarkt anderen Netzindustrien vergleichbare Fragen, wie die nach offenem Netzzugang für Dritte oder einem gegebenenfalls anzuwendenden Quersubventionierungsverbot.

Darüber hinaus ist die Sammlung und Verwertung von Verpackungen in Haushalten kein klassischer Markt in dem Sinne, dass sich aus der Verwertung der gesammelten Materialien auf dem Markt für recycelte Rohstoffe Erlöse erzielen ließen, welche die Kosten der Sammlung, Sortierung und des Systembetriebs eines effizienten Betreibers decken ließen (mit Ausnahme einzelner Packstoffe wie Papier, Glas und Kunststoff unter speziellen Rahmenbedingungen wie z.B. Verzicht auf flächendeckende Sammlung und unter Ansatz der Opportunitätskosten entfallender Restmüllentsorgung). Dennoch erfüllt die Sammlung und Verwertung im Haushaltsbereich auch keine Eigenschaften eines Universaldienstes: *Sammlung im Haushaltsbereich kein Universaldienst*

Kunden des ARA-Systems sind nämlich die Unternehmen, die sich durch Teilnahme am ARA-System von den Verpflichtungen nach VerpackVO befreien („entpflichten") können. Die Unternehmen sind es auch, welche die Leistungen des ARA-Systems über die packstoffspezifischen Lizenzentgelte bezahlen. Die Bevölkerung (Konsumenten) und nur diese kann per definitionem Nutznießer eines Universaldienstes sein, wird hier nicht mit einem Wirtschaftsgut versorgt. Während die (von Konsumenten über die Müllgebühren selbst bezahlte) Müllentsorgung der Kommunen (Gemeinden und Abfallwirtschaftsverbände) Universaldienstcharakter hat, besteht für die Trennung von Verpackungen und deren gesonderte Entsorgung kein unmittelbarer Bedarf bei Konsumenten. Somit handelt es sich dabei um keine Leistung, für welche die Kriterien eines Universaldienstes anzuwenden wären.

5.5.2. Regulierungswürdigkeit aufgrund des Drei-Kriterien-Tests

5.5.2.1. Kriterium 1: Bestehen von Zugangshindernissen

Ein strukturbedingtes Zugangshindernis liegt vor, wenn der Stand der Technik und die entsprechende Kostenstruktur sowie die Marktnachfrage ein Missverhältnis zwischen den etablierten Betreibern und Neueinsteigern schaffen, sodass Letztere am Marktzugang behindert oder davon ausgeschlossen werden.[380]

---

[380] Vgl. Kommission der Europäischen Gemeinschaften (2002), S. 9.

Bedeutende strukturbedingte Hindernisse liegen beispielsweise vor, wenn erhebliche Mengen-, Größen- oder Konzentrationsvorteile sowie hohe Ist-Kosten der Vergangenheit für den Markt charakteristisch sind.

Keine Beschränkungen im Netzaufbau

Die Errichtung eines Netzes wie jenes des ARA-Systems ist technologisch unproblematisch. So findet die Sammlung in erster Linie durch Unternehmen statt, die auf Abfallentsorgung spezialisiert sind, aber auch z.B. durch Transportunternehmen, die in diesen Bereich diversifizieren. Überdies sind auch bestehende Sammeleinrichtungen duplizierbar bzw. substituierbar, da ein alternatives System sowohl als reines Holsystem (Abholung ab Haus) als auch als reines Bringsystem (öffentlich zugängliche Sammelbehälter) ausgestaltet werden kann.[381] Bei den technisch anspruchsvolleren Sortieranlagen gibt es immer wieder neue Technologien, doch existieren auch dort keine technologischen Barrieren.

Sammel- und Sortierunternehmen sind nicht exklusiv für das ARA-System tätig

Die an das BVergG 2006 angelehnte Vergabepraxis der ARA für Sammel- und Sortierleistungen legt nahe, dass die Kostenfunktion des ARA-Systems nahezu identisch mit der Kostenfunktion des Marktes[382] (unabhängig von der Anzahl der Anbieter) ist. Darüber hinaus sind sowohl Sammel- als auch Sortierunternehmen nicht exklusiv für das ARA-System tätig und können jederzeit per Vertrag auch Leistungen für andere Systeme übernehmen. Dementsprechend ist zu erwarten, dass diese Kostenfunktion Gültigkeit für alle potenziellen Wettbewerber hat. Eher denkbar ist ein Engpass bei den Verträgen mit den Kommunen. Dieser potenzielle Engpass resultiert jedoch nicht aus technischen oder vertraglichen Bedingungen, sondern aus der möglicherweise nicht vorhandenen Bereitschaft der Kommunen, Verträge mit mehreren Systemen abzuschließen.

Kostenseitig existieren daher keine wesentlichen Marktzutrittsbarrieren. Wie oben erwähnt, besteht das ARA-System vor allem aus Know-how und Vertragsbeziehungen. Im Vergleich zu den Gesamtkosten des ARA-Systems beträgt der Aufwand für Planung und Koordination des Systems allerdings weniger als 10 %. Das für die Neuerrichtung eines Systems notwendige Know-how und die Verträge stellen ebenfalls keine Marktzutrittsbarrieren dar.

Keine rechtlichen Zugangshindernisse

Rechtlich bedingte Hindernisse liegen ebenfalls nicht vor. Weder ist die Anzahl der SVS beschränkt noch bestehen auf Systemgestaltungsebene gesetzliche oder vertragliche Hindernisse. Die Verträge zwischen dem ARA-System und den teilnehmenden Unternehmen bzw. Körper-

---

[381] Etwa 54 % der Sammlung von Leichtverpackungen erfolgen derzeit über ein Holsystem (ARGEV [2007], S. 12).
[382] Vgl. IHS (2006), S. 82 ff.

schaften beinhalten keine Exklusivitätsklauseln und sind nicht diskriminierend hinsichtlich der Möglichkeit von Vertragspartnern, für andere SVS tätig zu werden. Ein potenzieller Systemanbieter hätte daher jederzeit die Möglichkeit, bei Erfüllung der gesetzlichen Auflagen ein Parallelsystem mit teilweise oder gänzlich identischen Vertragspartnern aufzubauen oder das ARA-System teilweise mitzubenutzen.[383] Beispielsweise besteht eine Kooperation mit einem anderen System im Haushaltsbereich zwischen ARGEV[384] und Öko Box Sammel GmbH.[385] Auch auf Lizenzierungsseite gibt es keine Exklusivität.

Zu prüfen ist auch, ob aufgrund der genossenschaftsähnlichen Eigentümerstruktur des ARA-Systems mögliche Markteintrittsbarrieren bestehen. Die ARA AG steht mit 85,2 % im Mehrheitseigentum des ARA-Vereins.[386] Mitglieder in diesem Verein sind eine Vielzahl von Unternehmen, welche auch Lizenzpartner des ARA-Systems sind. Markteintrittsbarrieren könnten bestehen, wenn durch diese (indirekte) Eigentümereigenschaft der Unternehmen eine faktische Bevorzugung des ARA-Systems gegenüber anderen SVS bestünde, die mit dem ARA-System im Wettbewerb stehen. Dies könnte, beispielsweise durch finanzielle Interessen der Eigentümer oder den Zwang von Vereinsmitgliedern, mit dem ARA-System zu kontrahieren, gegeben sein.

Keine Markteintrittsbarrieren auf Grund der Eigentümerstruktur

Ohne diese Frage einer detaillierten wettbewerbsrechtlichen Analyse zu unterziehen, sprechen wesentliche Tatsachen gegen die Annahme des Bestehens derartiger Markteintrittsbarrieren:

1. Die vertragliche Ausgestaltung des ARA-Vereins: Jede natürliche oder rechtliche Person, die als Hersteller, Abfüller/Abpacker und Händler von Verpackungen bzw. verpackten Waren von der VerpackVO betroffen ist,[387] kann dem Verein gegen Bezahlung eines geringen Mitgliedsbeitrages beitreten. Die Mitgliedschaft ist freiwillig und auch ein Austritt ist jederzeit möglich. Es bestehen weder Nachschusspflichten noch Verpflichtungen zur Verlustabdeckung. Auch Kontrahierungszwang mit dem ARA-System ist keiner gegeben. Die vertragliche Gestaltung des ARA-Systems verhindert bzw. behindert deshalb Markteintritt und Wettbewerb nicht.

---

[383] Vgl. Aicher (2007), S. 7 ff.
[384] Die ARGEV als SVS für Leicht- und Metallverpackungen wurde im Oktober 2008 unter Gesamtrechtsnachfolge mit der ARA AG verschmolzen.
[385] Vgl. Aicher (2007), S. 2.
[386] Minderheitsaktionäre sind fünf packstofforientierte Interessensplattformen für Papier, Kunststoff, Fe-Metalle, Aluminium und Holz (vgl. ARA Leistungsreport 2008, S. 10).
[387] Die Statuten des ARA Vereins schließen Entsorger und Verwerter von der Mitgliedschaft aus.

2. Schon jetzt beauftragen Mitglieder des Vereins andere SVS im gewerblichen Bereich. Die bestehende Praxis in einem anderen Marktsegment der SVS zeigt also, dass hier keine Markteintrittsbarrieren vorliegen.

Keine regulatorischen Zugangshindernisse

Auch regulatorische Marktzutrittshindernisse auf dem Verpackungsentsorgungsmarkt sind nicht zu beobachten. Denkbar wären in dieser Hinsicht z.b. die Quotenverpflichtungen laut VerpZielVO. Da sich die Mengenziele direkt von der lizenzierten Menge ableiten und auch z.B. durch Zukäufe erfüllt werden können, bestehen hier weder economies of scale noch economies of scope, die sich als Markteintrittsbarriere für neue Wettbewerber erweisen würden. Auch das Erfordernis der Flächendeckung des SVS, das als ein weiteres gesetzliches bzw. regulatorisches Hindernis gesehen werden könnte, ist aufgrund der Eigenschaften eines SVS als „Vertragsnetz" kaum gegeben, da mit großer Wahrscheinlichkeit flächendeckend Verträge abgeschlossen werden könnten.

Zusammenfassend ist somit zu sagen, dass keine ausreichenden Markteintrittsbarrieren bestehen, um das erste Kriterium zu erfüllen.

5.5.2.2. Kriterium 2: Keine Tendenz zu wirksamem Wettbewerb

Hierbei handelt es sich um ein dynamisches Kriterium. Zu prüfen ist, ob der Markt so gestaltet ist, dass er längerfristig einen wirksamen Wettbewerb verspricht, ohne dass er einer Vorabregulierung bedarf.[388]

Derzeit kein Wettbewerb am SVS-Markt

Derzeit besteht auf dem untersuchten Markt kein Wettbewerb. Die Frage, ob Wettbewerb entstehen könnte, hängt eng damit zusammen, ob der Preis (die Lizenzgebühren) das Entscheidungskriterium ist, d.h. ob und in welchem Ausmaß sich die Nachfrage zu günstigeren Wettbewerbern verlagern würde und ob im Falle von Wettbewerb sich Marktanteile mit der Zeit verändern würden und/oder sinkende Preise zu beobachten wären.

Diese Fragen sind derzeit nur theoretisch zu beantworten, es gibt aber Indikatoren, dass eine Tendenz zu wirksamem Wettbewerb besteht.

Preis einziges Entscheidungskriterium

1. Die Preise stellen im Fall eines SVS die durch die Inverkehrsetzer zu bezahlenden Lizenzentgelte dar. Das heißt auch auf dem Haushaltsmarkt sind hier die Kunden Unternehmen, für die das Lizenzentgelt einen Kostenfaktor darstellt. Die Entsorgung der Verpackungen verfügt über die Charakteristika eines Massengutes, dessen einziges Qualitätskriterium die Erfüllung der ge-

---
[388] Vgl. Kommission der Europäischen Gemeinschaften (2002), S. 10.

setzlichen Auflagen (= die Entpflichtung des lizenzierenden Unternehmens) darstellt. Dies ist ein eindeutiges Kriterium, bei dessen Erfüllung der Preis das alleinige Entscheidungskriterium bildet.

2. Neue Mitbewerber würden dann in den Markt eintreten, wenn sie auf dem Markt günstiger anbieten könnten, d.h. im Vergleich mit anderen Unternehmen mit geringeren Gewinnmargen das Auslangen gefunden werden würde oder bei gleichen oder höheren Margen eine bessere Kostenstruktur als bei den Mitbewerbern gegeben wäre. Da das ARA-System nicht gewinnorientiert ausgerichtet ist und Periodengewinne aufgrund der Tariffestsetzung ex ante im Wesentlichen nur aus Abweichungen zwischen Schätzungen der Marktentwicklung und der tatsächlichen Marktentwicklung entstehen und langfristig ausgeglichen werden, ist vom Fehlen betriebswirtschaftlicher Gewinne im Bereich des ARA-Systems auszugehen. Gewinne können daher nur auf Ebene der Sammler und Sortierer entstehen. Die Leistungen der Sammler und Sortierer werden, wie oben beschrieben, in einem öffentlichen Vergabeverfahren ausgeschrieben und die Leistungen werden an die Bestbieter vergeben. Ein wesentliches Kriterium ist dabei der Preis der angebotenen Leistung, welcher als Kostenfaktor in das ARA-System und damit in die Lizenzentgelte einfließt. Ein Mitbewerber kann daher günstiger anbieten, wenn er

 a) ein eigenes System aufbaut und die Leistungen der Sammler und Sortierer günstiger einkauft oder
 b) das ARA-System mitbenützt und die eigenen Systemleistungen günstiger erbringt.

3. Dass bis jetzt kein Mitbewerber in den Markt eingetreten ist, lässt darauf schließen, dass der Markt – bei fehlenden Zutrittsbarrieren – nicht attraktiv ist, d.h. keine ausreichenden Margen bzw. Kostenvorteile gegenüber dem ARA-System zu erzielen wären. Das ARA-System bietet seine Leistung zu Durchschnittskosten an. Noch günstiger wäre nur ein Anbieten zu Grenzkosten, was aber aufgrund der oben beschriebenen Schwankungen nicht durchführbar ist. Da sich potenzielle Wettbewerber mit hoher Wahrscheinlichkeit der gleichen Anbieter von Sammel- und Sortierleistungen bedienen würden (siehe oben), wäre die Erzielung eines Kostenvorteils sehr schwierig. *(Randnotiz: Markt betriebswirtschaftlich offenbar nicht attraktiv)*

Zusammenfassend kann festgestellt werden, dass trotz des Vorhandenseins derzeit nur eines Anbieters (ARA-System) der Markt grundsätzlich Wettbewerb zulässt. Diese Offenheit des Marktes für alternative Anbieter zwingt das ARA-System zu Effizienz. Kriterium 2 ist somit nicht erfüllt.

5.5.2.3. Kriterium 3: Wettbewerbsrechtliche Mittel nicht ausreichend

Das ARA-System war wiederholt in kartellrechtliche Verfahren involviert und hat von der EU-Kommission, Generaldirektion Wettbewerb, die wettbewerbsrechtliche Freistellung erhalten.[389] In der Folge wurden die Bestimmungen für die Mitbenutzung der haushaltsnahen Sammelsysteme für Leichtverpackungen und Metallverpackungen durch die Bundeswettbewerbsbehörde veröffentlicht[390] und durch die ARGEV in die Verträge mit Entsorgern und Kommunen aufgenommen. Es gibt keine Indikationen, dass die wettbewerbsrechtlichen Möglichkeiten zur Lösung juristischer Fragestellungen betreffend den Verpackungsentsorgungsmarkt sich als nicht ausreichend erweisen würden.

Ergänzend kann festgehalten werden, dass weder aus technischer Sicht (z.B. Überwachung bestimmter technischer Parameter) noch aus kaufmännischer Sicht (z.B. detaillierte Buchhaltung für Regulierungszwecke) oder für Zwecke häufigen und/oder frühzeitigen Einschreitens (z.B. Öffnung des Netzzugangs) Indikatoren vorliegen, die eine Regulierung notwendig erscheinen lassen.

Es liegt auch kein Zeichen eines Marktversagens vor. Auch Vergleiche mit anderen EU-Staaten indizieren weder Marktversagen noch Ineffizienzen, sondern lassen Österreich eher als führend im untersuchten Markt erscheinen.

5.5.2.4. Gesamtbewertung des Drei-Kriterien-Tests

Zusammengefasst kann festgestellt werden, dass keine wesentlichen Marktzugangshindernisse bestehen und auch die Eigentumsverhältnisse des ARA-Systems keine Zugangshindernisse darstellen, um Kriterium 1 des Drei-Kriterien-Tests zu erfüllen. Grundsätzlich ist mit wirksamem Wettbewerb auf dem Verpackungsentsorgungsmarkt zu rechnen. Das Fehlen von mehreren Marktanbietern ist nicht automatisch ein Problem der Marktmachtregulierung,[391] sondern mag an fehlender Attraktivität (zu geringen Margen) des Marktes für potenzielle Wettbewerber liegen. Auch Kriterium 2 ist daher als nicht erfüllt anzusehen. Kriterium 3 ist ebenfalls aus derzeitiger Sicht nicht erfüllt.

---

[389] Entscheidung COMP 35.470 vom 16.10.2003.
[390] BWB, Homepagemeldungen vom 21.08.2007 und 20.12.2007.
[391] Vgl. Knieps/Brunekreeft (2003), S. 11.

Die Bedingungen des Drei-Kriterien-Tests müssen kumulativ erfüllt sein, um Vorabregulierung zu rechtfertigen. Da dies nicht der Fall ist, fällt der Drei-Kriterien-Test in Bezug auf den Verpackungsentsorgungsmarkt negativ aus, d.h. es liegt kein Bedarf zur Regulierung vor.

5.5.3. Regulierungswürdigkeit aufgrund anderer Indikatoren: Theorie der angreifbaren Märkte

5.5.3.1. Kriterium 1: Freier Markteintritt

Dieses Kriterium ähnelt dem ersten Kriterium des Drei-Kriterien-Tests. Der Marktzugang zum Verpackungsentsorgungsmarkt ist, wie in Abschnitt 5.5.2.1 ausgeführt, frei. Ein Eintritt ohne Zeitverlust ist insbesondere aufgrund der Zulassungserfordernisse, aber auch der Dauer des Aufbaus einer geeigneten Infrastruktur bzw. der Vertragsverhandlungen zur Mitbenutzung bestehender Infrastruktur nicht möglich, aber dem Eintritt in neue Märkte in Wettbewerbsindustrien durchaus vergleichbar. Dieses Kriterium ist daher in wesentlichen Teilen erfüllt.

5.5.3.2. Kriterium 2: Abwesenheit irreversibler Kosten

Es wurde zwar keine detaillierte Analyse der Kosten des ARA-Systems durchgeführt, jedoch kann folgende Einschätzung getroffen werden:

Keine irreversiblen Kosten im ARA-System

1. Das ARA-System ist, wie in 5.5.1 beschrieben, ein im Wesentlichen aus Vertragsbeziehungen und Know-how bestehendes Netz. Es besteht mit wenigen und nur geringfügigen Ausnahmen keine physische Netzinfrastruktur.
2. Es bestehen im ARA-System keine signifikanten entscheidungsrelevanten Abschreibungen für Investitionen, die als sunk costs angesehen werden könnten.
3. Aufwendungen für Systemaufbau, Initialwerbung etc. sind entweder als Aufwendungen in den betreffenden Jahren verbucht oder über Ingangsetzungskosten aktiviert worden und bereits vollständig abgeschrieben. Es gibt keine derartigen Kosten mit Entscheidungsrelevanz.
4. Neu eintretende Mitbewerber würden sich nicht mit wesentlichen irreversiblen Kosten im Bereich des Systemaufbaus konfrontiert sehen. Wesentliche Bereiche des Sammlungs- und Sortiernetzes sind in ausreichendem Ausmaß auf dem Markt vorhanden und stellen keine Engpässe dar. Wie erwähnt, sind diese Kapazitäten

auch nicht vertraglich exklusiv an das ARA-System gebunden. Ein neu eintretender Wettbewerber würde wahrscheinlich keine eigenen Investitionen in Anlagen (wie z.B. Sortieranlagen) durchführen. Der Umfang sonstiger Investitionen und Aufwendungen, die als sunk costs zu qualifizieren wären (z.B. Imagewerbung, Erstakquisition von Lizenzpartnern, Vertragsverhandlungen mit Kommunen, Durchführung von Ausschreibungen etc.), hängt wesentlich von der Strategie des Wettbewerbers ab und ist nicht zu quantifizieren. Es ist jedoch denkbar, ein SVS im Vergleich zu den Gesamtkosten des operativen Betriebs mit verhältnismäßig geringen irreversiblen Kosten aufzubauen.

Der Verpackungsentsorgungsmarkt entspricht zwar nicht dem Referenzmodell des angreifbaren Marktes, es ist jedoch im Vergleich mit typischen Infrastrukturindustrien mit verhältnismäßig geringen irreversiblen Kosten zu rechnen.

5.5.3.3. Kriterium 3: Bertrand-Nash-Verhalten

Aufgrund der Transparenz der Preise sowie einer guten veröffentlichten Datenbasis über Verpackungsmengen und historische Tarifentwicklungen (und damit, aufgrund des Non-profit-Prinzips des ARA-Systems, auch auf die Kostenstruktur des ARA-Systems) erscheint die Annahme des Bertrand-Nash-Verhaltens plausibel. Diese Einschätzung wird durch die Preispolitik der Mitbewerber im gewerblich-industriellen Entpflichtungsmarkt gestützt.

5.5.3.4. Gesamtbetrachtung der Contestable Markets Theory

Der Contestable Markets Theory liegt ein idealer – in der Realität kaum zu erreichender – Markt zu Grunde. Wie bereits ausgeführt, generiert selbst das Vorhandensein eines natürlichen Monopols, das bei der Entsorgung von Verpackungen fraglich ist,[392] nicht automatisch ein Problem der Marktmachtregulierung. Zusammenfassend kann davon ausgegangen werden, dass der Verpackungsentsorgungsmarkt nahe an einem solchen idealen Markt liegt und in hohem Maße angreifbar ist, da alle drei Anforderungen der Contestable Markets Theory in wesentlichen Bereichen erfüllt sind. Neben dem freien Marktzutritt herrscht auch Abwesenheit von irreversiblen Kosten. Zusätzlich gilt Bertrand-Nash-Verhalten.

---

[392] Vgl. IHS (2006), S. 6.

5.5.4. Vorhandensein des monopolistischen Bottlenecks

Marktmacht ist somit lediglich noch in jenen Teilbereichen zu erwarten, in denen Bündelungsvorteile (economies of scope) mit irreversiblen Kosten (sunk costs) verbunden sind. Irreversible Kosten sind für den Monopolisten im Gegensatz zu neu eintretenden Wettbewerbern nicht mehr entscheidungsrelevant,[393] weshalb sich hier ein Spielraum für strategisches Verhalten des Monopolisten ergibt.

In Kapitel 5.5.3.2 wurde erläutert, dass im Verpackungsentsorgungsmarkt mit verhältnismäßig geringen irreversiblen Kosten zu rechnen ist.

Weiters sind auch die Bündelungseffekte (economies of scope) als nicht signifikanter Wettbewerbsvorteil einzuschätzen.

Es liegt somit kein monopolistisches Bottleneck vor, der eine sektorspezifische Regulierung rechtfertigen würde.

5.5.5. Zusammenfassung

Im vorliegenden Kapitel wurde der Verpackungsentsorgungsmarkt im Zusammenhang mit dem Verpackungsentpflichtungsmarkt eingehend betrachtet. Die beiden angewendeten Verfahren (Drei-Kriterien-Test der Kommission der Europäischen Union und die Theorie der angreifbaren Märkte [Contestable Markets Theory]) zeigten, dass der Verpackungsentsorgungsmarkt keiner Regulierung bedarf.

Ebenso konnte festgestellt werden, dass am Verpackungsentsorgungsmarkt keine wesentlichen irreversiblen Kosten vorliegen sowie economies of scope keinen entscheidenden Wettbewerbsvorteil darstellen. Somit war auch kein monopolistisches Bottleneck in dieser Branche feststellbar, was ein weiteres Indiz dafür ist, dass keine sektorspezifische Regulierung in diesem Bereich notwendig ist.

Mit der in Diskussion stehenden Novelle zum AWG wird das bestehende System der genehmigten Sammel- und Verwertungssysteme leicht modifiziert. Die Sammlung und Erfassung soll jeweils ein bundesweit agierender Sammelprovider für eine Sammelkategorie und die Sortierung und Verwertung sollen ein oder mehrere Entpflichtungssysteme für jeweils zumindest eine Sammelkategorie verantworten. Der Sammelprovider soll einem Kontrahierungszwang zu gleichen Konditionen mit den Entpflichtungssystemen unterliegen. Umgekehrt sollen die Entpflichtungssysteme nur über diesen Provider die ihnen auf Basis ihres Masseanteilanteiles zukommenden Ver-

---

[393] Vgl. Borrmann/Finsinger (1999), S. 110 ff.

packungsmassen übernehmen können und in weiterer Folge einer Verwertung zuführen.

Ein Sammelprovider, der auch andere Geschäftsfelder betreibt, hat eine getrennte Aufschlüsselung der Kosten vorzunehmen, um unerlaubte Quersubventionierungen zu verhindern. Außerdem hat er die Finanzierung einer bundesweit einheitlichen Öffentlichkeitsarbeit zu übernehmen. Ein Sammelprovider kann auch zusätzlich die Aufgaben der Sortierung und Verwertung übernehmen und sein eigenes Entpflichtungssystem aufbauen.

Auch ein Entpflichtungssystem, welches mehrere Sammelkategorien umfasst und auch andere Geschäftsfelder betreibt, hat eine getrennte Aufschlüsselung der Kosten je Sammelkategorie und der anderen Geschäftsfelder vorzunehmen, um unerlaubte Quersubventionierungen zu verhindern.

Im Fall von Beschwerden oder Streitigkeiten hinsichtlich der Gestaltung der Sammlung, der Angemessenheit der Entgelte oder der Abfallqualitäten wird zur Streitschlichtung eine Schiedsstelle im Bundesministerium für Land- und Forstwirtschaft, Umwelt und Wasserwirtschaft eingerichtet.[394]

Die wirtschaftspolitische Überlegung hinter der Novellierung von Verpackungsverordnung und Abfallwirtschaftsgesetz stellt die Erleichterung von Wettbewerb im Verpackungsentsorgungsmarkt dar. Der Staat greift hier nicht über eine ex ante regulierende Behörde ein, sondern versucht mithilfe einer Veränderung des rechtlichen Rahmens fairen Wettbewerb durch ex post wirkende Bestimmungen sicherzustellen, obwohl der Verpackungsentsorgungsmarkt, wie oben erläutert wurde, nicht regulierungswürdig ist. An diesem Beispiel lässt sich zeigen, dass der Trend zum politischen Eingriff in funktionierende Märkte besteht.

5.6. Vergleichbarkeit der Branchen

Die untersuchten Branchen sind, mit Ausnahme des Postsektors und des Verpackungsentsorgungsmarktes, an Netze mit physischer Infrastruktur (z.B. Kabel, Schienen) gebunden, während der Postmarkt und der Verpackungsentsorgungsmarkt lediglich über „virtuelle Netze" verfügen. Das Netz der Post existiert nur, wenn z.B. Briefträger ihre Rayons tatsächlich begehen, das Netz der Verpackungsentsorgung nur dann, wenn die Sammel-LKW tatsächlich zu den Sammelgefäßen fahren, um diese zu entleeren. Lediglich Netzknoten bestehen auch in diesen beiden Systemen (Verteilzentren bei der Post,

---

[394] Erläuterungen zum Entwurf der AWG-Novelle 2009, S. 3 ff.

Sammelstellen und Sortieranlagen beim ARA-System). In der Regel sind die marktbeherrschenden Unternehmen in den regulierten Infrastrukturbranchen im Gegensatz zum ARA-System vertikal integrierte Unternehmen.

In allen Vergleichsbranchen werden Leistungen erbracht, die unmittelbar Wert für Endverbraucher haben (z.B. Telefongespräche, Briefe, Strom). Für diese Leistungen existiert daher ein Markt (und Marktpreise). Auch dies ist ein wesentlicher Unterschied zum Verpackungsentsorgungsmarkt. Die Entsorgung von Verpackungen ist in erster Linie über Allgemeinnutzen definiert.[395] Es handelt sich dabei nicht um ein knappes Gut im volkswirtschaftlichen Sinn.

Eine Übersicht über den Vergleich der bereits regulierten Branchen bietet nachstehende Tabelle.

---

[395] Vgl. AWG (2002): § 1.

Branchenvergleich

		Telekommunikation	Post
Regulierungs-würdigkeit anhand des Drei-Kriterien-Tests	Bestehen von Zugangshinder-nissen	• Strukturelle Zugangshindernisse sowohl im Festnetz- als auch im Mobilfunkbereich vorhanden • Keine rechtlichen Zugangshindernisse	• Strukturelles Zugangshindernis: Hausbrieffachanlagen (HBFA) • Rechtliches Zugangshindernis: Reservierter Bereich ist grundsätzlich der ÖPAG vorbehalten
	Keine Tendenz zu wirksamem Wettbewerb	• Umfassender Wettbewerb im Mobilfunkbereich; im Festnetzbereich wirksamer Wettbewerb ohne Regulierung nicht absehbar	• Unter der Prämisse des Wegfalles des Briefmonopols ist Tendenz zu wirksamem Wettbewerb vorhanden
	Wettbewerbs-rechtliche Mittel nicht ausreichend	• Wettbewerbsrecht für Regulierung des Bottlenecks in der Zugangsinfrastruktur nicht ausreichend	• Wettbewerbsrechtliche Mittel sind für Universaldienstbestimmungen nicht ausreichend
	Gesamtbewertung des 3-Kriterien-Tests	• 3-Kriterien-Test ist erfüllt	• 3-Kriterien-Test ist nicht erfüllt, da Kriterium 2 nicht erfüllt ist und die 3 Kriterien kumulativ erfüllt sein müssen, damit der Test als erfüllt erachtet wird
Regulierungs-würdigkeit anhand der Contestable Markets Theory	Freier Markteintritt	• Grundsätzlich freier Marktzutritt im Festnetzbereich • Kein freier Marktzutritt im Mobilfunkbereich	• Kein freier Markteintritt im Bereich reservierte Dienste (Briefmonopol) sowie im Teilbereich Zustellung (HBFA)
	Abwesenheit irreversibler Kosten	• Hohe irreversible Kosten im Telekommunikationssektor	• Es sind keine wesentlichen irreversiblen Kosten feststellbar
	Bertrand-Nash-Verhalten	• Bertrand-Nash-Verhalten kann angenommen werden	• Bertrand-Nash-Verhalten kann in Bereichen außerhalb des reservierten Bereiches angenommen werden
	Gesamtbetrachtung der Contestable Markets Theory	• Contestable Markets Theory hat Notwendigkeit der Regulierung im Telekommunikationssektor zum Ergebnis	• Außer dem Bereich der reservierten Postdienstleistungen und dem Teilbereich Zustellung weisen die übrigen Bereiche einen hohen Grad der Annäherung an den idealen Markt auf
Monopolistisches Bottleneck		• Besteht im Bereich der Infrastruktur (v.a. im Ortsanschlussnetz)	• Besteht derzeit teilweise noch im Bereich der Zustellung (HBFA)
Wesentliche rechtliche Grundlagen		• EU-Richtlinien 2002/21/EG, 2002/20/EG, 2002/22/EG, 2002/19/EG, 2002/58/EG • TKG 2003	• EU-Richtlinie 97/67/EG geändert durch 2008/6/EG • PostG 1997, Post-Universaldienst-VO, Post-Kostenrechnungs-VO
Regulierter Bereich		• Regulierung des Bereiches Infrastruktur (monop. Bottleneck), Regulierung ganzer Märkte (derzeit 17 Märkte, Empfehlung der EU-Kommission Reduzierung auf 7 Märkte)	• Regulierung aller Wertschöpfungsstufen in 2 Teilbereichen (Reservierter Bereich, Universaldienst), monop. Bottleneck (HBFA)

Strom	Eisenbahn
• Strukturelles Zugangshindernis: Bereich Übertragung und Verteilung • Rechtliche Zugangshindernisse: Bestimmung von drei Übertragungsnetzbetreibern; Konzessionserteilung für Verteilernetzbetreiber	• Strukturelles Zugangshindernis: Eisenbahninfrastruktur (z.B. Gleisanlagen, Zugtrassen), Hindernisse im techn. Bereich (z.B. Spurweiten, Lichtraumprofile) • Rechtliche Zugangshindernisse: Preisspez. Maßnahmen; forstrechtliche Rodungsbewilligungen, Baurechtsvorschriften der Bundesländer, Umweltverträglichkeitsprüfung
• Kein Wettbewerb im Bereich Übertragung und Verteilung zu erwarten, auch unter der Prämisse von fehlenden rechtlichen Zugangshindernissen	• Kriterium 2 ist erfüllt, da unter dem Aspekt des Wegfalles der Regulierung keine Tendenz zu wirksamem Wettbewerb besteht (z.B. aufgrund Kostenstrukturen, vertikale Struktur des Incumbents)
• Keine ausreichenden wettbewerbsrechtlichen Mittel bei einer fehlenden Regulierung der Bereiche Übertragung und Verteilung	• Wettbewerbsrecht im Bereich Schieneninfrastruktur nicht ausreichend, um Marktversagen entgegenzuwirken
• 3-Kriterien-Test ist erfüllt	• 3-Kriterien-Test ist erfüllt
• Kein freier Markteintritt im Bereich Übertragung und Verteilung	• Kein freier Markteintritt ohne Regulierung
• Hohe irreversible Kosten im Bereich Übertragung und Verteilung	• Hohe irreversible Kosten im Bereich Schieneninfrastruktur
• Kein Bertrand-Nash-Verhalten für Bereich Übertragung und Verteilung feststellbar, aufgrund von rechtlichen Zugangshindernissen	• Angebote des Eisenbahnverkehrs verfügen über Charakteristika eines Massengutes, Bertrand-Nash-Verhalten erscheint plausibel
• Kein Kriterium der Contestable Markets Theory erfüllt	• Branche der Eisenbahn ist im Teilbereich Schieneninfrastruktur weit vom Idealtypus eines angreifbaren Marktes entfernt
• Besteht im regulierten Bereich Transport (Übertragung, Verteilung)	• Besteht im Bereich der Schieneninfrastruktur
• EU-Richtlinie 96/92/EG, ersetzt durch 2003/54/EG • ElWOG, SNT-VO 2006	• 3 EU-Richtlinienpakete • EisbG 1957
• Regulierung der Wertschöpfungsstufe Transport (Übertragung, Verteilung)	• Regulierung im Teilbereich Schieneninfrastruktur (monopolistisches Bottleneck)

Branchenvergleich

		Telekommunikation	Post
Regulierungsziel: Wettbewerb	Netzzugang	• Diskriminierungsfreier Netzzugang für Marktteilnehmer des Wettbewerbsbereiches (§§ 41 ff. TKG 2003)	• Zugangshindernis HBFA
	Vermeidung von Quersubventionierung	• Getrennte Buchführung – Separate Accounts (§ 40 TKG 2003)	• Getrennte Buchführung – Separate Accounts (§ 10 (4) PostG) • Quersubventionierung des reservierten Bereiches mit Universaldienst erlaubt (§ 6 (4) PostG) • Quersubventionierungsverbot in anderen Bereichen (§ 3 Post-KostenrechnungsVO)
	Access Pricing	• Kostenorientierte Zugangstarife genehmigt durch Regulierungsbehörde	• Zugang zu Brieffachanlagen kostenfrei
Regulierungsziel: Universaldienst	Qualitätsregulierung	• Erbringung des Universaldienstes wird ausgeschrieben bzw., falls nur ein Unternehmen befähigt ist, bestimmt durch BMVIT	• Möglichkeit, Qualitätsnormen per VO festzulegen und unabhängige Überprüfung zu veranlassen (§ 12 PostG) • Regelungen zur Art der Zustellung, Zustellfrequenz, Laufzeit von Briefsendungen sowie Laufzeit von Paketsendungen (§§ 6–9 Post-UniversaldienstVO)
	Preisregulierung	• Regulierung der Preise für Endnutzer für Unternehmen mit beträchtlicher Marktmacht nach dem Cost-Plus-Verfahren (Kosten + Berücksichtigung der Investitionen + Rendite auf das eingesetzte Kapital) (§ 42 TKG 2003)	• Entgelte für Universaldienst + reservierten Bereich müssen einheitlich, allgemein erschwinglich, kostenorientiert sein und dem Grundsatz der Nichtdiskriminierung entsprechen (§ 10 PostG) • Behördliche Genehmigung der Entgelte im reservierten Bereich, Möglichkeit des Price-Cap-Verfahrens (§ 10 PostG) • Ex-post-Kontrolle nicht genehmigungspflichtiger Entgelte (§ 10a PostG)

Strom	Eisenbahn
• Diskriminierungsfreier Netzzugang für Marktteilnehmer des Wettbewerbsbereiches (§§ 15, 23, 29 ElWOG) • Vertikale Separierung: – Verwaltungsmäßige Entflechtung von Übertragungsnetz, Erzeugung und Verteilungsnetz (§ 9 ElWOG) – Informatorische Entflechtung zwischen Übertragungs- und Verteilernetzbetrieben (§ 11 ElWOG) – Entflechtung der Organisation und der Entscheidungsgewalt von Verteilernetz und Erzeugung (§ 26 ElWOG)	• Diskriminierungsfreier Netzzugang für Zugangsberechtigte (§§ 56 ff. EisbG) • Regelungen zur Zuweisung von Fahrwegkapazität (Zugtrassen) (§§ 63 ff. EisbG) • Vertikale Separierung
• Getrennte Buchführung – Separate Accounts (§ 8 ElWOG) • Vertikale Separierung	• Getrennte Buchführung – Separate Accounts (§ 55 (2) EisbG) • Transfer von Mitteln vom Bereich Schieneninfrastruktur zu anderen Unternehmensbereichen unzulässig (§ 55 (2) EisbG)
• Kostenorientierte Systemnutzungstarife bestimmt durch Regulierungsbehörde (§ 25 ElWOG und SNT-VO)	• Regelungen zu Infrastrukturbenützungstarifen (§ 53a, §§ 67 ff. EisbG)
• Verpflichtung zur Grundversorgung der „Versorger letzter Instanz" (§ 44a ElWOG) • Technische und organisatorische Regeln erstellt durch Regulierungsbehörde und Betreiber (§ 9 E-RBG)	• N.A.
• N.A.	• N.A.

Branchenvergleich

		Telekommunikation	Post
Regulierungsbehörde	Rechtliche Grundlage	• TKG 2003 + KOG 2001	• PostG 1997 + KOG 2001
	Aufbau der Behörde	• TKK & RTR-GmbH	• TKKP & RTR-GmbH
	Größe der Behörde	• TKK: 3+3 Mitglieder • RTR-GmbH: Ca. 100 Personen inkl. Rundfunk, davon ca. 60 – 70 Personen für Telekommunikation zuständig	• TKKP: 3+3 Mitglieder • RTR-GmbH: ca. 3–5 MA (für Postangelegenheiten)
	Wesentliche Aufgaben der Regulierungsbehörde	• Sicherstellung Wettbewerb • Sicherstellung von Auswahl, Preis und Qualität der Dienste • Verhinderung von Wettbewerbsverzerrung oder -beschränkung • Förderung effizienter Infrastrukturinvestition und Innovationen • Sicherstellung eines flächendeckenden Universaldienstes • Streitschlichtung (B2B und Endkunde)	• Genehmigung von Geschäftsbedingungen und Entgelten für den reservierten Bereich (Monopol) • Überprüfung nicht genehmigungspflichtiger Entgelte • Aufsichtsmaßnahmen • Anzeige von Diensten • Streitschlichtung (B2B und Endkunde)

Tabelle 6: Branchenvergleich

Strom	Eisenbahn
• E-RBG	• EisbG 1957
• ECK & ECG	• SCK & SCG
• E-Control Kommission: 3+3 Mitglieder • E-Control GmbH: 65 MA	• SCK: 3+3 Mitglieder • SCG: 12 MA
• Schaffung von Rahmenbedingungen • Überwachungs- und Aufsichtsfunktion • Bestimmung der Systemnutzungstarife • Organisatorische Abwicklung von Ausgleichszahlungen zwischen Netzbetreibern • Vollziehung der Bestimmungen über Stranded Costs • Streitschlichtung (B2B und Endkunde) • Statistische Arbeiten	• Kontrolle der Zuweisungsstelle und Eisenbahnverkehrsunternehmen hinsichtlich diskriminierenden Verhaltens • Überprüfung von Schienennetz-Nutzungsbedingungen, allgemeinen Geschäftsbedingungen, Verträgen, Urkunden • Überwachung der Bereitstellungs- und Vorlagepflichten • Beschwerdestelle • Informationsaustausch mit ausländischen Regulierungsstellen • Marktbeobachtung und statistische Arbeiten

5.6.1. Regulierungswürdigkeit (Drei-Kriterien-Test, Contestable Markets Theory, monopolistisches Bottleneck)

Von den fünf untersuchten Branchen sind drei Branchen (Telekommunikation, Strom und Eisenbahn), in denen ein monopolistisches Bottleneck vorliegt, regulierungswürdig. Zwei Branchen (Postmarkt und Verpackungsentsorgungsmarkt) haben sich als nicht regulierungswürdig herausgestellt. Dies liegt in drei Tatsachen begründet:

Erstens liegt in diesen Bereichen offensichtlich kein bedeutendes monopolistisches Bottleneck vor. Im Postsektor werden zwar die Hausbrieffachanlagen noch als Engpass gesehen. Eine diesbezügliche Lösung bedarf allerdings keiner Regulierungsbehörde, sondern muss durch eine Gesetzesnovelle erfolgen. Regelungen dazu sind in der Regierungsvorlage des Postmarktgesetzes vorgesehen, werden aber erst 2013 wirksam. Der Verpackungsentsorgungsmarkt ist noch weiter von einem Engpass entfernt. Einerseits ist eine Duplizierung der Infrastruktur jederzeit möglich, und es gibt lediglich Indikationen, dass dies politisch nicht erwünscht ist.[396] Andererseits hat sich das ARA-System freiwillig verpflichtet, auf der für diesen Punkt relevanten Ebene der Sammlung (Standorte) Mitbewerber als Systemmitbenutzer zu akzeptieren.[397] Die Bündelungseffekte sind aber durchaus als gering einzuschätzen. Es liegen auch keine signifikanten irreversiblen Kosten vor.

Überdies findet eine Duplizierung von wesentlich kostenintensiverer Netzinfrastruktur beispielsweise im Bereich der Sendeanlagen von Mobilfunkbetreibern oder im Bereich von Rundfunksendeanlagen statt, welche sogar zu positiven gesamtwirtschaftlichen Effekten geführt hat.[398]

Ein weiteres Beispiel für den Aufbau von Parallelnetzen ist auch im Bereich der Zeitungszustellung zu finden. Der EuGH (und ihm folgend das österreichische Kartellgericht) wies einen Antrag der Tageszeitung *Der Standard* auf Aufnahme in das Hauszustellungssystem der *Mediaprint* mit der Begründung ab, dass eine Tätigkeit als Zeitungsverlag auch ohne Nutzung dieser Infrastruktur möglich und die Infrastruktur überdies duplizierbar sei.[399] Tatsächlich hat der *Standard* – der im Verfahren vor Kartellgericht und EuGH stets die Unmöglichkeit des Aufbaus eines eigenen Zustellsystems behauptete

---

[396] Entscheidung der Kommission vom 16/10/2003 in einem Verfahren nach Artikel 81 EG-Vertrag und Artikel 53 EWR-Abkommen (Sachen COMP D3/35470 – ARA, COMP D3/35473 – ARGEV, ARO).
[397] Vgl. Kapitel 5.5.2.1.
[398] Stellungnahme Bundeswettbewerbsbehörde (2006b).
[399] EuGH 26.11.1998 – *Bronner* – Rs. C-7/97.

– nur kurze Zeit später (im Frühjahr 2001) in seinem Kernverbreitungsgebiet ein solches System (gemeinsam mit der *Presse*) selbst eingerichtet. Der Fall wird vielfach als ein Beispiel dafür gesehen, dass es volkswirtschaftlich falsch ist, Marktteilnehmern den Zugang zu fremden Ressourcen zu sehr zu vereinfachen und sie dadurch von eigenen Anstrengungen abzuhalten.

Zweitens ist im Postmarkt unter der Prämisse der vollständigen Marktöffnung zu erwarten, dass sich der Teilbereich des Briefmonopols ähnlich dem Bereich der Wettbewerbsdienste verhalten bzw. entwickeln wird. Somit wird, wie im Verpackungsentsorgungsmarkt, Tendenz zu wirksamem Wettbewerb bestehen.

Drittens erscheinen sowohl bei Post (ausgenommen für Universaldienstbestimmungen) als auch im Verpackungsentsorgungsmarkt wettbewerbsrechtliche Mittel ausreichend, um ein Funktionieren des Marktes zu unterstützen.

In den anderen Kriterien unterscheiden sich die Testergebnisse nicht wesentlich, hier sind die Kriterien weitestgehend erfüllt. Da das Vorliegen eines erfüllten Kriteriums jedoch nicht ausreichend ist, sondern alle Kriterien kumulativ erfüllt sein müssen, bedürfen der Verpackungsentsorgungsmarkt und auch der Postmarkt keiner Regulierung, die anderen Infrastrukturbranchen jedoch zu Recht reguliert werden.

Die Ex-post-Analyse rechtfertigt also das Vorgehen der EU, drei der fünf Vergleichsbranchen zu regulieren, wenn auch die Regulierungstätigkeit in der Praxis aus wirtschaftspolitischen Gründen nicht nur auf das monopolistische Bottleneck beschränkt wird.

In diesem Zusammenhang ist auch ein auf europäischer Ebene ausjudizierter Fall erwähnenswert.[400] Die Van den Bergh Foods Ltd, eine 100%ige Tochtergesellschaft der Unilever-Gruppe, ist der Hauptzzzersteller von Speiseeis in Irland, insbesondere von Kleineis in Einzelportionspackungen. Sie stellte den Speiseeis-Wiederverkäufern (z.B. Tankstellen, Kioske) kostenlos oder gegen einen geringfügigen Mietzins Kühltruhen unter der Bedingung zur Verfügung, dass sie ausschließlich für die Lagerung der von ihr gelieferten Speiseeiserzeugnisse benutzt werden („Ausschließlichkeitsklausel"). Dagegen beschwerte sich der konkurrierende Eiserzeuger Mars mit dem Argument, dass ihm aufgrund der Ausschließlichkeitsklausel der effektive Marktzutritt unangemessen erschwert werde. Die Europäische Kommission (und ihr folgend das EuG) unterstützten die Position von Mars und untersagten Unilever die gerichtliche Durchsetzung der Ausschließlichkeitsklauseln. Dieser Fall, der analog zu

---

[400] EuG 23.10.2003 – *Van den Bergh Foods* – Rs. T-65/98.

Sammelbehältern gesehen werden kann, ist insoweit bemerkenswert, als dort ein Marktzutrittsproblem ohne Regulator rein durch wettbewerbsrechtliche Maßnahmen gelöst wurde.

Grundlage für die EU, alle vier Vergleichsbranchen zu regulieren, waren in jedem Fall die Ziele der Förderung des Wettbewerbs, der Förderung der Interessen der Bürger (insbesondere die Sicherstellung des Universaldienstes) und der Entwicklung des Binnenmarktes.[401] Die Sicherstellung des Universaldienstes ist auch der Hauptgrund für die Regulierung des Postsektors,[402] die anderen Kriterien treten hier ebenfalls in den Hintergrund.

Die Richtlinien der Europäischen Union beinhalten für die Regulierung dieser Branchen allerdings unterschiedliche Ansätze und Begründungen, die sich jedoch in wesentlichen Zügen an den Kriterien orientieren, die in der vorliegenden Analyse angewendet wurden.

Es erscheint daher für die vergleichende Betrachtung die Feststellung wesentlich, dass seitens der Europäischen Union keine Anstrengungen unternommen wurden, den Verpackungsentsorgungsmarkt zu regulieren. Dies lässt darauf schließen, dass auch seitens der Organe der Europäischen Union dieser Markt als nicht regulierungswürdig angesehen wird.

5.6.2. Vergleichende Betrachtung der Regulierungsschwerpunkte und Parallelen zum Verpackungsentsorgungsmarkt

5.6.2.1. Wettbewerb

Die Regulierung des Wettbewerbs ist in den Branchen Telekommunikation, Strom und Eisenbahn ein bedeutendes Thema. Die reservierten Dienste im Postmarkt werden erst mit der vollständigen Liberalisierung im Jahr 2011 für den Wettbewerb geöffnet.

Die nicht reservierten Dienste im Postsektor sind bereits derzeit im vollen Wettbewerb und werden nicht reguliert.

5.6.2.1.1. Netzzugang

Die Frage des Netzzugangs hängt eng mit dem Vorhandensein bzw. dem Fehlen von Engpass-Infrastruktur (essential facilities) zusammen.

---

[401] Richtlinie 2002/21/EG des Europäischen Parlaments und des Rates vom 7. März 2002 über einen gemeinsamen Rechtsrahmen für elektronische Kommunikationsnetze und -dienste (Rahmenrichtlinie), Artikel 8.
[402] Vgl. Grünbuch (1992), S. 110 ff.

Im Stromsektor sowie im Eisenbahnsektor ist der Bau von neuen Leitungen oder Schienennetzen keine Option für Wettbewerber. Wettbewerb kann daher nur auf bestehenden Netzen stattfinden. Folgerichtig werden Regulierungsmaßnahmen gezielt auf Ebene dieser Engpassbereiche gesetzt. Im Strombereich ist daher der Zugang zu Übertragungs- und Verteilungsnetzen Regulierungsschwerpunkt, im Eisenbahnbereich der offene Zugang zu Schienennetzen. In diesen beiden Branchen steht folglich vertikale Separierung, also die Trennung der regulierten Netzbereiche von den Wettbewerbsteilen in diesen Unternehmen, im Vordergrund. Die Sicherstellung des diskriminierungsfreien Netzzugangs ist gesetzlich geregelt und wird von Regulierungsbehörden überwacht.

Zwar stellt auch im Telekommunikationsbereich der Zugang insbesondere zu Ortsnetzen einen Engpass dar. Allerdings ist hier durch Technologiesprünge auch eher mit einer Umgehung des Engpasses z.B. durch Funknetze (z.B. Wireless Local Loop) zu rechnen. Zusammenschaltung eigener Netze mit dem Netz des größten Netzes (der Telekom Austria) ist für alternative Betreiber essentiell für deren Betrieb. Daher werden sowohl die Einhaltung der Zusammenschaltungsverpflichtung als auch die Zusammenschaltungstarife der Regulierung unterworfen.

Die vorerwähnten drei Branchen unterscheiden sich hier aufgrund der Netzstruktur signifikant vom Verpackungsentsorgungsmarkt.

Anders ist es bei der Post, die eher vergleichbare Netzstrukturen aufweist. Hier gibt es keine gemeinschaftsrechtlichen Normen zur Regelung des offenen Netzzugangs. Stellen in Österreich im Postwesen die Hausbrieffachanlagen noch Engpasseinheiten dar, so können im Verpackungsentsorgungsmarkt keine Engpässe identifiziert werden, die ökonomisch argumentierbar wären. Die oben erwähnte Schaffung eines „künstlichen Engpasses" aufgrund unerwünschter Standortduplikation für Sammelstellen kann nicht ins Treffen geführt werden. So besteht etwa in anderen vergleichbaren Märkten wie z.B. der Altkleidersammlung in Containern akzeptierter Standortwettbewerb bzw. Standortduplikation.

Ein möglicher Wettbewerbsvorteil aus Bündelungsvorteilen ist gering.[403] Auch aus diesen ist daher kein Regulierungsbedarf ableitbar.

5.6.2.1.2. Vermeidung von Quersubventionierung

Die Verhinderung von Quersubventionierung durch Stützung des Wettbewerbsbereichs mit Monopolgewinnen ist in allen Vergleichs-

---

[403] Vgl. Kapitel 5.5.4.

branchen Ziel der Regulierung und auch durch das Erfordernis der getrennten Buchführung unterstützt. Die Wege zur Überwachung des Quersubventionierungsverbots sind allerdings verschieden.

Durch die Bestimmungen der EBRL 2009 sind vertikal integrierte Unternehmen verpflichtet, eines der vier Modelle zur Trennung des Netzbetriebes vom Wettbewerbsbereich zu wählen und umzusetzen. Die neue Richtlinie von 2009 stellt eine wesentlich strengere Regelung zur Verhinderung von Quersubventionierung im Vergleich zur Richtlinie von 2003 dar. Bis zur Umsetzung der EBRL 2009 in österreichisches Recht gilt jedoch weiterhin eine schwache Form der Regulierung, indem mit einer Beurteilung des Jahresabschlussprüfers der jeweiligen Gesellschaft und einem kartellrechtlichen Verbot der Quersubventionierung das Auslangen gefunden werden soll.

Strikter als die derzeitige Regelung im Stromsektor ist die Bestimmung im Eisenbahngesetz, wo das Quersubventionierungsverbot in § 55 (2) normiert ist.

Das TKG 2003 verbietet Quersubventionierung in § 40. Vertikale Separierung ist zur Durchsetzung dieses Verbots nicht vorgesehen. Die Führung getrennter Bücher erfolgt daher innerhalb der Telekom Austria und hat zur Einrichtung eines eigenen Bereichs „Regulierungskostenrechnung" geführt. In diesem Bereich wurde ein eigenes Kostenrechnungssystem aufgebaut, welches den Anforderungen des Regulators Rechnung trägt und von diesem regelmäßig geprüft wird.

In der Post ist Quersubventionierung insofern erlaubt, als aus den Einnahmen des reservierten Dienstes der Universaldienst (mit)finanziert werden darf. Aus dem Gebot der Kostenorientierung in der Post-Kostenrechnungsverordnung lässt sich ein sonst geltendes Quersubventionierungsverbot ableiten. Mit Inkrafttreten des Postmarktgesetzes wird Quersubventionierung ebenfalls verboten sein.

Für den Verpackungsentsorgungsmarkt normiert § 32 (2) AWG ein Quersubventionierungsverbot. Im Verpackungsentsorgungsmarkt existiert allerdings kein Monopolbereich und auch kein monopolistisches Bottleneck. Eine theoretisch mögliche Quersubventionierung der Tarife des stärkerem Wettbewerb unterliegenden Gewerbemarktes durch überhöhte Tarife im Haushaltsmarkt würde keinen Sinn ergeben, da das ARA-System im ebenfalls angreifbaren Haushaltsverpackungsmarkt nicht effizient anbieten würde und aufgrund Bertrand-Nash-Verhaltens Wettbewerber in diesen Markt eintreten würden. In der gedanklichen Teilung in Gewerbe- und Haushaltsverpackungsmarkt werden daher mögliche Quersubventionierungen zwischen diesen Bereichen durch Marktmechanismen geregelt.

5.6.2.1.3. Access Pricing

In Konsequenz der beiden vorhergehenden Abschnitte sind in den Branchen Telekommunikation, Strom und Eisenbahn auch die Zugangspreise reguliert, um die Abschöpfung von Monopolrenten oder die Behinderung von Wettbewerb durch prohibitive Zugangspreise zu verhindern.

Die nicht vertikal separierte Telekom Austria verwendet die oben erwähnte Regulierungskostenrechnung zur Berechnung kostenbasierter Zusammenschaltungspreise, die nach technischen Kriterien vordefiniert sind. Diese Tarife dürfen eine angemessene Rendite beinhalten sowie Investitionen berücksichtigen. Maßgeblich sind dabei Plankostenmodelle, die von der Regulierungsbehörde anhand eigener Modelle überprüft werden.

Im Stromsektor werden angemessene Preise von der E-Control Kommission durch Verordnung oder Bescheid bestimmt. Basis für die Bestimmung der Angemessenheit sind die Kosten der Netzbetreiber, welche aus den Jahresabschlüssen abgeleitet werden.

Im Eisenbahnsektor werden die Infrastrukturbenützungsentgelte durch die ÖBB-Infrastruktur Betrieb AG nach einigen technischen Kriterien festgesetzt. Die Überprüfung auf etwaige diskriminierende Elemente erfolgt durch die Regulierungsbehörde.

In der Post besteht mangels Netzmitbenutzung anderer Anbieter keine Regulierung der Netzzugangspreise (der Zugang zu Hausbrieffächern ist kostenlos).

Für den Verpackungsentsorgungsmarkt kann aufgrund der im vorigen Abschnitt beschriebenen Marktmechanismen keine Notwendigkeit zur Regulierung von Zugangspreisen erkannt werden. Sollten Bedenken bestehen, dass seitens des ARA-Systems für die Benützung seiner Systemelemente überhöhte Preise verlangt werden, um den Eintritt von Wettbewerbern zu verhindern oder verzögern, so kann im Rahmen von Verfahren vor dem Kartellgericht Abhilfe geschaffen oder können entsprechende Regelungen vorgesehen werden, die im Rahmen der Verträge mit Mitbewerbern einer schiedsgerichtlichen Einigung unterworfen werden könnten. Regulierungsbehörde ist dafür keine notwendig. Davon unbenommen wäre allerdings die ohnedies bestehende Möglichkeit für Wettbewerber, ein Parallelsystem aufzubauen.

5.6.2.2. Universaldienst

Der Universaldienst ist in allen Vergleichsbranchen (außer Eisenbahn) unterschiedlich geregelt. In erster Linie geht es um eine flächendeckende Grundversorgung (Telekommunikation, Post und Strom) zu erschwinglichen Preisen und in bestimmter Qualität (Telekommunikation und Post). Lediglich im Schienenverkehr gibt es keine Universaldienstverpflichtung, was sich aus der Marktcharakteristik ergibt.

In Kapitel 5.5.1 wurde dargelegt, dass dem Markt für die Entsorgung von Verpackungen wesentliche Charakteristika eines Universaldienstes fehlen. Im Gegensatz zu den Vergleichsbranchen, welche Konsumenten mit Gütern des täglichen Bedarfs versorgen, die auch über einen einheitsbezogenen Marktpreis bzw. Wert für den Konsumenten verfügen, ist Entsorgung von Verpackungen (derzeit) kein Wirtschaftsgut. Während beispielsweise die Restmüllentsorgung direkt von den Verbrauchern zu bezahlen ist, wird die Verpackungsentsorgung über die Inverkehrsetzer von Verpackungen, welche ja auch durch die VerpackVO verpflichtet werden, finanziert und ist daher in Produktpreisen enthalten.

Bei diesem Aufbau ist daher das Kriterium der Erschwinglichkeit nicht anwendbar, da die Kosten von Konsumenten nicht wahrnehmbar in Produktpreisen berücksichtigt sind. Die kostentragenden Unternehmen als qualifizierte Käufer suchen auf dem durch die VerpackVO geschaffenen Markt der „Entpflichtung" den günstigsten Anbieter. Flächendeckung ist dabei zwar Bedingung,[404] steht jedoch zu den Zielen der VerpackVO, die auf Mengen- und nicht auf Flächendeckung abzielt, in gewissem Widerspruch.

Daraus ergibt sich, dass durch die VerpackVO ein Wettbewerbsmarkt für Unternehmen geschaffen wurde, welcher zu einem abgeleiteten Kundennutzen (Umweltschutz) führt.

Ein zu regulierender Universaldienst, wie er in den Vergleichsbranchen zu finden ist, liegt im Markt der Entsorgung von Verpackungen in der derzeitigen Struktur nicht vor.

5.6.3. Abschließende Bemerkungen

Regulierungsbehörden wurden im Zuge der Öffnung der Infrastrukturmärkte als „Übergangslösung" gesehen, die zu Beginn vorrangig Infrastrukturmonopole in Wettbewerbsmärkte überführen sollten. Die Geschichte der Regulierung zeigt jedoch, dass mit zunehmender Reife der regulierten Märkte Regulierungsbehörden nicht verkleinert, sondern mit neuen Aufgaben versehen wurden. So sind in der Telekommunikationsregulierung derzeit rund 100 Mitarbeiter beschäftigt, von denen sich etwa 60 ausschließlich mit Telekommunikationsbelangen befassen. Die E-Control GmbH umfasst derzeit 74 Mitarbeiter. Lediglich die Postregulierung kommt (derzeit) mit drei

---

[404] § 3 VerpackVO.

bis fünf Mitarbeitern aus und der sehr spezifisch regulierende Schienenregulator mit zwölf Mitarbeitern.

Das Wachstum der Regulierungsbehörden führt immer wieder zu Diskussionen über Notwendigkeit und Zuständigkeiten. Insbesondere die Abgrenzung zu Kartellbehörden, Wettbewerbsbehörden, Konsumentenschutz und ministeriellen Aufgaben ist oft nicht eindeutig bzw. folgt keiner klaren Logik.

„Regulierungsbehörden sollen dort eingreifen, wo und solange kein funktionierender Markt (aus welchen Gründen immer) besteht. Und sie sollen als sektorspezifische Wettbewerbsbehörden (gemeinsam mit den eigentlichen Wettbewerbsbehörden) versuchen, so schnell wie möglich funktionierende Märkte erzwingen. Teilweise geschieht es auch tatsächlich so. Aber eben leider bloß teilweise."[405]

Der Vergleich des Verpackungsentsorgungsmarktes mit regulierten Infrastrukturbranchen zeigt, dass regulierende Maßnahmen für diesen Markt nicht notwendig sind. Tendenziell ist aufgrund der Situation, wie sie derzeit im Verpackungsentsorgungsmarkt anzutreffen ist, volkswirtschaftlich sogar mit höheren Kosten zu rechnen, sollte in diesen Markt regulierend eingegriffen werden.

„Es ist geradezu exzessiv mühsam: Zu viele Kräfte (rechtlich, politisch) agieren auf jeweils eigenen Spielfeldern, und dabei wachsen die Spielräume der Spieler und Mitwirkenden (wie zu Zeiten der Kreuzzüge) oft gewaltig an, sodass sie sich – unbewusst und ungewollt, oft aber auch durchaus bedacht und beschlossen – gegenseitig in den Arm fallen."[406]

---

[405] Interview mit o. Univ.-Prof. DDr. Walter Barfuß, Generaldirektor für Wettbewerb a.D.
[406] Interview mit o. Univ.-Prof. DDr. Walter Barfuß.

6. Regulierungsnotwendigkeit als Vorwand für Wirtschaftspolitik

In den vorhergehenden Kapiteln wurde gezeigt, dass durch die Deregulierung von Infrastrukturbranchen erhebliche volkswirtschaftliche Vorteile erzielt wurden. Ineffiziente Monopole wurden beseitigt, das Staatsbudget entlastet. Wettbewerb hat konsumentenfreundlichere Dienstleistungen hervorgebracht. Die Vorreiterrolle dabei spielte die Telekommunikationsbranche. Ein wesentlicher Faktor für den rasanten Wandel in der Telekommunikation war aber auch die technologische Entwicklung. Mobiltelefonie und Datendienste haben diesen Markt völlig verändert und auch den Anteil an Telekommunikationsausgaben am verfügbaren Einkommen wesentlich erhöht (bei gleichzeitig „gefühlter" Verbilligung der Dienste auf Konsumentenseite). Die Notwendigkeit, rechtlichen und technologischen Wandel in vernünftige Bahnen zu lenken, hat dazu geführt, dass die Telekom-Regulierungsbehörde RTR auch die größte Regulierungsbehörde aller Infrastrukturbranchen ist. Mit der ständigen Beobachtung und Überarbeitung (Verringerung) der zu regulierenden Teilmärkte wird der „Kernbereich" der Regulierung auch schrittweise reduziert. Großen Anteil der Tätigkeit der RTR umfassen Konsumentenschutzaufgaben und auch statistische sowie kartellrechtliche Aufgaben. Ob die Struktur und das juristische Konstrukt einer Regulierungsbehörde für diese Aufgaben das richtige Instrument darstellt, ist immer wieder Gegenstand der Fachdiskussion. Tatsache ist jedoch, dass die aufgezählten Aufgaben wahrgenommen werden müssen. Die der Regulierungstheorie entsprechende Regulierung des monopolistischen Bottlenecks ist jedenfalls in der Telekommunikation nur mehr eine Teilaufgabe der RTR.

Die Stromregulierung hat sich von vornherein auf den monopolistischen Engpass konzentriert. Hier ist die Regulierung allerdings nicht – wie in der Telekommunikation – einem bundesweiten Monopolisten gegenübergestanden, sondern einer Vielzahl lokaler Monopolunternehmen. Dies hat zu einer erheblich schwächeren Position der Regulierungsbehörde geführt und zu teilweise – im Branchenvergleich z.B. mit der Telekommunikation – weniger strikter Behandlung durch die Regulierungsbehörde. So ist beispielsweise den Energieversorgern erlaubt, sunk costs, also verlorene Investitionen, an Endkunden weiterzuverrechnen, was im Telekommunikationssektor undenkbar gewesen wäre. Fehlende technologische Weiterentwicklung in diesem Sektor hat auch zu vergleichsweise geringeren Markteffekten geführt.

Letzteres gilt auch für den Postmarkt. Nach der erfolgreichen Deregulierung des Telekommunikationsmarktes und der verstärkt von Kompromissen getragenen Regulierung des Strommarktes ist die Liberalisierung des Postmarktes ein Beispiel für den Missbrauch von Regulierungsmechanismen für wirtschaftspolitische Zwecke.

Die Untersuchung hat gezeigt, dass der monopolistische Engpass im Postsektor de facto nur im Zugang zu Hausbrieffachanlagen liegt. Alternative Zusteller müssten demnach dieselbe Zugangsmöglichkeit zu diesen Hausbrieffachanlagen erhalten wie der derzeitige Monopolist Österreichische Post AG. Die praktische Regulierung dreht sich jedoch nahezu ausschließlich um die Erfüllung des Universaldienstes, die kein Thema der Regulierungstheorie ist, sondern ein rein wirtschaftspolitisches Anliegen. Die Politik findet sich dabei zwischen den Fronten: fiskalpolitisch verantwortlich als Haupteigentümer der ÖPAG, arbeitsmarktpolitisch verantwortlich für die überzähligen Postbeamten, regionalpolitisch verantwortlich für die Poststandorte und den Universaldienst sowie wirtschaftspolitisch verantwortlich für die Öffnung des Postmarkts. Dabei handelt es sich um Zielkonflikte und das neue Postmarktgesetz beweist, dass die aus regulierungstheoretischer Sicht einzig relevante Frage nach der Öffnung des Postmarkts und der damit verbundenen Regulierung des Zugangs zu den Hausbrieffachanlagen das politisch unwichtigste Ziel ist. Reguliert werden im Gesetz nämlich im Wesentlichen Fragen des Universaldienstes. Dies ist wenig erstaunlich, aber doch sehr bedenklich, denn die wirtschaftspolitische Diskussion sollte offen geführt werden. Wird seitens der Politik die Notwendigkeit einer Universaldienstregelung gesehen, so ist diese Frage in der wirtschaftspolitischen Diskussion zu lösen und nicht mit vorgeblicher Regulierungsnotwendigkeit. Diese ist nämlich definitiv nicht gegeben. Der Missbrauch wirtschaftlicher Argumente für politische Zielsetzungen ist hierbei abzulehnen.

„Ich befürchte auf allen (als jeweils ‚sozial' relevant und ‚interessant' scheinenden) Gebieten eine Zunahme von Regulierungen aller Art (von Codes und Empfehlungen bis zu verbindlichen Rechtsvorschriften): In Zeiten der Krise hat man erfahrungsgemäß weit mehr für Regulierung und Wettbewerbsbeschränkungen übrig als für Deregulierung und Wettbewerb. Auch dann, wenn mit schöngeistigen Worthülsen das Gegenteil beteuert wird. Die Regulierer (als Interessenten/Interessenvertreter, als Arbeitsbeschaffer/‚Leistungsmagier', als Experten/‚Experten' etc.) sind in der Überzahl."[407]

---

[407] Interview mit o. Univ.-Prof. DDr. Walter Barfuß.

Gerade die Diskussion um die Regulierung des Postmarkts zeigt aber einen Trend in der Wirtschaftspolitik: Überlegungen, Märkte zu regulieren, die – wirtschaftlich gesehen – keiner Regulierung bedürfen, treten verstärkt auf. Vereinzelt haben auch bereits Unternehmen diesen Trend aufgegriffen. Gut funktionierende Wettbewerbsmärkte, die von erfolgreichen Unternehmen dominiert werden, werden im Lobbying zu „Märkten mit Regulierungsnotwendigkeit" erklärt, um erfolgreiche Unternehmen zu schwächen und durch politische Unterstützung Markteintrittsschwellen für Konkurrenten zu senken. Eine Regulierung solcher Märkte zieht tendenziell volkswirtschaftliche Nachteile mit sich. Beispiele hierfür finden sich im öffentlichen Nahverkehr ebenso wie in der Abfallwirtschaft.

Regulierung war und ist dort erfolgreich, wo sie sich auf ihre Kernaufgabe, nämlich die Regulierung des monopolistischen Engpasses, konzentriert hat.

„Das bleibt aber meist bloße Theorie bzw. ein schönes Ideal: Die tatsächliche Umsetzung dieser Regulierungstheorie sowohl in EU-Richtlinien als auch in der nationalen Gesetzgebung sieht üblicherweise anders aus; sie wird nämlich vorwiegend von interessengebundenen, realpolitisch geprägten pragmatischen Kompromissen bestimmt."[408]

---

[408] Interview mit o. Univ.-Prof. DDr. Walter Barfuß.

Anhang: Regulierungsbegriffe

Die hier dargestellten Definitionen wurden aus folgenden Werken entnommen:
Borrmann, J./Finsinger, J. (1999): Markt und Regulierung, München.
Knieps, G. (2005): Wettbewerbsökonomie, 2. Auflage, Heidelberg.
Knieps, G./Brunekreeft, G. (2003): Zwischen Regulierung und Wettbewerb – Netzsektoren in Deutschland, 2. Auflage, Heidelberg.

Access Pricing	Methode und Modalität zur Bestimmung von Netzzugangstarifen für den Wettbewerbsbereich
Accounting Separation	Form der Regulierung; diese fordert Netzzugangsgebot zum monopolistischen Bottleneck, Diskriminierungs-, Quersubventionierungsverbot und getrennte Buchführung (siehe „Separate Accounts")
Angreifbare Märkte	Märkte, die einen freien Eintritt und kostenlosen Austritt für potenzielle Wettbewerber ermöglichen, bedürfen keiner regulierenden Eingriffe
Asymmetrische Regulierung	Auflagen für das marktbeherrschende Unternehmen zur Herstellung von Chancengleichheit im Wettbewerb
Cherry Picking	Lediglich profitabler Teilbereich der Wertschöpfungsstufe eines Marktes wird durch Unternehmen bearbeitet
Contestable Markets	Siehe „Angreifbare Märkte"
Essential Facility	Monopolistischer Bereich, der zur Outputgenerierung des Wettbewerbsbereiches notwendig ist
Incumbent	Bereits vor Marktöffnung bestehendes marktbeherrschendes Unternehmen (meist ehemaliges Monopolunternehmen)
Irreversible Kosten	Diese stellen für eingesessene Unternehmen keine Entscheidungsrelevanz mehr dar, hingegen sehr wohl für potenzielle Wettbewerber; bei einer Beendigung der wirtschaftlichen Aktivitäten sind irreversible Kosten nicht mehr rückgängig zu machen, z.B. Kosten des Verlegens einer Telefonleitung, Kosten der Schieneninfrastruktur oder der Übertragungs- und Verteilungsnetze im Stromsektor
Natürliches Monopol	Gekennzeichnet durch hohe Fixkosten, sinkende Durchschnittskosten, Skalenvorteile (z.B. economies of scale), zusätzlich kann ein einziger Anbieter kostengünstiger als mehrere Anbieter den Markt bearbeiten
Management Separation	Gesellschaftsrechtliche Trennung zwischen monopolistischem Bottleneck und Wettbewerbsbereich; eine Dachgesellschaft bleibt im Eigentum beider Bereiche

Anhang: Regulierungsbegriffe

Monopolistisches Bottleneck	Kombination natürliches Monopol mit irreversiblen Kosten, dadurch besitzt das Unternehmen stabile Marktmacht, weiters ist es möglich, Monopolrente abzuschöpfen und den Wettbewerb in den Wettbewerbsbereichen zu behindern
Open Network Provision (ONP)	Diskriminierungsfreier offener Zugang zur Netzinfrastruktur für Dritte
Price-Cap-Regulierung	Preisobergrenze wird für einzelne Güter des regulierten Unternehmens vorgegeben; ein möglicher Gewinn kann durch das Unternehmen einbehalten werden; die Preisindizes werden periodisch angepasst
Quersubventionierung	Subventionierung eines Bereiches oder verbundenen Unternehmens im Wettbewerbsbereich durch Monopolbereich
Sunk Costs	Siehe „Irreversible Kosten"
Separate Accounts	Getrennte Buchführung für monopolistisches Bottleneck und Wettbewerbsbereich
Universaldienst	Eine flächendeckende Dienstleistung mit bestimmter Qualität und zu erschwinglichem Preis
Vertikal integriert	Unternehmen sind vertikal integriert, wenn sie sowohl über die Infrastruktur verfügen als auch Dienstleistungen basierend auf dieser Infrastruktur in einem vor- und/oder nachgelagerten Bereich anbieten
Vertikale Separierung	Trennung von monopolistischem Bottleneck und anderen Bereichen bei einem integrierten Unternehmen

Literaturverzeichnis

319 der Beilagen zu den Stenographischen Protokollen des Nationalrates XXIV. GP, Regierungsvorlage (2009): Bundesgesetz, mit dem ein Postmarktgesetz erlassen und das KommAustria-Gesetz geändert wird

319 der Beilagen XXIV. GP Regierungsvorlage – Materialien (2009)

Aberle, G./Eisenkopf, A. (2002): Schienenverkehr und Netzzugang: Regulierungsprobleme bei der Öffnung des Schienennetzes und wettbewerbspolitische Empfehlungen zur Gestaltung des Netzzugangs, Hamburg

Ahlfeldt (2006): Europa, Binnenmarkt und Liberalisierung. Zur Logik und Dynamik der europäischen Integration. Eine kritische Würdigung der europäischen Wettbewerbspolitik, Marburg

Aicher, J. (2007): Rechtsgutachten zu Fragen der Mitbenutzung bestehender Verpackungs-, Sammel- und Verwertungssysteme im Haushaltsbereich durch Mitbewerber des ARA-Systems unter dem Aspekt kommunaler Kontrahierungs- und Mitwirkungspflichten, Wien

ARA (2008): Leistungsreport 2008, Wien

ARGEV (2007): Leistungsbericht 2007, Wien

AWG (2002): Bundesgesetz über eine nachhaltige Abfallwirtschaft (Abfallwirtschaftsgesetz 2002 – AWG 2002), BGBl. I Nr. 102/2002 i.d.F. BGBl. I Nr. 54/2008

Berger, H./Knauth, P. (1996): Liberalisierung und Regulierung der Postmärkte: Ansatzpunkte für eine Neugestaltung der staatlichen Postpolitik, München

Bonde, B. (2002): Deregulierung und Wettbewerb in der Elektrizitätswirtschaft – Eine Untersuchung der politischen Ökonomie der Liberalisierung im internationalen Vergleich, Reihe V – Volks- und Betriebswirtschaft, Band 2811, Europäische Hochschulschriften, Frankfurt am Main

Borrmann, J./Finsinger, J. (1999): Markt und Regulierung, München

Braithwaite, J./Drahos, P. (2000): Global Business Regulation, Cambridge

Bühler, S. (2006): Deregulierung von Netzindustrien – eine ökonomische Betrachtung. In: Die Volkswirtschaft – das Magazin für Wirtschaftspolitik, Ausgabe 5/2006

Bundeskartellamt (1997): Zugang zu Netzen und anderen wesentlichen Einrichtungen als Bestandteil der kartellrechtlichen Missbrauchsaufsicht

Bundeswettbewerbsbehörde der Republik Österreich (2006a): Allgemeine Untersuchung der österreichischen Elektrizitätswirtschaft gemäß § 2 Abs. 1 Z 3 Wettbewerbsgesetz (BGBl. I Nr. 62/2002), Endbericht, Wien

Bundeswettbewerbsbehörde der Republik Österreich (2006b): Stellungnahme zu Bescheidentwurf KOA 6.300/06-003 v. 3.5.2006

Christmann, C. (2004): Liberalisierung von Monopolmärkten, Frankfurt am Main

Draxler, P./Regehr, C. (2007): Elektrizitätsrecht – Der österreichische Weg, Wien

EisbG (1957): Bundesgesetz über Eisenbahnen, Schienenfahrzeuge auf Eisenbahnen und den Verkehr auf Eisenbahnen (Eisenbahngesetz 1957 – EisbG), BGBl. Nr. 60/1957 i.d.F. BGBl. I Nr. 95/2009

ElWOG (1998): Bundesgesetz, mit dem die Organisation auf dem Gebiet der Elektrizitätswirtschaft neu geregelt wird (Elektrizitätswirtschafts- und -organisationsgesetz – ElWOG), BGBl. I Nr. 143/1998 i.d.F. BGBl. I Nr. 106/2006
Energie-Control GmbH (2008): Tätigkeitsbericht 2008 der E-Control GmbH
E-RBG (2000): Bundesgesetz über die Aufgaben der Regulierungsbehörden im Elektrizitäts- und Erdgasbereich und die Errichtung der Energie-Control GmbH und der Energie-Control Kommission (Energie-Regulierungsbehördengesetz – E-RBG), BGBl. I Nr. 121/2000 i.d.F. BGBl. I Nr. 148/2002
Fischer (2008): Geschäftsmodelle in den Transportketten des europäischen Schienengüterverkehrs, Wien
Fremuth, W./Parak, C. (2002): Regulierung der Deregulierung von Infrastrukturmärkten, Wien
Grünbuch (1992): Grünbuch über die Entwicklung des Binnenmarktes für Postdienste (Mitteilung der Kommission), KOM(91) 476, 11. Juni 1992
Haas, R./Auer, H./Keseric, N./Stefanescu, G (2004): Liberalisierung öffentlicher Dienstleistungen in der Europäischen Union und Österreich. Auswirkungen auf Preise, Qualität, Versorgungssicherheit und Universaldienste in den Sektoren Energie und Post. Aus der Reihe: Zur Zukunft öffentlicher Dienstleistungen, Nr. 3, Wien
Haberfellner, M./Hujber, A./Koch, P. (2002): Strommarktliberalisierung in Österreich, Working Paper Nr. 8, http://www2.e-control.at/portal/page/portal/ECONT ROL_HOME/STROM/PUBLIKATIONENWORKING_PAPER_SERIESWP08 %20-%20 Strommarktliberalisierung%20in%20Oesterreich.pdf
Hauer, A./Oberndorfer K. (2007): ElWOG – Elektrizitätswirtschafts- und -organisationsgesetz, Kommentar, Linz
Hermes Logistik GmbH (2008): Presseaussendung vom 02.07.2008
Hofer, B./Sawerthal F. (2002): Rechtliche und energiepolitische Aspekte der Energieliberalisierung; Vortrag gehalten vor der Niederösterreichischen Juristischen Gesellschaft in Theiß am 4. April 2001
IHS (2006): Institut für Höhere Studien (2006): Das ARA-System: Volkswirtschaftliche Bewertung und Zukunftsperspektiven, Wien
Kaspar, A./Rübig, P. (1997): Telekommunikation – Herausforderung für Österreich, Wien
Klotz, R./Delgado, J./Fehrenbach, J. (2003): Zugangsentgelte in der Telekommunikation: Die Erfahrung mit dem entbündelten Zugang zur Teilnehmeranschlussleitung in der EU
KOG (2001): Bundesgesetz über die Einrichtung einer Kommunikationsbehörde Austria („KommAustria") und eines Bundeskommunikationssenates (KommAustria-Gesetz – KOG), BGBl. I Nr. 32/2001 i.d.F. BGBl. I Nr. 52/2009
Knieps, G. (2007): Disaggregierte Regulierung in Netzsektoren: Normative und positive Theorie, Diskussionsbeitrag, Freiburg
Knieps, G. (2005): Wettbewerbsökonomie, 2. Auflage, Heidelberg

Knieps, G. (1996): Wettbewerb in Netzen – Reformpotentiale in den Sektoren Eisenbahn und Luftverkehr, Tübingen
Knieps, G./Brunekreeft, G. (2003): Zwischen Regulierung und Wettbewerb – Netzsektoren in Deutschland, 2. Auflage, Heidelberg
Kommission der Europäischen Gemeinschaften (1998): Empfehlung der Kommission vom 8.4.1998 zur Zusammenschaltung in einem liberalisierten Telekommunikationsmarkt (Teil 2 – getrennte Buchführung und Kostenrechnung), 98/322/EG
Kommission der Europäischen Gemeinschaften (2002): Arbeitspapier der Kommission zum Entwurf einer Empfehlung der Kommission: Verordnung des Rates über relevante Produkt- und Dienstmärkte des elektronischen Kommunikationssektors, die aufgrund der Richtlinie 2002/21/EG des Europäischen Parlaments und des Rates über einen gemeinsamen Rahmen für elektronische Kommunikationsnetze und -dienste für eine Vorabregulierung in Betracht kommen, 18.06.2002
Kommission der Europäischen Union (2003): Empfehlung der Kommission vom 11. Februar 2003 über relevante Produkt- und Dienstmärkte des elektronischen Kommunikationssektors, die aufgrund der Richtlinie 2002/21/EG des Europäischen Parlaments und des Rates über einen gemeinsamen Rechtsrahmen für elektronische Kommunikationsnetze und -dienste für eine Vorabregulierung in Betracht kommen (2003/311/EG)
Kommission der Europäischen Gemeinschaften (2000): Empfehlung der Kommission vom 25. Mai 2000 betreffend den entbündelten Zugang zum Teilnehmeranschluß: Wettbewerbsorientierte Bereitstellung einer vollständigen Palette elektronischer Kommunikationsdienste einschließlich multimedialer Breitband- und schneller Internet-Dienste, (2000/417/EG): ABl. L 156 vom 29.06.2000, S. 44–50
Kommission der Europäischen Union (2007a): Kommission halbiert Regulierung und richtet sie auf den Wettbewerb im Breitbandmarkt aus; Pressemitteilung IP/07/1678, Brüssel
Kommission der Europäischen Union (2007b): Empfehlung der Kommission vom 17. Dezember 2007 über relevante Produkt- und Dienstmärkte des elektronischen Kommunikationssektors, die aufgrund der Richtlinie 2002/21/EG des Europäischen Parlaments und des Rates über einen gemeinsamen Rechtsrahmen für elektronische Kommunikationsnetze und -dienste für eine Vorabregulierung in Betracht kommen
Kruse, J. (2007): 10 Jahre Telekommunikations-Liberalisierung in Österreich, Wien
Kruse, J./Liebe, A. (2005): Netzzugang und Wettbewerb bei Briefdiensten, Ökonomische Studie im Auftrag des Bundesverbandes Internationaler Express- und Kurierdienste e.V. (BIEK), Hamburg
Nemec, K. (2003): Liberalisierung österreichischer Infrastrukturmärkte, Wien
Nischkauer, H./Schörg, F. (2005): Versorgerwechsel in den österreichen Elektrizitäts- und Gasmärkten, Untersuchungszeitraum Oktober 2003 bis September 2004, Working Paper
ÖBB (2003): Geschäftsbericht 2003, Wien
Österreichische Post AG (2008): Jahresfinanzbericht Österreichische Post AG

Pauger, D. (2001): Ein Jahr ElWOG – Rückblick und Ausblick auf die Liberalisierung der österreichischen Elektrizitätswirtschaft, Wien

Pauger, D./Pichler, H. (2002): Das österreichische Elektrizitätsrecht – Kommentar zum ElWOG 2000, zum RegulierungsbehördenG und zum VerrechnungsstellenG, 2. Auflage, Graz

PostG (1997): Bundesgesetz über das Postwesen (Postgesetz 1997), BGBl. I Nr. 18/1998 i.d.F. BGBl. I Nr. 72/2003

Post-Kostenrechnungsverordnung (2000): 71. Verordnung des Bundesministers für Wissenschaft und Verkehr über ein Kostenrechnungssystem für Postdienstleistungen im Universaldienst, BGBl. II Nr. 71/2000

Post-Universaldienstverordnung (2002): 100. Verordnung des Bundesministers für Verkehr, Innovation und Technologie über den Universaldienst für Postdienstleistungen (Post-Universaldienstverordnung), BGBl. II Nr. 100/2002

Richtlinie 91/440/EWG des Rates vom 29. Juli 1991 zur Entwicklung der Eisenbahnunternehmen der Gemeinschaft: ABl. L 237 vom 24.08.1991, S. 25–28

Richtlinie 95/18/EG des Rates vom 19. Juni 1995 über die Erteilung von Genehmigungen an Eisenbahnunternehmen: ABl. L 143 vom 27.06.1995, S. 70

Richtlinie 95/19/EG des Rates vom 19. Juni 1995 über die Zuweisung von Fahrwegkapazität der Eisenbahn und die Berechnung von Wegeentgelten: ABl. L 143 vom 27.06.1995, S. 75–78

Richtlinie 96/92/EG des Europäischen Parlaments und des Rates vom 19. Dezember 1996 betreffend gemeinsame Vorschriften für den Elektrizitätsbinnenmarkt; Dokument 31996L0092; Amtsblatt Nr. L027 vom 30.01.1997; S. 0020–0029

Richtlinie 97/51/EG des Europäischen Parlaments und des Rates vom 6. Oktober 1997 zur Änderung der Richtlinien 90/387/EWG und 92/44/EWG des Rates zwecks Anpassung an ein wettbewerbsorientiertes Telekommunikationsumfeld, ABl. L 295 vom 29.10.1997, S. 23–34

Richtlinie 97/67/EG des Europäischen Parlaments und des Rates vom 15. Dezember 1997 über gemeinsame Vorschriften für die Entwicklung des Binnenmarktes der Postdienste der Gemeinschaft und die Verbesserung der Dienstequalität: ABl. L 015 vom 21.01.1998, S. 14–25

Richtlinie 98/10/EG des Europäischen Parlaments und des Rates vom 26. Februar 1998 über die Anwendung des offenen Netzzugangs (ONP) beim Sprachtelefondienst und den Universaldienst im Telekommunikationsbereich in einem wettbewerbsorientierten Umfeld, ABl. L 101 vom 01.04.1998, S. 24–47

Richtlinie 2001/12/EG des Europäischen Parlaments und des Rates vom 26. Februar 2001 zur Änderung der Richtlinie 91/440/EWG des Rates zur Entwicklung der Eisenbahnunternehmen der Gemeinschaft: ABl. L 075 vom 15.03.2001, S. 1–25

Richtlinie 2001/13/EG des Europäischen Parlaments und des Rates vom 26. Februar 2001 zur Änderung der Richtlinie 95/18/EG des Rates über die Erteilung von Genehmigungen an Eisenbahnunternehmen: ABl. L 075 vom 15.03.2001, S. 26–28

Richtlinie 2001/14/EG des Europäischen Parlaments und des Rates vom 26. Februar 2001 über die Zuweisung von Fahrwegkapazität der Eisenbahn, die Erhebung von Entgelten für die Nutzung von Eisenbahninfrastruktur und die Sicherheitsbescheinigung: ABl. L 075 vom 15.03.2001, S. 29–46

Richtlinie 2002/19/EG des Europäischen Parlaments und des Rates vom 7. März 2002 über den Zugang zu elektronischen Kommunikationsnetzen und zugehörigen Einrichtungen sowie deren Zusammenschaltung (Zugangsrichtlinie): ABl. L 108 vom 24.04. 2002, S. 7–20

Richtlinie 2002/21/EG des Europäischen Parlaments und des Rates vom 7. März 2002 über einen gemeinsamen Rechtsrahmen für elektronische Kommunikationsnetze und -dienste (Rahmenrichtlinie), ABl. L 108 vom 24.04.2002, S. 33–50

Richtlinie 2002/22/EG des Europäischen Parlaments und des Rates vom 7. März 2002 über den Universaldienst und Nutzerrechte bei elektronischen Kommunikationsnetzen und -diensten (Universaldienstrichtlinie): ABl. L 108 vom 24.04.2002, S. 51–77

Richtlinie 2002/39/EG des Europäischen Parlaments und des Rates vom 10. Juni 2002 zur Änderung der Richtlinie 97/67/EG im Hinblick auf die weitere Liberalisierung des Marktes für Postdienste in der Gemeinschaft: ABl. L 176 vom 05.07.2002, S. 21–25

Richtlinie 2003/54/EG des Europäischen Parlaments und des Rates vom 26. Juni 2003 über gemeinsame Vorschriften für den Elektrizitätsbinnenmarkt und zur Aufhebung der Richtlinie 96/92/EG; Dokument 32003L0054; ABl. Nr. L 176 vom 15.07.2003, S. 37–55

Richtlinie 2004/49/EG des Europäischen Parlaments und des Rates vom 29. April 2004 über Eisenbahnsicherheit in der Gemeinschaft und zur Änderung der Richtlinie 95/18/EG des Rates über die Erteilung von Genehmigungen an Eisenbahnunternehmen und der Richtlinie 2001/14/EG über die Zuweisung von Fahrwegkapazität der Eisenbahn, die Erhebung von Entgelten für die Nutzung von Eisenbahninfrastruktur und die Sicherheitsbescheinigung: ABl. L 220 vom 21.06.2004, S. 16

Richtlinie 2004/50/EG des Europäischen Parlaments und des Rates vom 29. April 2004 zur Änderung der Richtlinie 96/48/EG des Rates über die Interoperabilität des transeuropäischen Hochgeschwindigkeitsbahnsystems und der Richtlinie 2001/16/EG des Europäischen Parlaments und des Rates über die Interoperabilität des konventionellen transeuropäischen Eisenbahnsystems: ABl. L 164 vom 30.04.2004, S. 114–163

Richtlinie 2004/51/EG des Europäischen Parlaments und des Rates vom 29. April 2004 zur Änderung der Richtlinie 91/440/EWG des Rates zur Entwicklung der Eisenbahnunternehmen der Gemeinschaft: ABl. L 164 vom 30.04.2004, S. 164–172

Richtlinie 2007/58/EG des Europäischen Parlaments und des Rates vom 23. Oktober 2007 zur Änderung der Richtlinie 91/440/EWG des Rates zur Entwicklung der Eisenbahnunternehmen der Gemeinschaft sowie der Richtlinie 2001/14/EG über die Zuweisung von Fahrwegkapazität der Eisenbahn und die Erhebung von Entgelten für die Nutzung von Eisenbahninfrastruktur: ABl. L 315 vom 03.12.2007, S. 44–50

Richtlinie 2007/59/EG des Europäischen Parlaments und des Rates vom 23. Oktober 2007 über die Zertifizierung von Triebfahrzeugführern, die Lokomotiven und Züge im Eisenbahnsystem in der Gemeinschaft führen: ABl. L 315 vom 03.12.2007, S. 51–78

Richtlinie 2008/6/EG des Europäischen Parlaments und des Rates vom 20. Februar 2008 zur Änderung der Richtlinie 97/67/EG im Hinblick auf die Vollendung des Binnenmarktes der Postdienste der Gemeinschaft: ABl. L 52 vom 27.02.2008, S. 3–20

Richtlinie 2009/72/EG des Europäischen Parlaments und des Rates vom 13. Juli 2009 über gemeinsame Vorschriften für den Elektrizitätsbinnenmarkt und zur Aufhebung der Richtlinie 2003/54/EG: ABl. L 211 vom 14.08.2009, S. 55–93

Richtlinie des Rates vom 28. Juni 1990 zur Verwirklichung des Binnenmarktes für Telekommunikationsdienste durch Einführung eines offenen Netzzugangs (Open Network Provision – ONP) (90/387/EWG); ABl. L 192 vom 24.07.1990, S. 1–12

RTR-GmbH (2006): Beschluss vom 06.02.2006

RTR-GmbH (2008): Kommunikationsbericht der RTR-GmbH

Schienen-Control GmbH (2007): Tätigkeitsbericht

Schienen-Control GmbH (2006): Tätigkeitsbericht

Schienen-Control GmbH (2004): Konzentration und Marktmacht

Stratil, A. (2007): Postgesetz 1997, 2. Auflage, Wien

Stratil, A. (1998): Der rechtliche Rahmen für den liberalisierten Telekommunikationsmarkt, in Teleletter 01/1998

Stratil, W./Lust, P. (2005): Kohärenz und Inkohärenz zwischen Kartellgerichten und Regulierungsbehörden, in Lichtenberger, E./ Ruhle, E.O., Die Regulierung der österreichischen Telekommunikationsmärkte im neuen Rechtsrahmen, Düsseldorf

TKG (2003): Bundesgesetz, mit dem ein Telekommunikationsgesetz erlassen wird (Telekommunikationsgesetz 2003 – TKG 2003), BGBl. I Nr. 70/2003 i.d.F. BGBl. I Nr. 65/2009

TKMVO (2003): Die 1. Verordnung der Rundfunk und Telekom Regulierungs-GmbH, mit der die der sektorspezifischen ex-ante Regulierung unterliegenden relevanten nationalen Märkte für den Telekommunikationssektor festgelegt werden (Telekommunikationsmärkteverordnung 2003 – TKMVO 2003), BGBl. II Nr. 117/2005

TKMV (2008): Verordnung der Rundfunk und Telekom Regulierungs-GmbH, mit der der sektorspezifischen Regulierung unterliegende relevante nationale Märkte für den Telekommunikationssektor festgelegt werden (Telekommunikationsmärkteverordnung 2008 – TKMV 2008), BGBl. II Nr. 505/2008

Vaterlaus, S./Worm, H./Wild, J./Telser, H. (2003): Liberalisierung und Performance in Netzsektoren – Vergleich der Liberalisierungsart von einzelnen Netzsektoren und deren Preis-Leistungs-Entwicklung in ausgewählten Ländern, Bern

Verbund-Austrian Power Grid AG (2008): Geschäftsbericht 2008

Verordnung (EG) Nr. 881/2004 des Europäischen Parlaments und des Rates vom 29. April 2004 zur Errichtung einer Europäischen Eisenbahnagentur (Agenturverordnung): ABl. L 164 vom 30.04. 2004, S. 1–43

Verordnung (EG) Nr. 1370/2007 des Europäischen Parlaments und des Rates vom 23. Oktober 2007 über öffentliche Personenverkehrsdienste auf Schiene und Straße und zur Aufhebung der Verordnungen (EWG) Nr. 1191/69 und (EWG) Nr. 1107/70 des Rates: ABl. L 315 vom 03.12.2007, S. 1–13

Verordnung (EG) Nr. 1371/2007 des Europäischen Parlaments und des Rates vom 23. Oktober 2007 über die Rechte und Pflichten der Fahrgäste im Eisenbahnverkehr: ABl. L 315 vom 03.12.2007, S. 14–41

Verordnung (EG) Nr. 713/2009 des Europäischen Parlaments und des Rates vom 13. Juli 2009 zur Gründung einer Agentur für die Zusammenarbeit der Energieregulierungsbehörden: ABl. L 211 vom 14.08.2009, S. 1–14

Verordnung (EG) Nr. 714/2009 des Europäischen Parlaments und des Rates vom 13. Juli 2009 über die Netzzugangsbedingungen für den grenzüberschreitenden Stromhandel und zur Aufhebung der Verordnung (EG) Nr. 1228/2003: ABl. L 211 vom 14.08.2009, S. 15–35

Verordnung der Energie-Control Kommission, mit der die Tarife für die Systemnutzung bestimmt werden (Systemnutzungstarife-Verordnung 2006, SNT-VO 2006)

Verordnung der Telekom-Control-Kommission, mit der eine Umsatzgrenze festgelegt wird, bei deren Unterschreitung durch einen Beitragspflichtigen dessen Umsätze nicht bei der Berech-nung des branchenspezifischen Gesamtumsatzes berücksichtigt werden (Schwellenwertverordnung Telekommunikation 2006 – SVO-TK 2006)

VerpackVO (1996): Verordnung des Bundesministers für Umwelt, Jugend und Familie über die Vermeidung und Verwertung von Verpackungsabfällen und bestimmten Warenresten und die Einrichtung von Sammel- und Verwertungssystemen (VerpackVO 1996), BGBl. II Nr. 232/1997 i.d.F. BGBl. II Nr. 364/2006

Voeth, M. (1996): Entmonopolisierung von Märkten – Das Beispiel Telekommunikation, Baden-Baden

Stichwortverzeichnis

A

Abfallwirtschaft 157
Abfallwirtschaftsgesetz 125, 138
Abfallwirtschaftssystem 126
Access Pricing 20, 21, 48, 73, 96, 118, 151
Anbieter, alternative 43
Anliegen, wirtschaftspolitische 156
ARA AG 131
ARA-System 126, 128 ff., 133 ff., 139, 146, 150 f.
ARA-Verein 131
ARGEV 131, 134
AWG 128, 137

B

Bereich, regulierter 140
Bereich, reservierter 55, 58, 64, 67, 74, 76
Bertrand-Nash-Verhalten 23, 44 f., 67 f., 91, 114, 136, 150
Bottleneck, monopolistisches 19, 21, 42, 45, 55, 69, 70 f., 89, 92, 102, 109, 114 f., 137, 140, 146 f., 150, 155
Brieffachanlagenverordnung 71
Briefmonopol 56, 64, 82, 147
Bündelungseffekte 137, 146
Bündelungsvorteile 45, 68, 137, 149

C

Cecchini-Bericht 25
Chello 35
Cherry picking 61, 74
Colt 35
contestable markets theory (siehe auch Theorie der angreifbaren Märkte) 22, 38, 42 f., 45, 55, 68, 81, 91, 114, 136 f., 140, 146

D

Deregulierung 19
Desintegration, vertikale 116

Deutsche Post AG 65
DHL 57, 64
Dienste, reservierte 148
Dienstleistungsmarkt 47
Diskriminierung 23, 104, 115
Diskriminierungsverbot 46
Drei-Kriterien-Test 20 ff., 33, 38, 45, 55, 62, 66, 81, 88, 90, 102, 109, 112, 124, 129, 134 f., 137, 140, 146

E

economies of scale 92, 132
economies of scope 45, 68 f., 114 f., 132, 137
E-Control GmbH 94, 99, 152
E-Control Kommission 94, 100, 151
Effizienzsteigerung 29, 85
Eingriff, politischer 138
Eisenbahn 23, 103, 141 ff., 151
Eisenbahngesetz 1957 108, 110, 116 f., 123
Eisenbahninfrastruktur 105, 109, 113
Eisenbahnregulierungsbehörde 120
Eisenbahnsektor 26, 151
Elektrizitätsbinnenmarkt 85
Elektrizitätsbinnenmarktrichtlinie 2003/54/EG 27, 86
Elektrizitätsbinnenmarktrichtlinie 96/92/EG 28
ElWOG (Elektrizitätswirtschafts- und -organisationsgesetz) 83, 88, 93 ff., 99
Endkundenmärkte 55
Endkundenpreisregulierung 43
Energie-Control GmbH (ECG) 86, 98
Energie-Control Kommission (ECK) 86, 98 f.
Energieliberalisierungsgesetz 83
Energiemarktliberalisierung 27
Energie-Regulierungsbehördengesetz (E-RBG) 86, 98 f.
Energiesektor 82

Energie-Versorgungssicherheitsgesetz 97
Energiewirtschaft 23
Engpasseinheiten 149
Entflechtung 95
Entflechtungsbestimmungen 95
Entpflichtung 125
Eisenbahnpaket, Erstes 26, 106
–, Zweites 107
–, Drittes 107, 123
essential facilities 23, 148
Essential Facilities Theory 55
Europäische Eisenbahnagentur 110
Ex-ante-Regulierung 32, 34 f., 77
Exklusivitätsklauseln 131
Ex-post-Analyse 88
Ex-post-Kontrolle 77

F

Fahrwegkapazität 116
FedEx 64
Finanzierungskosten 97
Freistellung, wettbewerbsrechtliche 134
Funkfrequenzen 39

G

Gewerbebereich 126
Gewinn, betriebswirtschaftlicher 133
Grenzkosten 44
Größenvorteil 41
Grünbuch 20, 26, 28, 36, 59, 82
Grundversorgung, flächendeckende 74, 151
GSM-Lizenzen 39, 43
Güterverkehr 106, 111

H

Hausbrieffachanlagen (siehe auch HBFA) 61, 70 f., 149, 151, 156
Haushaltsbereich 126
Haushaltssystem 127
Haushaltsverpackungsmarkt 150
HBFA (siehe auch Hausbrieffachanlagen) 61 f., 70 ff.
Hermes 57, 64

Hindernisse, rechtliche 39, 111
–, strukturelle 111
Hochspannungsleitungen 23
Holsystem 130

I

Infrastruktur, flächendeckende 126
–, physische 138
Infrastrukturbenützungsentgelte 119, 151
Infrastrukturbranchen 19
Infrastrukturindustrie, netzbasierte 124
Interoperabilität 109 f., 114
ISO-Modell 95
ITO+-Modell 96
ITO-Modell 95

K

Kabelnetze 35
Kollegialbehörde 36, 52, 86, 120
KommAustria 52, 54
KommAustria-Gesetz 51
Kommissionsempfehlung 2003/311/EG 38
Kontrahierungszwang 137
Konzession 39, 88
Konzessionsvergabe 36, 106
Kosten, irreversible 23 f., 44 f., 57, 67 ff., 88, 90, 102, 109
–, variable 44
Kosteneffizienz 23
Kostenfunktion 24
–, subadditive 40
Kostenorientierung 49, 72
Kostenrechnungsmethoden 49
Kostenrechnungssysteme 72
Kostenstrukturen, subadditive 42, 69
Kostenvorteile 114

L

Landabgabekästen 71
Liberalisierung 13, 25, 36, 84
Liberalisierungspaket 83
Liberalisierungsprozess 31, 60
Lizenzierung 126

Stichwortverzeichnis

LogServ 112
Lokomotion 112
LTE 112

M

Markt, idealer 24
Marktanteil 51
Marktaustritt 24, 42, 90
Marktdefinition 31, 82, 103, 125
Märkteempfehlung 33
Markteintritt, freier 23, 42, 66, 90, 135
Markteintrittsbarrieren 37, 63, 110, 125, 132
Markteintrittsbedingungen 29
Markteintrittsschwellen 157
Marktmacht 23, 38, 40, 47
Marktmachtregulierung 23, 134
Marktöffnung 25, 29, 64, 83
Marktversagen 22, 112, 134
Marktzugang 106, 129
Marktzugangshindernisse 22
Marktzutritt, freier 42, 136
Marktzutrittsbarrieren 88, 90
Marktzutrittshindernisse, regulatorische 132
Maßnahmen, wettbewerbsrechtliche 148
–, wirtschaftspolitische 55
Mehrwertdienste 32
Meile, letzte 32
Mindestangebot 97, 120
Missbrauch der marktbeherrschenden Stellung 41
Missbrauchsregelungen 41
Mitbenutzung 38
Mittel, wettbewerbsrechtliche 41, 65, 89, 112, 134
Mobilfunk 35
Mobilfunkkonzession 31, 36, 43
mobilkom austria AG 35
Mobilterminierung 35
Monopol 31, 155
–, faktisches 112
–, natürliches 84, 87 f., 115, 136
Monopolanbieter 111

Monopolbereich, reservierter 72
Monopolrechte 57
Monopolrenten 151
Monopolunternehmen 25, 46, 155

N

Nachteile, volkswirtschaftliche 157
Nahverkehr, öffentlicher 157
Netz, physisches 57
Netzbetreiber 48, 86, 94, 115, 128
Netzebenen 103, 104
Netzindustrien 128
Netzinfrastruktur 41, 57
Netzinfrastrukturen, physische 32, 135
Netzmonopol 26
Netztarife 102
Netzzugang (siehe auch ONP) 20 f., 37, 43, 46, 70, 82, 94, 96, 102, 108, 115, 117, 129, 148 f.
Netzzugangspreise 151
Nichtdiskriminierung 77
Non-profit-Prinzip 136

O

ÖBB (siehe auch Österreichische Bundesbahnen) 35, 111
ÖBB-Holding AG 112, 116
ÖBB-Infrastruktur Bau AG 116
ÖBB-Infrastruktur Betrieb AG 116, 119, 151
ÖBB-Personenverkehr AG 116
Oberste Fernmeldebehörde (OFB) 37
Oberste Postbehörde 61, 78, 79
ÖCall 36
ÖIAG (siehe auch Österreichische Industrieholding AG) 31, 59
Öko Box Sammel GmbH 131
ONP (siehe auch Netzzugang) 20 f., 37, 43, 46, 70, 82, 94, 96, 102, 108, 115, 117, 129, 148 f.
ÖPAG (siehe auch Österreichische Post AG) 31, 55, 58 f., 61 f., 64 ff., ,70, 72, 74, 156

171

Ortsanschlussnetz 38, 42
Österreichische Bundesbahnen (siehe auch ÖBB) 35, 111 f.
Österreichische Industrieholding AG (siehe auch ÖIAG) 31, 59
Österreichische Post AG (siehe auch ÖPAG) 31, 55, 58 f., 61 f., 64 ff., 70, 72, 74, 156

P

Packstoffe 126
Parallelnetze 146
Parallelsystem 151
Performance Regime 119
Personenverkehr 111
Personenverkehrsleistungen 106
Phasing-out 41
Post 28, 55, 140, 142, 144, 149, 151
Post- und Telegraphenverwaltung 13, 31, 59, 72
Post- und Telekom Aktiengesellschaft 31, 43, 59
Postämter 120
Post-Control-Kommission 78, 80
Postdienste, reservierte 57, 62, 81
Postdienstleistungen 28, 55
Postgesetz (PostG) 63, 70, 72, 74 f.
Post-Kostenrechnungsverordnung 150
Postmarkt 20, 57, 69, 146, 147, 156
Postmarktgesetz 56, 60 f., 73, 75 f., 78, 146, 150
Post-Regulierungsbehörde 60
Postrichtlinie 59
Postsektor 28, 57, 148
Postsenat 61, 78
Post-Universaldienstverordnung 76
Preisdiskriminierung 23
Preisregulierung 36, 49, 60, 76, 102
Price-Cap-Regulierung 76

Q

Qualitätsdiskriminierung 23
Qualitätsregulierung 60, 75

Quersubventionierung 23, 47 f., 72, 74, 93, 95 ff., 118, 138, 149
Quersubventionierungsverbot 129, 150

R

Rahmenrichtlinie 2002/21/EG 19, 82
Rail Cargo Austria AG 116
Rechnungsführung, getrennte 106
Regelzonenführer 88
Regulierung, asymmetrische 29, 38, 43
–, sektorspezifische 23, 32, 45, 137
Regulierungsaufgaben 36
Regulierungsbedarf 23, 115
Regulierungsbehörde 28 f., 36, 51, 77, 98, 120, 144
Regulierungsbudget 54
Regulierungskostenrechnung 151
Regulierungsnotwendigkeit 155, 157
Regulierungsschwerpunkte 46, 70, 93, 102, 108, 115, 148
Regulierungswürdigkeit 19, 38, 42, 55, 66, 81, 102, 146
Remonopolisierung 40, 112
Restmüllentsorgung 125
Rundfunk und Telekom Regulierungs-GmbH (RTR-GmbH) 35 ff., 51 ff., 60 f., 78, 80

S

Sammel- und Verwertungssystem (siehe auch SVS) 125 f., 128, 131 f., 136
Sammelprovider 137 f.
Schienen-Control GmbH (SCG) 108, 119 ff., 124
Schienen-Control Kommission (SCK) 108, 120 ff.
Schieneninfrastruktur 21, 103 f., 113 ff., 122 ff.
Schieneninfrastruktur-Dienstleistungsgesellschaft mbH (SCHIG) 121
Schienenregulator 153
Schienenzugang 115
Schlichtungsstelle 43, 54, 95

separate accounts 48
Separierung, vertikale 93, 149
Skalenerträge 92
SLB 112
SNT-VO 2006 96, 97
Stellung, marktbeherrschende 41, 104, 111
Streitbeilegungsverfahren 37
Strom 82, 141, 143, 145, 146, 151
Stromsektor 27, 151
sunk costs 24, 38, 40, 67, 90, 114, 136 f., 155
SVS (siehe auch Sammel- und Verwertungssystem) 125 f., 128, 131 f., 136
Systemnutzungsgebühren 21
Systemnutzungstarif 94, 96, 102, 143, 145

T

Technologien, alternative 40
Teilnehmeranschlussleitung 32, 47
Telecommunication Act 26
Telekom Austria (TA) 13, 31, 35, 40, 47 ff., 51, 55, 149 ff.
Telekom-Control GmbH 51
Telekom-Control-Kommission (TKK) 36 f., 43, 51 ff.„ 60 f.
Telekommunikation 20, 23, 26, 31, 140, 142, 144, 146, 151
Telekommunikationsgesetz (TKG) 35 ff., 39, 43, 46 ff., 54
Telekommunikationsmarkt 31, 35
Telekommunikationsmärkteverordnung 32, 35
Telekommunikationssektor 75
Theorie der angreifbaren Märkte (siehe auch contestable markets theory) 22, 38, 42 f., 45, 55, 68, 81, 91, 114, 136 f., 140, 146
Tiroler Regelzonen AG 88
TKKP 60, 78 ff.
TKMVO 32, 35
TNT 57, 64
TX-Logistik 112

U

Übertragung 83 ff., 88 f., 102
Übertragungsdienste 32
Übertragungsnetz 87
Übertragungsnetzbetreiber 87, 93 f.
UMTS-Lizenzen 39, 43
UMTS-Netze 35
Universaldienst 19 f., 37, 50 f., 55, 58 ff., 66, 72 ff., 81, 97, 120, 129, 142, 148, 150 ff., 156
Universaldienstbetreiber 67, 70 f., 74 f., 79 f.
Universaldienstfonds 75
Universaldienstrichtlinie 50
Universaldienstverpflichtungen 72, 152
Unternehmen, marktbeherrschende 47 ff., 58, 68, 105, 139
UPC 48
UPS 57, 64

V

Van den Bergh Foods Ltd 147
Verbund – Austrian Power Grid AG 88
Verbund 35
Verbundeffekte 89
Verfahren, kartellrechtliches 134
Verpackungsentpflichtungsmarkt 137
Verpackungsentsorgungsmarkt 57, 69, 124 ff., 129, 132 ff., 137 f., 146 ff.
Verpackungsverordnung 125 ff., 138, 152
VerpZielVO 132
VERSA 121
Versorgung, flächendeckende 21, 57
Versorgungsaufgabe 25
Versorgungssicherheit 85
Verteilernetzbetreiber 88
Verteilernetze 87
Verteilung 88, 102
Verwertung 126
VKW – Übertragungsnetz AG 88
Vorabregulierung 22, 33

W

Waren- und Dienstleistungsverkehr, freier 46
Wertschöpfungsebenen 31, 32
Wertschöpfungskette 19, 69, 84, 101, 126 f.
Wertschöpfungsstufen 58, 81, 109
Wettbewerb 19, 21 f., 46, 93, 101, 115, 133, 138, 142, 148
–, fairer 124, 138
–, freier 71
–, funktionierender 124
–, wirksamer 40, 64, 89, 111 f., 132, 147
Wettbewerbsaufsicht 123
Wettbewerbsdienste 57, 58, 62, 64, 81
Wettbewerbsfähigkeit 85
Wettbewerbsrecht, allgemeines 41, 112
Wirtschaftspolitik 15, 155, 157
WLB 112

Z

Zahlungsverkehr, elektronischer 125
Zeitungszustellung 125
Zielsetzungen, politische 156
Zugang, 108, 116, 122, 124
Zugangsgebühr 118
Zugangshindernisse 38, 62, 88, 109, 129, 134
–, rechtliche 88 f., 102, 110
–, strukturelle 39, 62, 89
Zugangspreise, prohibitive 151
Zugangsregulierung 43
Zugüberwachung 115
Zugüberwachungssysteme 103
Zusammenschaltung 47, 149
Zusammenschaltungsentgelte 36
Zustellqualität 76
Zutrittsbarrieren 113
Zutrittsbarricrcn, strukturelle 63
Zuweisungsstelle 116, 119, 123
Zwecke, wirtschaftspolitische 156